江苏省"十四五"首批职业教育规划教材

"十三五"江苏省高等学校重点教材

职业教育大数据技术专业系列教材

大数据导论

主　编　朱二喜　华　驰

副主编　余　勇　贺　宁　汪丽华　李　垒

参　编　陈　炯　丁　琼　王晶晶　李春朋

机械工业出版社

大数据作为继云计算、物联网之后IT行业又一颠覆性的技术，备受人们关注。大数据无处不在，包括金融、汽车、零售、餐饮、电信、能源、政务、医疗、体育、娱乐等在内的各行各业，都融入了大数据的印迹，大数据对人类的社会生产和生活必将产生重大而深远的影响。本书为了让读者更好地了解大数据技术应用，从大数据的概念开始介绍大数据技术的应用过程，包括大数据概述、大数据技术平台、大数据预处理技术、大数据存储技术、大数据处理与分析和数据可视化。这些内容可以让读者系统地学习大数据技术涉及的关键技术及其基本概念和原理。

本书可作为各类职业院校大数据技术及相关专业的教材，也可以作为计算机爱好者的自学参考用书。

本书配有电子课件，读者可登录机械工业出版社教育服务网（www.cmpedu.com）以教师身份注册后免费下载或联系编辑（010-88379358）咨询。本书还配有微课视频，读者可扫描二维码观看学习，方便教师进行混合教学。

图书在版编目（CIP）数据

大数据导论/朱二喜，华驰主编. —北京：机械工业出版社，2021.9（2024.9重印）
职业教育大数据技术专业系列教材
ISBN 978-7-111-68827-3

Ⅰ．①大… Ⅱ．①朱… ②华… Ⅲ．①数据处理—高等职业教育—教材 Ⅳ．①TP274

中国版本图书馆CIP数据核字（2021）第153627号

机械工业出版社（北京市百万庄大街22号 邮政编码100037）
策划编辑：梁　伟　　责任编辑：梁　伟　李绍坤
责任校对：王　欣　　封面设计：鞠　杨
责任印制：邓　博
北京盛通数码印刷有限公司印刷
2024年9月第1版第6次印刷
184mm×260mm・14.5印张・302千字
标准书号：ISBN 978-7-111-68827-3
定价：48.90元

电话服务	网络服务
客服电话：010-88361066	机 工 官 网：www.cmpbook.com
010-88379833	机 工 官 博：weibo.com/cmp1952
010-68326294	金 书 网：www.golden-book.com
封底无防伪标均为盗版	机工教育服务网：www.cmpedu.com

前言 PREFACE

当今社会是一个高速发展的社会，科技发达，信息流通，人们之间的交流越来越密切，生活也越来越方便，大数据就是这个高科技时代的产物。大数据并不在"大"，而在于"有用"。价值含量、挖掘成本比数量更为重要。对于很多行业而言，如何利用这些大规模数据是赢得竞争的关键。

大数据时代的到来，迫切需要学校及时建立大数据技术专业课程体系，为社会培养和输送一大批具备大数据专业素养的高级人才，满足社会对大数据人才日益旺盛的需求。本书定位为大数据技术的入门教材，为读者搭建起通向"大数据知识空间"的桥梁。本书系统梳理、总结大数据相关技术，介绍大数据技术的基本原理和大数据的主要应用，帮助读者形成对大数据知识体系及其应用领域的轮廓性认识，为读者在大数据领域"深耕细作"奠定基础、指明方向。在本书的基础上，感兴趣的读者可以通过其他诸如《Hadoop 权威指南》等工具书，继续深入学习和实践大数据相关技术。

本书紧紧围绕"构建知识体系，阐明基本原理，引导初级实践，了解相关应用"的指导思想，对大数据知识体系进行系统梳理，做到"有序组织、去粗取精、由浅入深、渐次展开"。本书共 6 章。第 1 章大数据概述，介绍大数据的基本概念和应用领域，阐述大数据、云计算和物联网的相互关系；第 2 章大数据技术平台，介绍大数据处理架构 Hadoop，由于 Hadoop 已经成为应用最广泛的大数据技术平台，因此，本书的大数据相关技术主要围绕 Hadoop 展开，包括 Hadoop MapReduce、HDFS 和 HBase。另外，还介绍了商用大数据处理与分析平台，例如，阿里云大数据平台，简单介绍它的原理和框架；第 3 章大数据预处理技术，介绍了几种大数据获取手段，重点介绍了使用爬虫技术获取大数据；第 4 章大数据存储技术，介绍了大数据存储相关技术的概念与原理，包括分布式文件系统（HDFS）、分布式数据库（HBase）、NoSQL 数据库和云数据库；第 5 章大数据处理与分析，介绍了大数据处理和分析的核心技术——分布式并行编程模型 MapReduce 和 Spark 编程；第 6 章数据可视化，简单介绍了大数据可视化技术。

本书面向职业院校大数据技术等相关专业的学生，可以作为专业必修课或选修课的教材。在教学过程中，建议安排 48 学时，16 个教学周，每周 3 学时。每章的具体学时分配如下：第 1、2、6 章每章安排 4 学时；第 3、4、5 章每章安排 12 学时。

本书由朱二喜、华驰担任主编，余勇、贺宁、汪丽华和李垒担任副主编，参加编写的还有陈炯、丁琼、王晶晶和李春朋。其中，朱二喜负责第 1 章的编写和统稿工作；华驰负责第 2 章的编写工作；余勇、贺宁负责第 3 章的编写工作，汪丽华、李垒负责第 4 章的编写工作；陈炯、丁琼负责第 5 章的编写工作；王晶晶、李春朋负责第 6 章的编写工作。另外，北京西普阳光教育科技股份有限公司在教材编写过程中给予了大量的技术支持和案例。在此，向他们表示衷心的感谢。

由于编者水平有限，本书难免存在不足之处，望广大读者不吝赐教。

编　者

二维码索引

名称	图形	页码	名称	图形	页码
1.1.1 大数据时代		3	1.4.3 大数据与云计算、物联网的关系		38
1.1.2 大数据发展历程		7	1.5 大数据技术应用案例		40
1.1.3 大数据的概念		9	2.1.1 Hadoop 简介		47
1.1.4 大数据的影响		12	2.1.2 Hadoop 生态圈		49
1.1.5 大数据的应用		17	2.2 阿里云大数据平台		52
1.2 大数据关键技术		22	3.1 大数据获取手段		65
1.3 大数据产业		25	3.2 数据预处理技术		77
1.4.1 云计算		30	4.1.1 分布式文件系统		89
1.4.2 物联网		34	4.1.2 HDFS 简介		91

(续)

名称	图形	页码	名称	图形	页码
4.1.3 HDFS 的相关概念		92	4.3.3 NoSQL 的四大类型		122
4.1.4 HDFS 组成结构		95	4.3.4 NoSQL 的三大基石		124
4.1.5 HDFS 的存储原理		97	4.4.1 云数据库概述		130
4.1.6 HDFS 的数据读写过程		100	4.4.3 云数据库系统框架		138
4.2.1 HBase 概述		103	5.1 MapReduce		149
4.2.3 HBase 数据模型		105	5.2 Spark		161
4.2.4 HBase 的实现原理		111	5.3 机器学习入门		178
4.2.5 HBase 运行机制		114	6.1 可视化概述		195
4.3.1 NoSQL 简介		119	6.2 Python 数据可视化		204

目录

前言

二维码索引

第1章 大数据概述 1

1.1 大数据的概念 3
1.2 大数据关键技术 22
1.3 大数据产业 25
1.4 大数据与云计算、物联网之间的关系 30
1.5 大数据技术应用案例 40
本章小结 43
本章习题 43

第2章 大数据技术平台 45

2.1 大数据处理框架Hadoop 47
2.2 阿里云大数据平台 52
本章小结 62
本章习题 62

第3章 大数据预处理技术 63

3.1 大数据获取手段 65
3.2 数据预处理技术 77
本章小结 84
本章习题 84

第4章 大数据存储技术 87

4.1 分布式文件系统 89
4.2 分布式数据库HBase 103
4.3 NoSQL数据库 119
4.4 云数据库 130
本章小结 144
本章习题 144

CONTENTS

第5章 大数据处理与分析 147

5.1 MapReduce 149
5.2 Spark 161
5.3 机器学习入门 178
本章小结 191
本章习题 191

第6章 数据可视化 193

6.1 数据可视化概述 195
6.2 利用Python进行数据可视化 204
本章小结 220
本章习题 220

参考文献 224

Chapter 1

第1章
大数据概述

引言

进入21世纪,随着物联网、云计算、大数据、人工智能等技术进入人们的生产和生活领域,人们的世界观、人生观和价值观也在不断变化。这些技术给大家的认知带来前所未有的改变,特别是大数据技术让大家体会到社会的巨大变革。大家生活在一个充满数据的空间当中,面对数据的冲击,人们只能学会如何面对它,与它和谐共存。

大数据时代的到来,各行各业都将逐渐运用大数据技术来解决实际问题。下面以雾霾防治的例子说明大数据技术应用过程。

雾霾已经在全球范围内成为热点问题。雾霾灾害是大气长期污染造成的结果。如何治理大气污染,是全人类急需解决的问题之一。到了21世纪,信息化时代到来,带动物联网、大数据、人工智能行业发展,可以利用大数据技术对雾霾天气进行预测,给人们的出行和生产带来便利。

后续内容将不断介绍大数据技术应用中所涉及的技术,包括大数据技术平台、大数据获取、大数据存储技术、大数据处理与分析技术、大数据可视化等。本章给大家介绍大数据基本概念和行业应用。

学习目标

1. 理解大数据的概念
2. 熟悉大数据对科学研究、思维方式和社会发展的影响
3. 熟悉大数据的应用领域
4. 掌握大数据关键技术
5. 了解大数据产业
6. 了解大数据、云计算和物联网及其关系

第 1 章 大数据概述

1.1 大数据的概念

大数据时代悄然来临，信息技术发展迅猛，深刻影响着社会生产和人民生活的方方面面。在全球范围内，很多国家高度重视大数据技术的研究和产业发展，纷纷把大数据技术上升为国家战略加以重点推进。企业和学术机构纷纷加大技术、资金和人员投入力度，加强对大数据关键技术的研发与应用，以期在"第三次信息化浪潮"中占得先机、引领市场。大数据已经不是"镜中花、水中月"，它的影响力和作用正迅速触及社会的每个角落，所到之处，或是颠覆，或是提升，都让人们深切感受到了大数据实实在在的威力。大数据专业人才的培养是新一轮科技较量的基础，高等院校承担着大数据人才培养的重任，因此，各高等院校非常重视大数据课程的开设，大数据课程已经成为计算机科学与技术专业的核心课程。

1.1.1 大数据时代

扫码观看视频

根据 IBM 前首席执行官郭士纳的观点，IT 领域每隔 15 年就会迎来一次重大变革。1980 年前后，个人计算机开始普及，计算机走入企业和千家万户，大大提高了社会生产力，也使人类迎来了第一次信息化浪潮，Intel、IBM、苹果、微软、联想等企业是这个时期的标志。1995 年前后，人类开始全面进入互联网时代，互联网的普及把世界变成"地球村"，每个人都可以徜徉于信息的海洋，由此，人类迎来了第二次信息化浪潮，这个时期也缔造了雅虎、谷歌、阿里巴巴、百度等互联网巨头。时隔 15 年，2010 年前后，云计算、大数据、物联网的快速发展拉开了第三次信息化浪潮的大幕，大数据时代已经到来，也必将涌现出一批新的市场标杆企业。信息科技需要解决信息存储、信息传输和信息处理 3 个核心问题，人类社会在信息科技领域的不断进步，为大数据时代的到来提供了技术支撑。

1. 存储设备容量不断增加

数据被存储在硬盘、磁带、光盘、闪存等各种类型的存储介质中。随着科学技术的不断进步，存储设备的制造工艺不断升级，容量大幅增加，速度不断提升，价格却在不断下降，图 1-1-1 所示为存储设备的价格随时间变化的情况。

早期的存储设备容量小、价格高、体积大，例如，IBM 在 1956 年生产的一个商业硬盘，容量只有 5MB，不仅价格昂贵，而且体积有一个冰箱那么大。相反，今天容量为 1TB 的硬盘，如图 1-1-2 所示，大小只有 3.5in（约 8.89cm），读写速度达到 200Mbit/s，价格仅为 400 元左右。廉价、高性能的硬盘存储设备不仅提供了海量的存储空间，同时大大降低了数据存储成本。

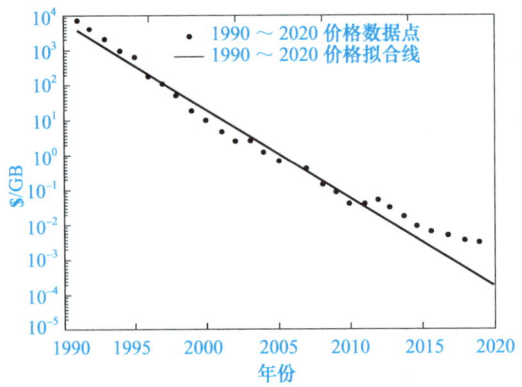

图 1-1-1　存储设备的价格随时间变化的情况

图 1-1-2　1TB 硬盘

与此同时,以闪存为代表的新型存储介质也开始得到大规模的普及和应用。闪存是一种新兴的半导体存储器,图 1-1-3 所示是东芝闪存芯片。从 1989 年诞生第一款闪存产品开始,闪存技术不断获得新的突破,并逐渐在计算机存储产品市场中确立了自己的重要地位。闪存是一种非易失性存储器,即使发生断电也不会丢失数据;因此,可以作为永久性存储设备,它具有体积小、质量轻、能耗低、抗振性好等优良特性。

图 1-1-3　东芝 19nm 闪存芯片

闪存芯片可以被封装制作成 SD 卡、U 盘和固态盘等各种存储产品,SD 卡和 U 盘主要用于个人数据存储,固态盘则越来越多地应用于企业级数据存储。一个 32GB 的 SD 卡,体积只有 24mm×32mm×2.1mm,质量只有 0.5g。以前 7200r/min 的硬盘,一秒钟读写次数只有 100IOPS(Input/Output Operations Per Second),传输速率只有 50Mbit/s,而基于闪存的固态盘,每秒钟读写次数有几万甚至更高的 IOPS,访问延迟只有几十微秒,允许以更快的速度读写数据。

总体而言,数据量和存储设备容量二者之间是相辅相成、互相促进的。一方面,随着数据的不断产生,需要存储的数据不断增加,对存储设备的容量提出了更高的要求,促使存储设备生产商制造更大容量的产品满足市场需求;另一方面,更大容量的存储设备进一步加快了数据量增长的速度,在存储设备价格高企的年代,考虑到成本问题,一些不必要或当前不能明显体现价值的数据往往会被丢弃。但是,随着单位存储空间价格的不断降低,人们开始倾向于把更多数据保存起来,以期在未来某个时刻可以用更先进的数据分析工具从中挖掘价值。

2. CPU 处理能力大幅提升

CPU 处理速度的不断提升也是促使数据量不断增加的重要因素。性能不断提升的 CPU 大大提高了处理数据的能力,使得人们可以更快地处理不断累积的海量数据。从 20 世纪 80 年代至今,CPU 的制造工艺不断提升,晶体管数量不断增加,图 1-1-4 所示为 CPU 晶体管数目随时间变化的情况,运行频率不断提高,核心(Core)数量逐渐增多,而同等价格所能获得的 CPU 处理能力也呈几何级数上升。在 30 多年里,CPU 的处理速度已经从 10MHz 提高到 3.6 GHz,在 2013 年之前的很长一段时期,CPU 处理速度的增加一直遵循"摩尔定律",性能每隔 18 个月提高一倍,价格下降一半,当然,摩尔定律也可能存在消失的一天。

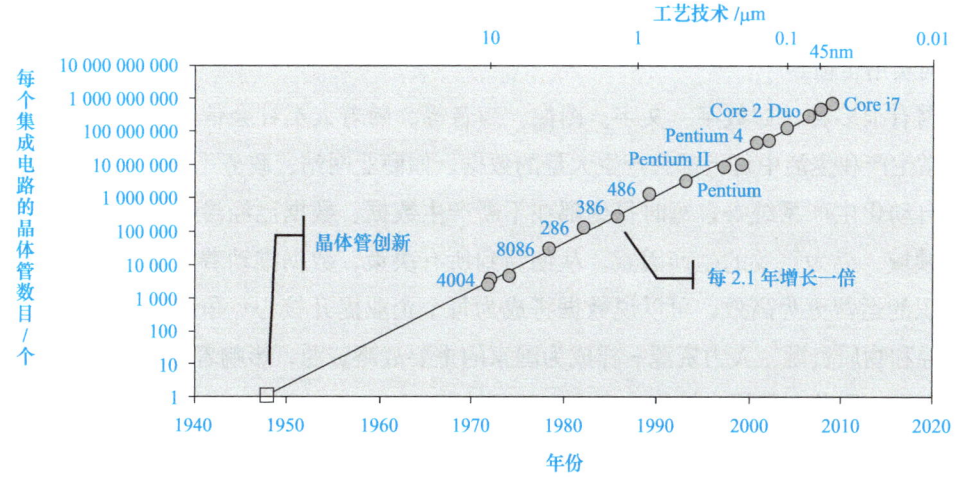

图 1-1-4 CPU 晶体管数目随时间变化的情况

3．网络带宽不断增加

1977 年，世界上第一条光纤通信系统在美国芝加哥市投入商用，数据传输速率为 45 Mbit/s，从此，人类社会的信息传输速度不断被刷新。进入 21 世纪，世界各国更是纷纷加大宽带网络建设力度，不断扩大网络覆盖范围和传输速度，如图 1-1-5 所示。以我国为例，随着我国光纤入户建设、"宽带中国"战略的进一步部署以及国内 5G 建网的热潮，我国光纤光缆行业快速发展，光缆线路长度屡创新高。2016 年，全国新建光缆线路 554 万千米，光缆线路总长度 3041 万千米，整体保持较快增长态势。2018 年 1 月 31 日，中国互联网络信息中心正式发布第 41 次《中国互联网络发展状况统计报告》。2011 年我国国际出口带宽保持逐年增长态势，增速均维持在 10% 以上。截至 2017 年 12 月，我国国际出口带宽为 7 320 180 Mbit/s，年增长率为 10.2%。5G 技术的出现，促使大数据时代的信息传输不再遭遇网络发展初期的瓶颈和制约。

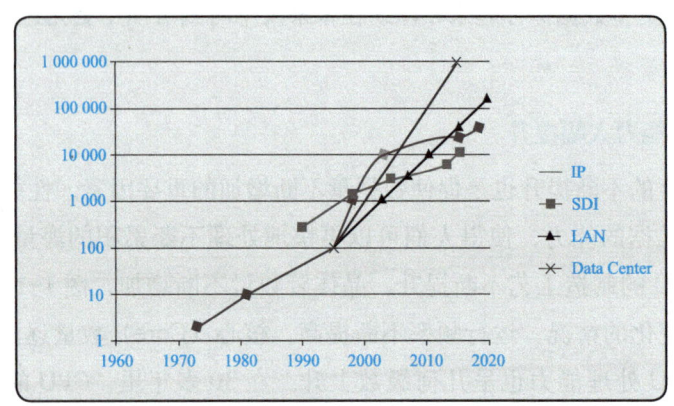

图 1-1-5　网络带宽随时间变化的情况

另外，数据产生方式的变革也是促成大数据时代的重要因素。数据是通过观察、实验或计算得出的结果。数据和信息是两个不同的概念。信息是较为宏观的概念，它由数据的有序排列组合而成，传达给读者某个概念方法等；数据则是构成信息的基本单位，离散的数据没有任何实用价值。

数据有很多种，如数字、文字、图像、声音等。随着人类社会信息化进程的加快，人们在日常生产和生活中每天都会产生大量的数据，如商业网站、政务系统、零售系统、办公系统、自动化生产系统等，每时每刻都在不断产生数据。数据已经渗透到当今每一个行业和业务领域，成为重要的生产因素，从创新到所有决策，数据推动着企业的发展，并使得各级组织的运营更为高效，可以说数据将成为每个企业提升核心竞争力的关键要素。数据资源已经和物质资源、人力资源一样成为国家的重要战略资源，影响着国家和社会的安全、稳定与发展，因此，数据也被称为"未来的石油"。

人类社会的数据产生方式大致经历了 3 个阶段：运营式系统阶段、用户原创内容阶段和感知式系统阶段。

第 1 章 大数据概述

1．运营式系统阶段

人类社会最早大规模管理和使用数据是从数据库的诞生开始的。大型零售超市销售系统、银行交易系统、股市交易系统、医院医疗系统、企业客户管理系统等大量运营式系统，都是建立在数据库基础之上的，数据库中保存了大量结构化的企业关键信息，用来满足企业各种业务需求。在这个阶段，数据的产生方式是被动的，只有当实际的业务发生时，才会产生新的记录并存入数据库。比如，对于股市交易系统而言，只有当发生一笔股票交易时，才会有相关记录生成。

2．用户原创内容阶段

互联网的出现使得数据传播更加快捷，不需要借助于硬盘、磁带等物理存储介质传播数据。网页的出现进一步加速了大量网络内容的产生，从而使得人类社会数据量开始呈现"井喷式"增长。但是，互联网真正的数据爆发产生于以"用户原创内容"为特征的 Web 2.0 时代。Web 2.0 技术以 Wiki、博客、微博、微信等自服务模式为主，强调自服务，大量上网用户本身就是内容的生成者，尤其是随着移动互联网和智能手机终端的普及，人们更是可以随时随地使用手机发微博、传照片，数据量开始急剧增加。

3．感知式系统阶段

物联网的发展最终导致了人类社会数据量的第三次飞跃。物联网中包含大量传感器，如温度传感器、湿度传感器、压力传感器、位移传感器、光电传感器等，此外，视频监控摄像头也是物联网的重要组成部分。物联网中的这些设备，每时每刻都在自动产生大量数据，与 Web 2.0 时代的人工数据产生方式相比，物联网中的自动数据产生方式，将在短时间内生成更密集、更大量的数据，使得人类社会迅速步入"大数据时代"。

1.1.2 大数据的发展历程

大数据的发展历程总体上可以划分为 3 个重要阶段：萌芽期（第一阶段）、成熟期（第二阶段）和大规模应用期（第三阶段），见表 1-1-1。

扫码观看视频

表 1-1-1 大数据发展的 3 个阶段

阶 段	时 间	内 容
第一阶段	20 世纪 90 年代至 21 世纪	随着数据挖掘理论和数据库技术的逐步成熟，一批商业智能工具和知识管理技术开始被应用，如数据仓库、专家系统、知识管理系统等
第二阶段	21 世纪前 10 年	Web 2.0 应用迅猛发展，非结构化数据大量产生，传统处理方法难以应对，带动了大数据技术的快速突破，大数据解决方案逐渐走向成熟，形成了并行计算与分布式系统两大核心技术，谷歌的 GFS 和 MapReduce 等大数据技术受到追捧，Hadoop 平台开始大行其道
第三阶段	2010 年以后	大数据应用渗透各行各业，数据驱动决策，信息社会智能化程度大幅提高

这里简要回顾一下大数据的发展历程。

1980年，著名未来学家阿尔文·托夫勒在《第三次浪潮》一书中，将大数据赞颂为"第三次浪潮的华彩乐章"。

1997年10月，迈克尔·考克斯和大卫·埃尔斯沃思在第八届美国电气和电子工程师协会（IEEE）关于可视化的会议论文集中，发表了《为外存模型可视化而应用控制程序请求页面调度》的文章，这是在美国计算机学会的数字图书馆中第一篇使用"大数据"这一术语的文章。

1999年10月，在美国电气和电子工程师协会（IEEE）关于可视化的年会上，设置了名为"自动化或者交互：什么更适合大数据？"的专题讨论小组，探讨大数据问题。

2001年2月，梅塔集团分析师道格·莱尼发布题为《3D数据管理：控制数据容量、处理速度及数据种类》的研究报告。10年后，"3V"（Volume、Variety和Velocity）作为定义大数据的3个维度而被广泛接受。

2005年9月，蒂姆·奥莱利发表了《什么是Web 2.0》一文，并在文中指出"数据将是下一项技术核心"。

2008年，《自然》杂志推出大数据专刊；计算社区联盟发表了报告《大数据计算：在商业、科学和社会领域的革命性突破》，阐述了大数据技术及其面临的一些挑战。

2010年2月，肯尼斯·库克尔在《经济学人》上发表了一份关于管理信息的特别报告《数据，无所不在的数据》。

2011年2月，《科学》杂志推出专刊《处理数据》，讨论了科学研究中的大数据问题。

2011年，维克托·迈尔·舍恩伯格出版著作《大数据时代：生活、工作与思维的大变革》，引起轰动。

2011年5月，麦肯锡全球研究院发布《大数据：下一个具有创新力、竞争力与生产力的前沿领域》，提出"大数据"时代到来。

2012年3月，美国奥巴马政府发布了《大数据研究和发展倡议》，正式启动"大数据发展计划"，大数据上升为美国国家发展战略，被视为美国政府继信息高速公路计划之后在信息科学领域的又一重大举措。

2013年12月，中国计算机学会发布《中国大数据技术与产业发展白皮书》，系统总结了大数据的核心科学与技术问题，推动了我国大数据学科的建设与发展，并为政府部门提供了战略性的意见与建议。

2014年5月，美国政府发布2014年全球"大数据"白皮书《大数据：抓住机遇、守护价值》，报告鼓励使用数据来推动社会进步。

2015年8月，国务院印发《促进大数据发展行动纲要》，全面推进我国大数据发展和应用，加快建设数据强国。

2016年5月，工信部在"2016大数据产业峰会"上透露，我国将制定出台大数据产业

"十三五"发展规划,有力推进我国大数据技术创新和产业发展。

2017 年中国大数据行业的发展依然呈稳步上升趋势,市场规模达到了 234 亿元,和 2016 年相比增速超过 39%。国家信息中心、南海大数据应用研究院联合发布《2017 中国大数据发展报告》,首次面向 31 个省(区、市)发布大数据发展指数。该指数由政策环境、人才状况、网民信心等 6 个一级指标、11 个二级指标构成。

2018 年,对于中国大数据产业而言,是一个具有重要标志的年份。如果将 2018 年之前视为中国大数据产业发展的起步期,那么,2018 年,中国大数据产业则真正进入了快速发展期。国内各地地方政府陆续出台了多项大数据发展政策,其中既有产业扶持政策,也有科技攻关政策、安全保障政策。更为可喜的是,各部委也纷纷出台了针对细分领域大数据应用的支持政策。这表明,我国大数据产业的发展已经进入真正的大规模落地应用阶段。

1.1.3 大数据的概念

扫码观看视频

随着大数据时代的到来,"大数据"已经成为互联网信息技术行业的流行词汇。大数据是指无法在一定时间范围内用常规软件工具进行捕捉、管理和处理的数据集合,是需要新处理模式才能具有更强的决策力、洞察发现力和流程优化能力的海量、高增长率和多样化的信息资产。

在维克托·迈尔·舍恩伯格及肯尼斯·库克耶编写的《大数据时代》中大数据指不用随机分析法(抽样调查)这样的捷径,而采用所有数据进行分析处理。大数据的 5V 特点(IBM 提出):Volume(大量)、Velocity(高速)、Variety(多样)、Value(低价值密度)、Veracity(真实性)。

1. 数据量大

人类进入信息社会以后,数据以自然方式增长,其产生不以人的意志为转移。从 1986 年开始到 2010 年的 20 多年时间里,全球数据的数量增长了 100 倍,今后的数量增长速度将更快,大家正生活在一个"数据爆炸"的时代。如今,世界上只有 25%的设备是联网的,大约 80%的上网设备是计算机和手机,而在不远的将来,将有更多的用户成为网民,汽车、电视、家用电器、生产机器等各种设备也将接入互联网。随着 Web 2.0 和移动互联网的快速发展,人们已经可以随时随地发布包括博客、微博、微信等在内的各种信息。以后,随着物联网的推广和普及,各种传感器和摄像头将遍布人们工作和生活的各个角落,这些设备每时每刻都在自动产生大量数据。

综上所述,人类社会正经历第二次"数据爆炸"(如果把印刷在纸上的文字和图形也看成数据的话,那么人类历史上第一次"数据爆炸"发生在造纸术和印刷术发明的时期)。各种数据产生速度之快,产生数量之大,已经远远超出人类可以控制的范围,"数据爆炸"成为大数据时代的鲜明特征。根据著名咨询机构 IDC(Internet Data Center)做出的估测,人类社会产生的数据一直都在以每年 50%的速度增长,也就是说,每两年就增加一倍,这被称为"大数据摩尔定律"。这意味着,人类在最近两年产生的数据量相当于之前产生的全部数据量之和。预计到2025年,全球将总共拥有163ZB的数据量。表1-1-2为数据存储单位之间的换算关系,与2010年相比,数据量增长到近30倍。

表1-1-2 数据存储单位之间的换算关系

单 位	换 算 关 系
Byte(字节)	1Byte=8bit
KB(千字节)	1KB=1024Byte
MB(兆字节)	1MB=1024KB
GB(吉字节)	1GB=1024MB
TB(太字节)	1TB=1024GB
PB(拍字节)	1PB=1024TB
EB(艾字节)	1EB=1024PB
ZB(泽字节)	1ZB=1024EB

2. 数据类型繁多

大数据的数据来源众多,科学研究、企业应用和Web应用等都在源源不断地生成新的数据。生物大数据、交通大数据、医疗大数据、电信大数据、电力大数据、金融大数据等都呈现出"井喷式"增长,所涉及的数量十分巨大,已经从TB级别跃升到PB级别。

大数据的数据类型丰富,包括结构化数据和非结构化数据,其中,前者占10%左右,主要是指存储在关系数据库中的数据;后者占90%左右,种类繁多,主要包括邮件、音频、视频、微信、微博、位置信息、链接信息、手机呼叫信息、网络日志等。

如此类型繁多的异构数据,对数据处理和分析技术提出了新的挑战,也带来了新的机遇。传统数据主要存储在关系数据库中,但是,在类似Web 2.0等应用领域中,越来越多的数据开始被存储在非关系型数据库(Not Only SQL,NoSQL)中,这就必然要求在集成的过程中进行数据转换,而这种转换的过程是非常复杂和难以管理的。传统的联机分析处理(On-Line Analytical Processing,OLAP)和商务智能工具大都面向结构化数据,而在大数据时代,用户友好的、支持非结构化数据分析的商业软件也将迎来广阔的市场空间。

3. 处理速度快

大数据时代的数据产生速度非常迅速。在Web 2.0应用领域,1min内,新浪可以产生2万条微博,Twitter可以产生10万条推文,苹果商店有4.7万次应用下载,淘宝可以卖出6万件商品,人人网可以发生30万次访问,百度可以产生90万次搜索查询,Facebook可以产生600万次浏览。大名鼎鼎的大型强子对撞机(LHC)大约每秒产生6亿次碰撞,每秒生成约700 MB数据,有成千上万台计算机分析这些碰撞。

大数据时代的很多应用都需要基于快速生成的数据给出实时分析结果,用于指导生产和生活实践。因此,数据处理和分析的速度通常要达到秒级响应,这一点和传统的数据挖掘技术有着本质的不同，后者通常不要求给出实时分析结果。

为了实现快速分析海量数据的目的，新兴的大数据分析技术通常采用集群处理和独特的内部设计。以谷歌公司的 Dremel 为例，它是一种可扩展的、交互式的实时查询系统，用于只读嵌套数据的分析，通过结合多级树状执行过程和列式数据结构，它能做到几秒内完成对万亿张表的聚合查询，系统可以扩展到成千上万的 CPU 上，满足谷歌上万用户操作 PB 级数据的需求，并且可以在 2～3s 内完成 PB 级别数据的查询。

4．价值密度低

大数据虽然看起来很美，但是价值密度却远远低于传统关系数据库中已经有的那些数据。在大数据时代，很多有价值的信息都是分散在海量数据中的。以小区监控视频为例，如果没有意外事件发生，连续不断产生的数据都是没有任何价值的，当发生偷盗等意外情况时，也只有记录了事件过程的那一小段视频是有价值的。但是，为了能够获得发生偷盗等意外情况时的那一段宝贵的视频，不得不投入大量资金购买监控设备、网络设备、存储设备，耗费大量的电能和存储空间来保存摄像头连续不断传来的监控数据。

如果这个实例还不够典型的话，那么可以想象另一个更大的场景。假设一个电子商务网站希望通过微博网站数据进行有针对性的营销，为了实现这个目的，就必须构建一个能存储和分析新浪微博数据的大数据平台，使之能够根据用户微博内容进行有针对性的商品需求趋势预测。愿景很美好，但是现实代价很大，可能需要耗费几百万元构建整个大数据团队和平台，而最终带来的企业销售利润增加额可能会比投入低许多，从这点来说，大数据的价值密度是较低的。

5．真实性

如今，几乎每个企业都在使用大数据。大数据分析提供了一个真正具有潜在利益的矿藏，大数据真实性体现在数据的质量。质量好的数据能够给生产和生活带来前所未有的效益。

绝大多数企业表示大数据的好处是巨大的。在 NewVantage Partners 公司的调查中，73.2%的企业高管表示，他们已经看到了可衡量的业务成果。此外，也有一些企业高管认为，现在判断这些投资对他们公司的影响还为时尚早。大数据的真实性具备多重优势，其中包括：

1）更好的决策：在 NewVantage Partners 公司调查中，36.2% 的受访者表示更好的决策是他们大数据分析工作的首要目标。此外，84.1% 的受访者表示已开始朝着这一目标努力，59.0% 的受访者表示取得了一些可衡量的成功，其总体成功率为 69.0%。大数据分析可以为业务决策者提供他们所需的数据驱动的洞察力，以帮助企业提高竞争力和发展业务。

2）提高生产力：来自供应商 Syncsort 公司的另一项调查发现，59.9% 的受访者使用 Hadoop 和 Spark 等大数据工具来提高工作效率。现代大数据工具使分析师能够更快地分析更多数据，从而提高个人生产力。此外，从这些分析中获得的见解通常使组织能够在整个公司内更广泛地提高生产力。

3）降低成本：Syncsort 公司和 NewVantage 公司的调查均发现大数据分析正在帮助企业降低成本。近 3/5 的受访者表示 Syncsort 公司的大数据工具帮助他们提高了运营效率并降低了成本，NewVantage 公司的调查中，约 2/3 的受访者表示他们已开始使用大数据来降低成本。然而有趣的是，只有 13.0% 的受访者选择降低成本作为大数据分析的主要目标，这表明对于许多人而言，这只是一个非常受欢迎的附带好处。

4）改善客户服务：在 NewVantage 公司调查的受访者中，改善客户服务是大数据分析项目的第二个最常见的主要目标，53.4% 的受访者表示在这方面取得了一些成功。社交媒体、客户关系管理系统、其他客户为当今的企业提供了大量有关其客户的信息，他们很自然地会使用这些数据来更好地为这些客户提供服务。

5）欺诈检测：大数据分析的另一个常见用途是用于欺诈检测，特别是在金融服务行业。依赖于机器学习的大数据分析系统的一大优势是它们在检测模式和异常方面非常出色。这些能力可以让银行和信用卡公司发现被盗信用卡或欺诈性购买，并且通常是在持卡人知道出现问题之前发现问题。

6）增加收入：当组织使用大数据来改善决策并改善客户服务时，增加收入通常是一个自然的结果。在 Syncsort 公司的调查中，超过一半的受访者表示他们正在使用大数据工具来增加收入，并根据更好的洞察力加速增长。

7）提高灵活性：同样，从 Syncsort 公司的调查报告中，41.7% 的受访者表示大数据的好处之一是能够提高业务 /IT 敏捷性。许多组织正在使用其大数据来更好地调整其 IT 和业务工作，并且他们正在使用相关分析来支持更快、更频繁地更改其业务战略和策略。

8）更好的创新：创新是大数据技术应用的延伸。NewVantage 公司的调查发现，11.6% 的高管正在投资分析，主要是作为创新和颠覆市场的手段。他们认为，如果他们能够收集竞争对手所没有的见解，就可以通过新产品和服务领先于其他企业。

9）更快的上市速度：在这些方面，很多企业表示将使用大数据来加快产品上市速度。只有 8.8% 的受访者表示这是大数据的首要目标，但 53.6% 的受访者已经开始朝着这个目标努力，其中 54.1% 的受访者表示取得了一些成功。大数据的这种优势也可能带来额外的好处，如更快的增长和更高的收入。

1.1.4 大数据的影响

扫码观看视频

大数据对科学研究、思维方式和社会发展都具有重要而深远的影响。在科学研究方面，大数据使得人类科学研究在经历了实验、理论、计算 3 种范式之后迎来了第四种范式——数据；在思维方式方面，大数据具有"全样而非抽样、效率而非精确、相关而非因果"三大显著特征，完全颠覆了传统的思维方式；在社会发展方面，大数据决策逐渐成为一种新的决策方式，大数据应用有力促进了信息技术与各行业的深度融合，大数据开发大大推动了新技术和新应用的不断涌现；在就业市场方面，大数据的兴起使得数据科学家成为热门人才；

在人才培养方面,大数据的兴起将在很大程度上改变我国高校信息技术相关专业的现有教学和科研体制。

1. 大数据对科学研究的影响

图灵奖获得者、著名数据库专家吉姆·格雷博士观察并总结认为,人类自古以来在科学研究上先后历经了实验、理论、计算和数据4种范式,如图1-1-6所示。

在最初的科学研究阶段,人类采用实验来解决一些科学问题,著名的比萨斜塔实验就是一个典型实例。1590年,伽利略在比萨斜塔上做了"两个铁球同时落地"的实验,得出了重量不同的两个铁球同时落地的结论,从此推翻了亚里士多德"物体下落速度和重量成比例"的学说,纠正了这个持续了1900多年的错误结论。

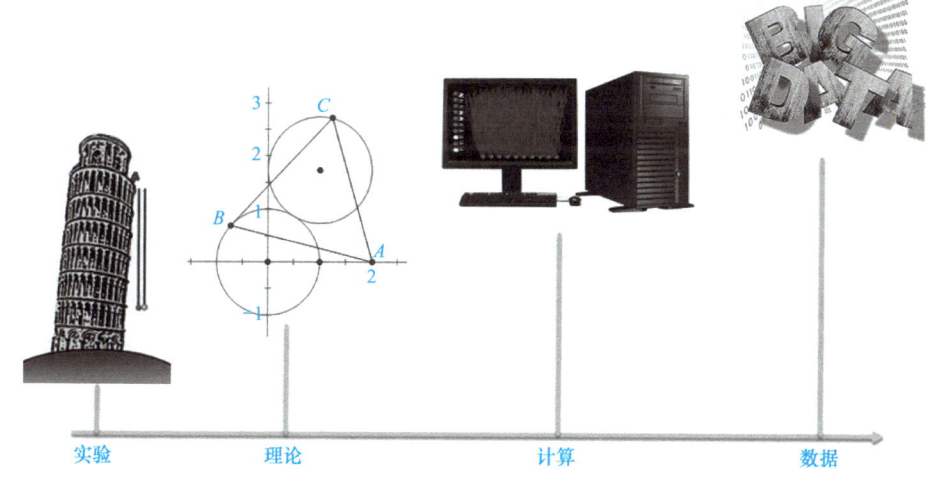

图1-1-6 科学研究的4种范式

实验科学的研究会受到当时实验条件的限制,难以完成对自然现象更精确的理解。随着科学的进步,人类开始采用各种数学、几何、物理等理论,构建问题模型和解决方案。比如,牛顿第一定律、牛顿第二定律、牛顿第三定律构成了牛顿力学的完整体系,奠定了经典力学的概念基础,它的广泛传播和运用对人们的生活和思想产生了重大影响,在很大程度上推动了人类社会的发展与进步。

随着1946年人类历史上第一台计算机ENIAC的诞生,人类社会开始步入计算机时代,科学研究也进入了一个以"计算"为中心的全新时期。在实际应用中,计算科学主要用于对各个科学问题进行计算机模拟和其他形式的计算。通过设计算法并编写相应程序输入计算机运行,人类可以借助计算机的高速运算能力去解决各种问题。计算机具有存储容量大、运算速度快、精度高、可重复执行等特点,是科学研究的利器,推动了人类社会的飞速发展。

随着数据的不断累积,其宝贵价值日益得到体现,物联网和云计算的出现,更是促成了事物发展从量变到质变的转变,使人类社会开启了全新的大数据时代。这时,计算机将不仅能做模拟仿真,还能进行分析总结,得到理论。在大数据环境下,一切将以数据为中心,

从数据中发现问题、解决问题,真正体现数据的价值。大数据将成为科学工作者的宝藏,从数据中可以挖掘未知模式和有价值的信息,服务于生产和生活,推动科技创新和社会进步。虽然第三种方式和第四种方式都是利用计算机来进行计算,但是二者还是有本质区别的。在第三种研究范式中,一般是先提出可能的理论,再收集数据,然后通过计算来验证。而对于第四种研究范式,则是先有了大量已知的数据,然后通过计算得出之前未知的理论。

2. 大数据对思维方式的影响

维克托·迈尔·舍恩伯格在《大数据时代:生活、工作与思维的大变革》一书中明确指出,大数据时代最大的转变就是思维方式的3种转变:全样而非抽样、效率而非精确、相关而非因果。

(1) 全样而非抽样

过去,由于数据存储和处理能力的限制,在科学分析中,通常采用抽样的方法,即从全集数据中抽取一部分样本数据,通过对样本数据的分析来推断全集数据的总体特征。通常,样本数据规模要比全集数据小很多,因此,可以在可控的代价内实现数据分析的目的。现在,迎来大数据时代,大数据技术的核心就是海量数据的存储和处理,分布式文件系统和分布式数据库技术理论上提供了近乎无限的数据存储能力,分布式并行编程框架 MapReduce 提供了强大的海量数据并行处理能力。因此,有了大数据技术的支持,科学分析完全可以直接针对全集数据而不是抽样数据,并且可以在短时间内迅速得到分析结果,速度之快超乎想象。就像前面已经提到过的,谷歌公司的 Dremel 可以在 2~3s 内完成 PB 级别数据的查询。

(2) 效率而非精确

过去,在科学分析中采用抽样分析方法就必须追求分析方法的精确性,因为抽样分析只是针对部分样本的分析,其分析结果被应用到全集数据以后,误差会被放大,这就意味着,抽样分析的微小误差被放大到全集数据以后,可能会变成一个很大的误差。因此,为了保证误差被放大到全集数据时仍然处于可以接受的范围,就必要确保抽样分析结果的精确性。正是由于这个原因,传统的数据分析方法往往更加注重提高算法的精确性,其次才是提高算法效率。现在,大数据时代采用全样分析而不是抽样分析,全样分析结果就不存在误差被放大的问题。因此,追求高精确性已经不是其首要目标;相反,大数据时代具有"秒级响应"的特征,要求在几秒内就迅速给出针对海量数据的实时分析结果,否则就会丧失数据的价值,因此,数据分析的效率成为关注的核心。

(3) 相关而非因果

过去,数据分析的目的,一方面是解释事物背后的发展机理,比如,一个大型超市某地区的连锁店在某个时期内净利润下降很多,这就需要 IT 部门对相关销售数据进行详细分析找出发生问题的原因;另一方面是用于预测未来可能发生的事件,比如,通过实时分析微博数据,当发现人们对雾霾的讨论明显增加时,就可以建议销售部门增加口罩的进货量,因为人们关注雾霾的一个直接结果是,大家会想到购买一个口罩来保护自己的身体健康。不管是哪个目的,其实都反映了一种"因果关系"。但是,在大数据时代,因果关系不再那么重要,人们转而追求"相关性"而非"因果性"。比如,去淘宝网购物时,当购买了一个汽车防盗锁以后,淘宝网还会自动提示购买相同物品的其他客户还购买了汽车坐垫,也就是说,淘宝网只会告诉你"购买汽车防盗锁"和"购买汽车坐垫"之间存在相关性,但是并不会告诉客户为什么其他客户购买了汽车防盗锁以后还会购买汽车坐垫。

3. 大数据对社会发展的影响

大数据将会对社会发展产生深远的影响,具体表现在以下几个方面:大数据决策成为一种新的决策方式,大数据应用促进信息技术与各行业的深度融合,大数据开发推动新技术和新应用的不断涌现。

(1) 大数据决策成为一种新的决策方式

根据数据制定决策,并非大数据时代所特有。从20世纪90年代开始,数据仓库和商务智能工具就开始大量用于企业决策。发展到今天,数据仓库已经是一个集成的信息存储仓库,既具备批量和周期性的数据加载能力,也具备数据变化的实时探测、传播和加载能力,并能结合历史数据和实时数据实现查询分析和自动规则触发,从而提供对战略决策(如宏观决策和长远规划等)和战术决策(如实时营销和个性化服务等)的双重支持。但是,数据仓库以关系数据库为基础,无论是数据类型还是数据量方面都存在较大的限制。现在,大数据决策可以面向类型繁多、非结构化的海量数据进行决策分析,已经成为受到追捧的全新决策方式。比如,政府部门可以把大数据技术融入"舆情分析",通过对论坛、微博、微信、社区等多种来源数据进行综合分析,弄清或测验信息中本质性的事实和趋势,揭示信息中含有的隐性情报内容,对事物发展作出情报预测,协助实现政府决策,有效应对各种突发事件。

(2) 大数据应用促进信息技术与各行业的深度融合

有专家指出,大数据将会在未来10年改变几乎每一个行业的业务功能。互联网、银行、保险、交通、材料、能源、服务等行业领域,不断累积的大数据将加速推进这些行业与信息技术的深度融合,开拓行业发展的新方向。比如,大数据可以帮助快递公司选择运费成本最低的最佳行车路径,协助投资者选择收益最大化的股票投资组合,辅助零售商有效定位目标客户群体,帮助互联网公司实现广告精准投放,还可以让电力公司做好配送电计划确保电网安全等。总之,大数据所触及的每个角落,人们的社会生产和生活都会因之而发生巨大且深刻的变化。

(3) 大数据开发推动新技术和新应用的不断涌现

大数据的应用需求是大数据新技术开发的源泉。在各种应用需求的强烈驱动下,各种突破性的大数据技术将被不断提出并得到广泛应用,数据的能量也将不断得到释放。在不远的将来,原来那些依靠人类自身判断力的领域应用,将逐渐被各种基于大数据的应用所取代。

比如，今天的汽车保险公司，只能凭借少量的车主信息对客户进行简单类别划分，并根据客户的汽车出险次数给予相应的保费优惠方案，客户选择哪家保险公司都没有太大差别。随着车联网的出现，"汽车大数据"将会深刻改变汽车保险业的商业模式，如果某家商业保险公司能够获取客户车辆的相关细节信息，并利用事先构建的数学模型对客户等级进行更加细致的判定，给予更加个性化的"一对一"优惠方案，那么毫无疑问，这家保险公司将具备明显的市场竞争优势，获得更多客户的青睐。

4．大数据对就业市场的影响

大数据的兴起使得数据科学家成为热门人才。2010年，在高科技劳动力市场上还很难见到数据科学家的头衔，但此后，数据科学家逐渐发展成为市场上最热门的职位之一，具有广阔发展前景，并代表着未来的发展方向。

互联网企业和零售、金融类企业都在积极争夺大数据人才，数据科学家成为大数据时代最紧缺的人才。据麦肯锡预测，到2018年，仅美国本土就可能缺少14万～19万个具备数据深入分析能力的专业人员，能够通过分析大数据支撑企业作出有效决策的数据管理人员和分析师，也大概存在150万人的缺口。国内有大数据专家估算过，5年内国内的大数据人才缺口会达到130万，以大数据应用较多的互联网金融为例，这一行业每年增速达到4倍，届时，仅互联网金融需要的大数据人才就是现在需求的4倍以上。与此同时，大数据人才的薪资水平也"水涨船高"，根据第四届中国贵州人才博览会发布的《全国大数据人才需求指数报告》，2016年2月份贵阳大数据人才月薪已逼近8000元，因此，未来中国市场对掌握大数据分析专业技能的数据科学家的需求会逐年递增。

尽管有少数人认为未来有更多的数据会采用自动化处理，会逐步降低对数据科学家的需求，但是仍然有更多的人认为，随着数据科学家给企业所带来的商业价值的日益体现，市场对数据科学家的需求会越发旺盛。

5．大数据对人才培养的影响

大数据的兴起将在很大程度上改变中国高校信息技术相关专业的现有教学和科研体制。一方面，数据科学家是一个需要掌握统计、数学、机器学习、可视化、编程等多方面知识的复合型人才，在中国高校现有的学科和专业设置中，上述专业知识分布在数学、统计和计算机等多个学科中，任何一个学科都只能培养某个方向的专业人才，无法培养全面掌握数据科学相关知识的复合型人才。另一方面，数据科学家需要大数据应用实战环境，在真正的大数据环境中不断学习、实践并融会贯通，将自身技术背景与所在行业业务需求进行深度融合，从数据中发现有价值的信息，但是目前大多数高校还不具备这种培养环境，不仅缺乏大规模基础数据，也缺乏对领域业务需求的理解。鉴于上述两个原因，目前国内的数据科学家人才并不是由高校培养的，而主要是在企业实际应用环境中通过边工作边学习的方式不断成长起来的，其中，互联网领域集中了大多数的数据科学家人才。

在未来5～10年，市场对数据科学家的需求会日益增加，不仅互联网企业需要数据科学家，类似金融、电信这样的传统企业在大数据项目中也需要数据科学家。由于高校目前尚未具备大量培养数据科学家的基础和能力，传统企业很可能会从互联网行业"挖墙角"，来满足企业发展对数据分析人才的需求，继而造成用人成本高企，制约企业的成长壮大。因此，高校应该秉承"培养人才、服务社会"的理念，充分发挥科研和教学综合优势，培养一大批具备数据分析基础能力的数据科学家，有效缓解数据科学家的市场缺口，为促进经济社会发展做出更大贡献。目前，国内很多高校开始设立大数据专业或者开设大数据课程，加快推进大数据人才培养体系的建立。厦门大学于2013年开始在研究生层面开设大数据课程，并建设了国内高校首个大数据课程公共服务平台。2014年，中国科学院大学开设首个"大数据技术与应用"专业方向，面向科研发展及产业实践，培养信息技术与行业需求结合的复合型大数据人才；清华大学成立数据科学研究院，推出多学科交叉培养的大数据硕士项目；2015年10月，复旦大学大数据学院成立，在数学、统计学、计算机、生命科学、医学、经济学、社会学、传播学等多学科交叉融合的基础上，聚焦大数据学科建设、研究应用和复合型人才培养；2016年9月，华东师范大学数据科学与工程学院成立，新设置的本科专业"数据科学与工程"，是华东师大除"计算机科学与技术"和"软件工程"以外，第三个与计算机相关的本科专业。

高校培养数据科学家人才需要采取"两条腿"走路的策略，即"引进来"和"走出去"。所谓"引进来"，是指高校要加强与企业的紧密合作，从企业引进相关数据，为学生搭建起接近企业应用实际的、仿真的大数据实战环境，让学生有机会理解企业业务需求和数据形式，为开展数据分析奠定基础，同时从企业引进具有丰富实战经验的高级人才，承担起数据科学家相关课程教学任务，切实提高教学质量、水平和实用性。所谓"走出去"，是指积极鼓励和引导学生走出校园，进入互联网、金融、电信等具备大数据应用环境的企业去开展实践活动，同时努力加强产、学、研合作，创造条件让高校教师参与到企业大数据项目中，实现理论知识与实际应用的深层次融合，锻炼高校教师的大数据实战能力，为培养数据科学家人才奠定基础。

在课程体系的设计上，高校应该打破学科界限，设置跨院系跨学科的"组合课程"，由来自计算机、数学、统计等不同院系的教师构建联合教学师资力量，多方合作，共同培养具备大数据分析基础能力的数据科学家，使其全面掌握包括数学、统计学、数据分析、商业分析和自然语言处理等在内的系统知识，具有独立获取知识的能力，并具有较强的实践能力和创新意识。

1.1.5 大数据的应用

大数据目前是当下最火热的词了。然而很多人都对大数据的应用模糊不清。现在就通过下面13个大数据应用案例来了解最真实的大数据，并了解大数据在生活当中实际应用的情况。

扫码观看视频

1．电视媒体

对于体育爱好者，追踪电视播放的最新体育赛事几乎是一件不可能的事情，因为有超过上百个赛事在8000多个电视频道播出。

而现在市面上开发了一个可追踪所有体育赛事的应用程序RUWT，它可以在iOS和Android设备运行，还可以在Web浏览器上使用，它不断地分析运动数据流来让球迷知道他们应该转换成哪个台看想看的节目，在电视的哪个频道上找到，并让他们在比赛中进行投票。

该程序能基于赛事的紧张激烈程度对比赛进行评分排名，用户可通过该应用程序找到值得收看的频道和赛事。

2．社交网络

随着移动互联网时代的到来，UGC（用户产生内容）、社会网络（Social Network）已经普及并深深扎根于人们的心中，用户可以随时随地在网络上共享内容，从而产生了大量的用户数据。面对大数据时代的到来，复杂多变的社会网络实际上具有很大的实用价值。

先看一组数据：平均每分钟395 833人登录微信，19 444人在进行视频或语音聊天；新浪微博每分钟发出（或转发）64 814篇微博；Facebook用户每天共享的东西超40亿条；Twitter每天处理的数据量超3.4亿PB；Tumblebr博客作者每分钟发布2.7万个新帖；Instagram用户每天共享3600张新照片……

由此可以看出，社交网络生成的用户数据的价值已远远大于平台本身。相对于搜索、电商等大数据，社交用户行为数据传导路径更短，具有更高的价值。

随着移动互联的发展，各种同质化异化的社交网络平台不断涌现，QQ、微信、新浪微博、Facebook、Twitter、Instagram等虽然都是网络社交平台，但是交流的侧重点又不一样，因此产生了大量的社会学、传播学、行为学、心理学、人类学、舆论学等众多领域的社交数据。各行业的企业都倾注了大量的心血在这些数据中进行挖掘分析，从而更加精确地把握事态的动向，找准营销对象。

在"大数据"浪潮中，基于社会网络的大数据应用将给企业带来更多利益，推动大数据分析在各行业的应用和推广，给企业和社会带来巨大的价值。同时，深层数据挖掘中最敏感的问题仍然是用户隐私问题。社交网站从诞生之日起就一直伴随着这个问题。随着大数据时代的到来，隐私问题变得越来越重要。在今后掘金社会数据发展的道路上，一方面要为用户提供更准确、更方便的优质服务，另一方面也要注重对用户隐私的保护。只有满足用户的需求和用户安全的商业利益，才能成为可持续的商业利益。

3．医疗行业

大数据应用在医疗行业的目的主要是来帮助医生预测其即将采取的行动会产生什么样的结果。例如，根据患者的各项数据，如年龄、相对健康状况，在现有条件下对病情进行手术的结果会是怎样的。

"大数据正在帮助我们走向精准医学，努力尝试预测出产生的效果。通过预测结果，我们可以抢占先机。基于测试结果，我们可以在几个月内预测需要进行的大手术。测试结果可能会预示出将可能出现的症状或结果，因此，通过这个预测，我们可以防止这种结果的发生，或者为可能产生的突发状况做好准备，亦或者及时停止手术。我们不一定要等待正常的事件发生时间然后再来确定它是某一件具体的事情。我们可以提前了解卫生保健中的传统指标。这只有在大数据运算中才有可能预测出来。"医疗保健分析工具的提供者 Intermedix 的首席数据科学家 Damian Mingle 说。

当你在医院收费处缴费的时候你就进入了大数据的范围。当你可以添加变量（如人口统计数据和历史数据）以使小型人口统计数据变大，并使用机器学习紧缩时，可能会节省开始治疗的时间。

在某些情况下，与呈现患者的初始症状相比较，可以有各地的地方和国家的人口健康统计多达 2 200 个变量。曾经去过感染地区的患者可能会被标记出来，或者现阶段在同一个区域出现相同症状的多名患者可能会被标记。

Intermedix 的大数据分析高级副总裁 Justin Schaper 说："大数据和机器学习技术使得临床环境能够意识到他们通常不会看到的潜在风险因素。在更广泛的层面上，社区或设备层面，通过使用机器在数十万患者中学到的信息，判断某位病人的病情是否严重。在以前这要在大量的实验室数据基础之上才能完成。"

4．保险行业

保险行业并非技术创新的指示灯，然而 MetLife 保险公司已经投资 3 亿美元建立一个新式系统，其中的第一款产品是一个基于 MongoDB 的应用程序，它将所有客户信息放在同一个地方。

MongoDB 汇聚了来自 70 多个遗留系统的数据，并将它合并成一个单一的记录。它运行在两个数据中心的 6 个服务器上，目前存储了 24TB 的数据。这包括 MetLife 的全部美国客户，尽管它的目标是扩大它的国际客户和多种语言，同时也可能创建一个面向客户的版本。它的更新几乎是实时的，当新客户的数据输入时，就好像 Facebook 墙一样。

大多数疾病可以通过药物来达到治疗效果，但如何让医生和病人能够专注参加一两个可以真正改善病人健康状况的干预项目却极具挑战。安泰保险目前正尝试通过大数据达到此目的。

安泰保险为了帮助改善代谢综合症患者的预测，从千名患者中选择 102 名完成实验。在一个独立的实验室内工作，通过患者的一系列代谢综合症的检测试验结果，在连续 3 年内，扫描 600 000 个化验结果和 18 万个索赔事件。将最后的结果组成一个高度个性化的治疗方案，以评估患者的危险因素和重点治疗方案。这样，医生可以通过建议服用他汀类药物及减重 5 磅（1 磅≈0.454 千克）等建议而减少未来 10 年内 50% 的发病率。或者通过患者目前体内高于 20% 的含糖量，而建议降低体内甘油三酯总量。

5．职业篮球赛

专业篮球队会通过搜集大量数据来分析赛事情况，然而他们还在为这些数据的整理和

实际意义而发愁。通过分析这些数据，可否找到两三个制胜法宝或者至少能保证球队获得高分？Krossover公司正致力于此。

在每场比赛过后，教练只需要上传比赛视频。接下来，来自Krossover团队的大学生将会对其分解。等到第二天教练再看昨晚的比赛时，他只需检查任何他想要的——数据统计、比赛中的个人表现、比赛反应等。通过分析比赛视频，分析所有可量化的数据。

6．能源行业

欧洲的智能电网已经做到了终端，即所谓的智能电表。为了鼓励利用太阳能，德国政府为有意愿的家庭安装太阳能。除了卖电给家庭，政府还可以将家庭多余的太阳能发电买回来。通过智能电网，政府可以收集每隔5分钟或10分钟的用电数据；利用收集来的这些数据，政府可以预测客户的用电习惯等。从而，政府可以推断出未来2～3个月时间整个电网大概需要多少电量。有了这个预测机制后，政府就可以向发电或供电企业购买一定数量的电量。因为电量有点像期货，如果提前买就会比较便宜，买现货就比较贵，通过采用这种预测机制，政府可以降低采购成本。

维斯塔斯风力系统依靠BigInsights软件和IBM超级计算机对气象数据进行分析，找出安装风力涡轮机和整个风电场最佳的地点。利用大数据，以往需要数周的分析工作，现在不足1小时便可完成。

7．社会生活

现在很多人都喜欢的智能手环，可以监测人们日常的运动情况、睡眠情况等，并且根据监测结果给出一些改善自身的运动计划、运动模式的建议，这背后其实就是大数据在起作用。这些智能设备上的数据，到后端都会被汇总成为大数据的数据集群，经过分析处理，从而给出相应的建议。

在国外，现在已经有一些科技公司开始把健康水平监测传感器安置在床垫下面，实时监测用户的心率、呼吸速率、运动和睡眠情况等，这些数据将会以无线数据发送的形式传输到用户的手机或是平板计算机上，实现对健康状况的监测。

8．公路交通

在洛杉矶开过车的人一定都经历过那里噩梦般的交通拥堵情况。目前政府在I-10和I-110州际公路上建立了一条了收费的快速通道。政府可通过大数据引导驾驶人员在该通道上行驶，保证交通畅通。

施乐是参与抗拥塞项目的公司，项目利用ExpressLanes、动态定价、费用上升等措施以维持某种秩序。施乐的首席技术执行官Natesh Manikoth表示，如果司机愿意支付费用，那么他必须保证车速45mile/h（1mile ≈ 1609.344m）左右。如果交通开始拥堵，私家汽车的支付费将上升，以减少他们进入，而将车道用于公共汽车或者大巴车等公共类型车辆。

在洛杉矶，施乐还有另一个项目，称为ExpressPark，项目目标是让人们知道他们何时即将离开房子，在哪能找到停车场及其停车金额。该项目不仅要确保停车费用的定价，同时更要确保停车位置数据实时到达用户手中。例如，应当提前40分钟告知用户停车位置。

9．汽车制造

当问起汽车的制造过程，大多数人脑中随即浮现的是各种生产装配流水线和制造机器。然而在福特，在产品的研发设计阶段，大数据就已经对汽车的部件和功能产生了重要影响。

比如，福特产品开发团队曾经对SUV是否应该采取掀背式（即手动打开车后行李箱车门）或电动式进行分析。如果选择后者，门会自动打开，但这种方式会受到车门开启有限的困扰。此前采用定期调查的方式并没有发现这个问题，但后来根据对社交媒体的关注和分析，发现很多人都在谈论这些问题。

10．零售业

"我们的某个客户是一家领先的专业时装零售商，通过当地的百货商店、网络及其邮购目录业务为客户提供服务。公司希望向客户提供差异化服务，如何定位公司的差异化，他们通过从Twitter和Facebook上收集社交信息，更深入地理解化妆品的营销模式，随后他们认识到必须保留两类有价值的客户：高消费者和高影响者。希望通过免费化妆服务让用户进行口碑宣传，这是交易数据与交互数据的完美结合，为业务挑战提供了解决方案。"Informatica的技术帮助这家零售商用社交平台上的数据充实了客户主数据，使他的业务服务更具有目标性。

零售企业也监控客户的店内走动情况以及与商品的互动。将这些数据与交易记录相结合来展开分析，从而在销售哪些商品、如何摆放货品以及何时调整售价上给出意见，此类方法已经帮助某领先零售企业减少了17%的存货，同时在保持市场份额的前提下，增加了高利润率自有品牌商品的比例。

11．总统竞选

许多人通过Facebook更新个人状态、分享图片以及他们"喜欢"的内容。奥巴马的总统竞选运动也通过使用社交网络的各种数据功能完成了竞选，他们不仅通过社交网络寻找支持者，而且还通过社交网络召集了一批志愿军。

早在2006年，Facebook联合创始人，克里斯·休斯就建议扎克伯格在网站上推出相关服务，帮助总统候选人在Facebook上建立个人主页，以便他们进行形象推广。2006年9月，Facebook全面开放，用户数量爆炸式增长，在年底达到1200万。这一过程恰好推升了奥巴马的知名度。此后，在克里斯的辅佐下，奥巴马掀起了一系列的网络活动，在Facebook、MySpace等社交网站上发表公开演讲、推广施政理念，赢得大量网民支持，募集到5亿多美元的竞选经费。

最终，"黑人平民"战胜了实力雄厚的对手，成为美国历史上第一位黑人总统，之后，在第二次的选举中获得连任。此次选举中互联网提供了前所未有的实施手段，其中尤以Facebook代表的社交网站最为突出，以至于有人戏称之为"Facebook之选"。

12. 电子邮件

MailChimp 的核心业务是提供电子邮件服务，它在一年内为大约 300 万用户发送了 350 亿封邮件。不过真正能体现 MailChimp 未来价值的是该公司对这些邮件数据的处理和分析。

MailChimp 的一个重要任务就是搞清楚如何帮助客户更好地了解他们所发送的信息。考虑到这一点，该公司提供了一个服务叫 Wavelength，向客户展示了与他们相似的其他信息。这个系统使得 Wavelength 能够储存公司数据库中每个邮件地址发生的互动。这意味着告诉了用户打开了什么样的邮件，何时打开，点击了什么链接，订阅了什么邮件。MailChimp 也有一个功能叫作 Ecommerce360，能让客户通过转换来跟踪点击。

13. 音乐

十多年前，音乐元数据公司 Gracenote 收到来自苹果公司的神秘忠告，建议其购买更多的服务器，而后 Gracenote 听取忠告照做了，当苹果公司推出了 iTunes 和 iPod 两款产品之后，一时间市场上急需用于存储音乐的服务器，而 Gracenote 公司先于市场做好了充足的准备，从而成为了元数据的帝国。

在车内听的歌曲很可能反映用户的真实喜好。Gracenote 采用智能手机和平板计算机内置的麦克风识别用户电视或音响中播放的歌曲，并可检测掌声或嘘声等反应，甚至还能检测用户是否调高了音量。这样，Gracenote 可以研究用户真正喜欢的歌曲、听歌的时间和地点。Gracenote 拥有数百万首歌曲的音频和元数据，因而可以快速识别歌曲信息，并按音乐风格、歌手、地理位置等分类。

总之，大数据已经在各行各业中运用，给人们的生活带来服务和便利。

1.2 大数据关键技术

当人们谈到大数据时，往往并非仅指数据本身，而是数据和大数据技术这二者的综合。所谓大数据技术是指伴随着大数据的采集、存储、分析和应用的相关技术，是一系列使用非传统的工具来对大量的结构化、半结构化和非结构化数据进行处理，从而获得分析和预测结果的一系列数据处理和分析技术。

扫码观看视频

1.2.1 大数据基本流程

讨论大数据技术时，首先需要了解大数据的基本处理流程，主要包括数据采集、存储、分析和结果呈现等环节。数据无处不在，互联网网站、政务系统、零售系统、办公系统、自动化生产系统、监控摄像头、传感器等，每时每刻都在不断产生数据。这些分散在各处的数据需要采用相应的设备或软件进行采集。采集到的数据通常无法直接用于后续的数据分析，因为对于来源众多、类型多样的数据而言，数据缺失和语义模糊等问题是不可避免的，因而必须采取相应措施有效解决这些问题，这就需要一个被称为"数据预处理"的过程，把数据变成一个可用的状态。数据经过预处理以后，会被存放到文件系统或数据库系统中进行存储与管理，然后采用数据处理算法对数据进行处理分析，最后采用可视化工具为用户呈现结果。在整个数据处理过程中，还必须注意隐私保护和数据安全问题。

因此，从数据分析全流程的角度，大数据技术主要包括数据采集与预处理、数据存储和管理、数据处理与分析、数据安全和隐私保护等几个层面的内容，具体见表1-2-1。

表1-2-1 大数据技术的不同层面及其功能

技 术 层 面	功 能
数据采集与预处理	利用ETL工具将分布的、异构数据源中的数据，如关系数据、平面数据文件等，抽取到临时中间层后进行清洗、转换、集成，最后加载到数据仓库或数据集市中，成为联机分析处理、数据挖掘的基础；也可以利用日志采集工具（如Flume、Kafka等）把实时采集的数据作为流计算系统的输入，进行实时处理分析
数据存储与数据管理	利用分布式文件系统、数据仓库、关系数据库、NoSQL数据库、云数据等，实现对结构化、半结构化和非结构化海量数据的存储和管理
数据处理与分析	利用分布式并行编程模式和计算框架，结合机器学习和数据挖掘算法，实现对海量数据的处理和分析；对分析结果进行可视化呈现，帮助人们更好地理解数据、分析数据
数据安全与隐私保护	在从大数据中挖掘潜在的巨大商业价值和学术价值的同时，构建隐私数据保护体系和数据安全体系，有效保护个人隐私和数据安全

需要指出的是，大数据技术是许多技术的集合体，这些技术也并非全部都是新生事物，诸如关系数据库、数据仓库、数据采集、ETL、OLAP、数据挖掘、数据隐私和安全、数据可视化等技术是已经发展多年的技术，在大数据时代得到不断补充、完善、提高后又有了新的升华，也可以视为大数据技术的一个组成部分。

1.2.2 大数据计算模式

所谓大数据计算形式，即依据大数据的不同数据特征和计算特征，从多样性的大数据计算问题和需求中提炼并树立的各种高层笼统或模型。例如，MapReduce是一个并行计算系统，加州大学伯克利分校著名的Spark系统中的"散布内存笼统RDD"，CMU著名的图计算系统GraphLab中的"图并行笼统"等。传统的并行计算办法，主要从体系构造和编程语言的层面定义了一些较为底层的并行计算笼统和模型，但由于大数据处置问题具有很多高层的数据特征和计算特征，因而，大数据处置需求需要更多地分离这些高层的数据特征和高层的计算特征。

依据大数据处置多样性的需求和以上不同的特征维度，目前呈现了多种典型和重要的大数据计算形式。与这些计算形式相对应，呈现了很多对应的大数据计算系统和工具。由于单纯描绘计算形式比较笼统和空泛，因而在描绘不同计算形式时，将同时给出相应的典型计算系统和工具，见表1-2-2，这将有助于对计算形式的了解以及对技术开展现状的把握，并进一步有利于在实践大数据处置应用中选择运用适宜的计算技术和系统工具。

大数据导论

表 1-2-2 大数据计算模式及其代表产品

大数据计算模式	解决问题	代表产品
批处理计算	针对大规模数据的批量处理	MapReduce、Spark 等
流计算	针对流数据的实时计算	Storm、S4、Flume、Streams、Puma、DStream、Super Mario、银河流数据处理平台 等
图计算	针对大规模图结构数据处理	Pregel、GraphX、Giraph、PowerGraph、Hama、GoldenOrb 等
查询分析计算	大规模数据的存储管理和查询分析	Dremel、Hive、Cassandra、Impala 等

大数据计算形式的呈现有力推进了大数据技术的应用，但是，现实世界中的大数据处理的问题复杂多样，难以有一种单一的计算形式能涵盖一切不同的大数据计算需求。在研讨和实践应用中发现，由于 MapReduce 主要适用于大数据线下批处置，在面向低延迟和具有复杂数据关系和复杂计算的大数据问题时有很大的不顺应性。因而，近几年来学术界和业界在不时研讨并推出多种不同的大数据计算形式。

MapReduce 是被大家所熟悉的大数据处理技术，当人们提到大数据时就会很自然地想到 MapReduce，可见其影响力之广。实际上，大数据处理的问题复杂多样，单一的计算模式无法满足不同类型的计算需求，MapReduce 其实只是大数据计算模式中的一种，它代表了针对大规模数据的批量处理技术，除此以外，还有查询分析计算、图计算、流计算等多种大数据计算模式。

1. 批处理计算

批处理计算主要解决针对大规模数据的批量处理，也是人们日常数据分析工作中非常常见的一类数据处理需求。MapReduce 是最具有代表性和影响力的大数据批处理技术，可以并行执行大规模数据处理任务，用于大规模数据集（大于 1TB）的并行运算。MapReduce 极大地方便了分布式编程工作，它将复杂的、运行于大规模集群上的并行计算过程高度地抽象到了两个函数——Map 和 Reduce 上，编程人员在不会分布式并行编程的情况下，也可以很容易将自己的程序运行在分布式系统上，完成海量数据集的计算。

Spark 是一个针对超大数据集合的低延迟的集群分布式计算系统，比 MapReduce 快许多。Spark 启用了内存分布数据集，除了能够提供交互式查询外，还可以优化迭代工作负载。在 MapReduce 中，数据流从一个稳定的来源进行一系列加工处理后，流出到一个稳定的文件系统（如 HDFS）。而对于 Spark 而言，则使用内存替代 HDFS 或本地磁盘来存储中间结果，因此 Spark 要比 MapReduce 的速度快许多。

2. 流计算

流数据也是大数据分析中的重要数据类型。流数据（或数据流）是指在时间分布和数量上无限的一系列动态数据集合体，数据的价值随着时间的流逝而降低，因此必须采用实时计算的方式给出秒级响应。流计算可以实时处理来自不同数据源的、连续到达的流数据，经过实时分析处理，给出有价值的分析结果。目前业内已涌现出许多流计算框架与平台，第一类是商业级的流计算平台，包括 IBM InfoSphere Streams 和 IBM StreamBase 等；第二类是开源流计算框架，包括 Twitter Storm、Yahoo! S4（Simple Scalable Streaming System）、Spark Streaming 等；第三类是公司为支持自身业务开发的流计算框架，如 Facebook 使用 Puma 和 HBase 相结合来处理实时数据，百度开发了通用实时流数据计算系统 DStream，淘宝开发了通用流数据实时计算系统——银河流数据处理平台。

3．图计算

在大数据时代，许多大数据都是以大规模图或网络的形式呈现，如社交网络、传染病传播途径、交通事故对路网的影响等，此外，许多非图结构的大数据也常常会被转换为图模型后再进行处理分析。MapReduce 作为单输入、两阶段、粗粒度数据并行的分布式计算框架，在表达多迭代、稀疏结构和细粒度数据时，往往显得力不从心，不适合用来解决大规模图计算问题。因此，针对大型图的计算，需要采用图计算模式，目前已经出现了不少相关图计算产品。Pregel 是一种基于 BSP（Bulk Synchronous Parallel）模型实现的并行图处理系统。为了解决大型图的分布式计算问题，Pregel 搭建了一套可扩展的、有容错机制的平台，该平台提供了一套非常灵活的 API，可以描述各种各样的图计算。Pregel 主要用于图遍历、最短路径、PageRank 计算等。其他代表性的图计算产品还包括 Facebook 针对 Pregel 的开源实现 Giraph、Spark 下的 GraphX、图数据处理系统 PowerGraph 等。

4．查询分析计算

针对超大规模数据的存储管理和查询分析，需要提供实时或准实时的响应，才能很好地满足企业经营管理需求。谷歌公司开发的 Dremel 是一种可扩展的、交互式的实时查询系统，用于只读嵌套数据的分析。通过结合多级树状执行过程和列式数据结构，它能做到几秒内完成对万亿张表的聚合查询。系统可以扩展到成千上万的 CPU 上，满足谷歌上万用户操作 PB 级的数据的需求，并且可以在 2～3s 内完成 PB 级别数据的查询。此外，Cloudera 公司参考 Dremel 系统开发了实时查询引擎 Impala，它提供 SQL 语义，能快速查询存储在 Hadoop 的 HDFS 和 HBase 中的 PB 级大数据。

1.3 大数据产业

赛迪顾问研究显示，2020 年全球联网的终端数量已达到 260 亿，海量终端的计算、存储和网络传输需求是当前的云计算基础设施无法承受的，网络拥塞、高延时和低可靠性等问题呼唤前端化的大数据分析技术。这种前端分析技术是在数据采集端部署经过剪裁和优化的人工智能，其本质是将经验的、经过数据分析验证的算法和模型固化到前端高性能传感器和数据采集设备。相比于云计算技术架构，应用前端大数据分析技术，可以有效地削减数据传输过程中的网络带宽消耗，降低前端设备自身功耗，提升数据分析效率和系统整体的智能化水平。

未来，随着中国新一轮的智慧城市和工业互联网建设的持续推进，智能终端和传感器的快速增长将会拉动前端化大数据分析应用，并在技术端和应用端开启大数据企业的新机遇。在技术端，如何在算力有限的情况下，持续剪裁并优化模型和算法，保障终端的计算需求；设计适用的网络通信协议，保障终端数据的高效传输；完善嵌入式芯片和板卡等硬件设计，提升芯片的并行处理能力，降低功耗，成为大数据企业在新一轮竞争中制胜的关键。而在应用端，前端化大数据分析技术则有助于拓展工业和智慧城市等领域的应用市场，提升诸如工业设备维护、基础设施监测、城市安防和交通管理等应用场景的分析处理效率，创造了大量新市场机遇。

大数据产业是指一切与支撑大数据组织管理和价值发现相关的企业经济活动的集合。大数据产业包括IT基础设施层、数据源层、数据管理层、数据分析层、数据平台层和数据应用层，具体见表1-3-1。

表 1-3-1　大数据产业链的各个环节

产业链环节	包 含 内 容
IT基础设施层	包括提供硬件、软件、网络等基础设施以及提供咨询、规划和系统集成服务的企业，比如，提供数据中心解决方案的IBM、惠普和戴尔等，提供存储解决方案的EMC，提供虚拟化管理软件的微软、思杰、SUN、RedHat等
数据源层	大数据生态圈里的数据提供者，是生物（生物信息学领域的各类研究机构）大数据、交通（交通主管部门）大数据、医疗（各大医院、体检机构）大数据、政府（政府部门）大数据、电商（淘宝、天猫、苏宁云商、京东等）大数据、社交网络（微博、微信、人人网等）大数据、搜索引擎（百度、谷歌等）大数据等各种数据的来源
数据管理层	包括数据抽取、转换、存储和管理等服务的各类企业或产品，如分布式文件系统（如Hadoop的HDFS和谷歌的GFS）、ETL工具（Informatica、Datastage、Kettle等）、数据库和数据仓库（Oracle、MySQL、SQL Server、HBASE、GreenPlum等）
数据分析层	包括提供分布式计算、数据挖掘、统计分析等服务的各类企业或者产品，如分布式计算框架MapReduce、统计分析软件SPSS和SAS、数据挖掘工具Weka、数据可视化
数据平台层	包括提供数据分享平台、数据分析平台、数据租售平台等服务的企业或产品，如阿里巴巴、谷歌、中国电信、百度等
数据应用层	提供智能交通、智慧医疗、智慧物流、智能电网等行业应用的企业、机构或政府部门，如交通主管部门、各大医疗机构、菜鸟网络、国家电网等

随着大数据产业走向应用端，中国大数据复合型人才缺口持续扩大，在健康医疗、工业、政府和金融等大数据热点应用领域，亟需一大批既懂业务也懂大数据分析技术的复合型人才来开拓市场。

1.3.1　营销大数据产业

营销大数据的本质是，通过把握企业或个人的特征，挖掘识别其需求，并据此将正确的产品和服务推送给有需求的客户，从中收取费用，最终达成三赢的效果。营销大数据通常以网络广告的形式呈现，涵盖搜索广告、展示类广告（包括 RTB、SSP、DSP、信息流广告等）和社交网络广告三大类。这些广告业务中广泛应用了大数据和人工智能技术，其在客群分类识别、广告内容智能化生成、个性化精准推送等方面已经相对成熟。然而，在用户注意力资源开发已经饱和的现状下，传统网络营销业务增长乏力。如何争夺存量客户的注意力资源、提升平台变现能力成为营销大数据企业制胜的关键。

基于线下场景的营销，提供了破局制胜的突破口。出现在线下场景的客户通常具有明确的特征，如果他们的特征得以被捕捉，再配合线上的数据能力，就可以对其展开精准营销。这种针对线下人群的营销，转化率和付费率通常都比较高，可以有效提升平台的变现能力。比如，某营销大数据公司将 2016 年广州车展的"宾利广告"信息定向曝光给平台独有的线下标签人群（如出国人群、VIP 人群和经常访问顾客等潜在高净值群体），11 天在移动端合计曝光 300 多万次，最终使得 201 人到达宾利展台，提升了宾利的销售业绩。此外，这些公司还会通过对这些到展客户进行持续观察，结合社会、出行、消费和搜索等多维度信息，持续优化自身标签系统和广告投放策略，优化其自身的精准营销能力。

场景营销的关键在于线上线下数据的整合。线上数据包括搜索数据、移动设备用户属性数据、网购数据、社交网络数据、移动运营商数据、广告主数据等；线下数据则包括商用 Wi-Fi 数据、iBeacon 数据、消费数据和注册数据等。线下场景数据由于自带精准性的特征，当前已成为营销大数据企业关注的重点。常用的线下场景则包括各大商场、汽车 4S 店、滑雪场、机场和高铁站等。

未来，营销大数据企业可以通过自行整合数据或者与线下数据拥有商开展合作来进入场景营销市场，以提升营销的精准性，增强商业化变现能力。

1.3.2 行政大数据产业

近些年，我国一些地方政府也在积极尝试以"大数据产业园"为依托，加快发展本地的大数据产业。

贵阳在"数据铁笼"建设方面卓有成效，目前相关平台已在市住建局、市交警局等多家单位实施。以市住建办为例，通过"数据铁笼"手段将不动产办证流程锁定，实现所有业务按进件顺序办理，彻底杜绝办事人员违规操作。贵阳市对于"数据铁笼"的探索和实施，是政府利用大数据进行权力监督、提升治理能力的创新之举。贵阳建立的"数据铁笼"系统有效汇集了政府全流程数据，建立了预警处置、动态管理和检查评估等机制，规范了权力的边界，推进了行政行为的制度化、规范化、数据化。贵阳市利用大数据把政务公开、依法行政、治理能力提升、源头防腐进行有机结合，实现了行政权力运行的流程再造，推动了政府依法行政，使政府和群众关系实现"扁平化"。贵阳"数据铁笼"项目建设是实现社会治理体系和治理能力现代化的有益探索。

"数据铁笼"通过应用大数据分析方法，落地了对行政权力运行的全面监督。"数据铁笼"的建设在树立开放共享的思想理念和规范权力体系的基础上，搭建了融合跨界的大数据平台，通过大数据融合分析，支撑了权力运行流程的再造和优化，实现了精准有效的权利监管。典型的"数据铁笼"细分应用场景包括：酒驾治理流程化、交通建设工程项目流程化、道路运输管理流程化、纪委监督数据化、公检法案件审判精准化等。

1.3.3 健康医疗大数据产业

中国健康医疗大数据产业规模持续增长，平台和应用成为重点。2017年中国健康医疗大数据产业规模是144.1亿元，同比增长36.8%。从产业的细分领域来看，平台层和应用层占据了产业主体，2017年占到了总体规模的64.8%，到2020年，这一比例超过了70%。

大数据（Big Data）、人工智能（Artificial Intelligence）、物联网（Internet of Things）和区块链（Blockchain）等新兴技术的融合突破了传统健康医疗应用在数据分析、数据安全和数据采集方面的局限，协同开启了多元化的健康医疗应用市场。

人工智能+健康医疗大数据：健康语音交互、计算机视觉、认知计算等技术蓬勃发展，助推医疗领域的快速突破。通过人工智能技术，医生诊疗、患者自诊的效率可以大幅提升。

物联网+健康医疗大数据：帮助医院实现对医疗对象（如医生、护士、病人、设备、物资和药物等）的智能化感知和处理，支持医院内部医疗信息、设备信息、药品信息、人员信息和管理信息的数字化采集、处理、存储和传输等功能。

区块链+健康医疗大数据：区块链技术作为一种互联网数据库技术，其特点是去中心化、公开透明，让每个人均可参与数据库记录。在健康医疗领域的应用中，区块链可以保障各类互联医疗设备的数据安全，使其成为实现数字医疗工作流程和高级医疗互操作性的基础。此外，区块链能够统一不同的数据集，打破那些让机器学习算法难以访问的数据"竖井"，为机器学习提供执行高级分析所需的标准化、全面化、高完整化的数据集。

1.3.4 安防大数据产业

在安防领域，大数据技术探讨和研究已有几年时间，目前也有很多行业项目落地运营，从用户反馈的信息看，大数据对提高工作效率、有效解决业务难题帮助很大。当前，安防大数据的来源主要是各地每天产生的数以万计的图像及视频数据，囊括公安、交警、城管、海关、能源、金融、教育、园区、住宅、娱乐场所等地方所获取的视频监控数据，而随着各地视频采集设备接入数量从几千到几十万的增长，以及安防监控对高清、智能、联网的要求越来越高，每天产生的数据量正以惊人的速度不停地累积。

第 1 章
大数据概述

如何有效处理和利用这些数据成为安防产业探索的重要课题。深圳市保千里电子有限公司副总裁陈杨辉认为，大数据时代的战略意义已超越如何掌握庞大的数据信息，而是实现对这些数据的深层挖掘，进而让其"增值"。在安防领域，视频数据的挖掘应用是必然的选择，北京蓝色星际软件技术发展有限公司产品经理颜延峰认为，安防大数据是安防 IT 化发展到现阶段的一种表象或特征，随着安防云计算技术的发展，原本很难收集和使用的视频数据开始被有效地利用起来，通过各细分行业的不断创新，视频数据会逐步为用户创造更多的价值，这是技术发展的大趋势。如果要从"数据源 - 环节 - 目标"的思维出发，大数据是获取数据、存储数据、分类检索及应用数据，其核心技术主要包括大规模并行处理（MPP）数据库和分布式文件系统。

安防大数据的价值不仅在安防行业领域，其对安防边界的拓宽起到非常大的作用，在智能家居、楼宇、超市、地铁、人流疏导等区域所起的作用也越来越大，通过成熟的智能算法和分析技术，厂商可以在视频数据中获得用户的行为数据，并与第三方一起开发大数据相关业务，为用户提供精准的服务，让安防产业的触角向其他行业延伸，打造产业新的增长点。

大数据加速安防智能化从 IT 时代转向 DT 时代，智能化是非常重要的指标。智能化安防技术的主要内涵是其和服务的信息化，图像、视频的传输和存储，数据的存储和处理等。保千里公司的陈杨辉认为，在智能安防领域，数据的产生、存储和处理是智能安防解决方案的基础，只有采集足够有价值的安防信息，通过大数据分析以及综合研判模型，才能制定智能安防决策。同时，大数据处理能够更好地指出智能安防解决方案中存在的问题，从而有针对性地提升智能安防产品服务质量。

同时，智能安防行业是典型的大数据与物联网相结合的应用场景，物联网技术的普及应用使安防从过去简单的安全防护系统向城市综合化体系演变，涵盖众多领域，特别是针对重要场所，如机场、银行、地铁、车站、水电气厂、道路桥梁等场所，引入物联网技术后可以通过无线移动、跟踪定位等手段建立全方位的立体防护。智能安防行业需求已从大面积监控布点转变为注重视频智能预警、分析和实战，迫切需要利用大数据技术从海量的视频数据中进行规律预测、情境分析、串并侦查、时空分析等。

不过，相比传统的互联网，在物联网中，对大数据技术具有更高的要求。首先，物联网中的数据量更大，物联网最主要的特征之一是节点的海量性，除了人和服务器之外，物品、设备、传感网等都是物联网的组成节点，其数量规模远大于互联网；同时，物联网节点的数据生成频率远高于互联网，如传感节点多数处于全时工作状态，数据流源源不断。其次，物联网中的数据速率更高。一方面，物联网中数据海量性必然要求骨干网汇聚更多的数据，数据的传输速率要求更高；另一方面，由于物联网与真实物理世界直接关联，很多情况下需要实时访问、控制相应的节点和设备，因此需要高数据传输速率来支持相应的实时性。再者，物联网中的数据更加多样化，物联网涉及的应用范围广泛，在不同领域、不同行业，需要面对不同类型、不同格式的应用数据，因此物联网中数据多样性更为突出。最后，物联网对数据真实性的要求更高，物联网是真实世界与虚拟信息世界的结合，其对数据的处理以及基于此进行的决策将直接影响真实世界，物联网中数据的真实性显得尤为重要。

1.4 大数据与云计算、物联网之间的关系

云计算、大数据和物联网代表了 IT 领域最新的技术发展趋势，三者相辅相成，既有联系又有区别。为了更好地理解三者之间的紧密关系，下面将首先简要介绍云计算和物联网的概念，再分析云计算、大数据和物联网的区别与联系。

1.4.1 云计算

扫码观看视频

1. 云计算的概念

云计算实现了通过网络提供可伸缩的、廉价的分布式计算能力，用户只需要在具备网络接入条件的地方，就可以随时随地获得所需的各种 IT 资源。云计算代表了以虚拟化技术为核心、以低成本为目标的、动态可扩展的网络应用基础设施，是近年来最有代表性的网络计算技术与模式。

云计算包括 3 种典型的服务模式，如图 1-4-1 所示，即 IaaS（基础设施即服务）、PaaS（平台即服务）和 SaaS（软件即服务）。IaaS 将基础设施（计算资源和存储）作为服务出租，PaaS 把平台作为服务出租，SaaS 把软件作为服务出租。

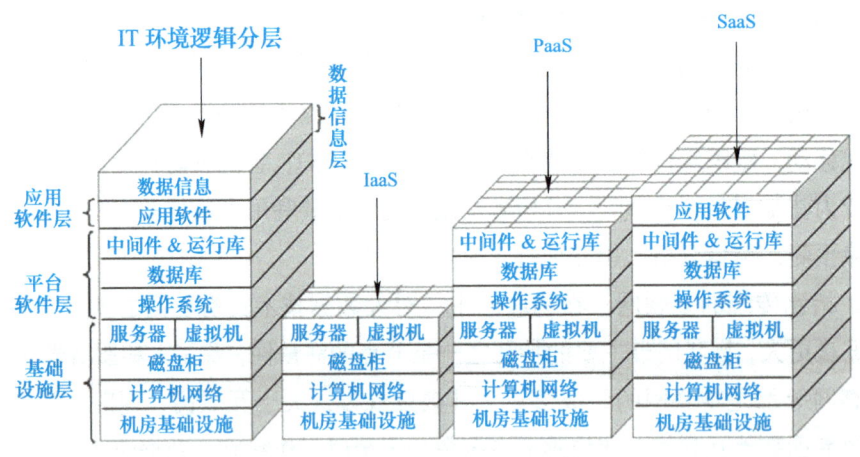

图 1-4-1　云计算的服务模式

云计算包括公有云、私有云和混合云 3 种类型。公有云面向所有用户提供服务，只要是注册付费的用户都可以使用，比如 Amazon AWS；私有云只为特定用户提供服务，比如大型企业出于安全考虑自建的云环境，只为企业内部提供服务；混合云综合了公有云和私有云的特点，因为对于一些企业而言，一方面出于安全考虑需要把数据放在私有云中，另一方面

又希望可以获得公有云的计算资源，为了获得最佳的效果，就可以把公有云和私有云进行混合搭配使用。

可以采用云计算管理软件来构建云环境（公有云或私有云），OpenStack 就是一种非常流行的构建云环境的开源软件。OpenStack 管理的资源不是单机的而是一个分布的系统，它把分布的计算、存储、网络、设备、资源组织起来，形成一个完整的云计算系统，帮助服务商和企业内部实现类似于 Amazon EC2 和 S3 的云基础架构服务。

2．云计算的关键技术

云计算的关键技术包括虚拟化、分布式存储、分布式计算、多租户等。

（1）虚拟化

虚拟化技术是云计算基础架构的基石，是指将一台计算机虚拟为多台逻辑计算机，在一台计算机上同时运行多个逻辑计算机，每个逻辑计算机可运行不同的操作系统，并且应用程序都可以在相互独立的空间内运行而互不影响，从而显著提高计算机的工作效率。

虚拟化的资源可以是硬件（如服务器、磁盘和网络），也可以是软件。以服务器虚拟化为例，它将服务器物理资源抽象成逻辑资源，让一台服务器变成几台甚至上百台相互隔离的虚拟服务器，不再受限于物理上的界限，而是让 CPU、内存、磁盘、I/O 等硬件变成可以动态管理的"资源池"，从而提高资源的利用率，简化系统管理，实现服务器整合，让 IT 对业务的变化更具适应力。

Hyper-V、VMware、KVM、VirtualBox、Xen、Qemu 等都是非常典型的虚拟化技术。Hyper-V 是微软的一款虚拟化产品，旨在为用户提供效益更高的虚拟化基础设施软件，从而为用户降低运营成本，提高硬件利用率，优化基础设施，提高服务器的可用性。VMware（威睿）是全球桌面到数据中心虚拟化解决方案的领导厂商。

近年来发展起来的容器技术（如 Docker），是不同于 VMware 等传统虚拟化技术的一种新型轻量级虚拟化技术（也被称为"容器型虚拟化技术"）。与 VMware 等传统虚拟化技术相比，Docker 容器具有启动速度快、资源利用率高、性能开销小等优点，受到业界青睐，并得到了越来越广泛的应用。

（2）分布式存储

面对"数据爆炸"的时代，集中式存储已经无法满足海量数据的存储需求，分布式存储应运而生。GFS（Google File System）是谷歌公司推出的一款分布式文件系统，可以满足大型、分布式、对大量数据进行访问的应用需求。GFS 具有很好的硬件容错性，可以把数据存储到成百上千台服务器上，并在硬件出错的情况下尽量保证数据的完整性。GFS 还支持 GB 或者 TB 级别超大文件的存储，一个大文件会被分成许多块，分散存储在由数百台机器组成的集群里。HDFS（Hadoop Distributed File System）是对 GFS 的开源实现，它采用了更加简单的"一次写入、多次读取"文件模型，文件一旦创建、写入并关闭了，之后就只能对它执行读取操作，而不能执行任何修改操作；同时，HDFS 是基于 Java 实现的，具有强大的跨平台兼容性，只要是 JDK 支持的平台都可以兼容。

谷歌公司后来又以 GFS 为基础开发了分布式数据管理系统 BigTable，它是一个稀疏、分布、持续多维度的排序映射数组，适合于非结构化数据存储的数据库，具有高可靠性、高性能、可伸缩等特点，可在廉价服务器上搭建起大规模存储集群。HBase 是针对 BigTable 的开源实现。

（3）分布式计算

面对海量的数据，传统的单指令单数据流顺序执行的方式已经无法满足快速数据处理的要求；同时，也不能寄希望于通过硬件性能的不断提升来满足这种需求，因为晶体管电路已经逐渐接近其性能极限，摩尔定律已经开始慢慢失效，CPU 处理能力再也不会每隔 18 个月翻一番。在这样的大背景下，谷歌公司提出了并行编程模型 MapReduce，让任何人都可以在短时间内迅速获得海量计算能力，它允许开发者在不具备并行开发经验的前提下也能够开发出分布式的并行程序，并让其同时运行在数百台机器上，在短时间内完成海量数据的计算。MapReduce 将复杂的、运行于大规模集群上的并行计算过程抽象为两个函数——Map 和 Reduce，并把一个大数据集切分成多个小的数据集，分布到不同的机器上进行并行处理，极大提高了数据处理速度，可以有效满足许多应用对海量数据的批量处理需求。Hadoop 开源实现了 MapReduce 编程框架，被广泛应用于分布式计算。

（4）多租户

多租户技术目的在于使大量用户能够共享同一堆栈的软硬件资源，每个用户按需使用资源，能够对软件服务进行客户化配置，而不影响其他用户的使用。多租户技术的核心包括数据隔离、客户化配置、架构扩展和性能定制。

3．云计算数据中心

云计算数据中心是一整套复杂的设施，如图 1-4-2 所示，包括刀片服务器、宽带网络连接、环境控制设备、监控设备以及各种安全装置等。数据中心是云计算的重要载体，为云计算提供计算、存储、带宽等各种硬件资源，为各种平台和应用提供运行支撑环境。

图 1-4-2　云计算数据中心

谷歌、微软、IBM、惠普、戴尔等国际IT巨头纷纷投入巨资在全球范围内大量修建数据中心，旨在掌握云计算发展的主导权。我国政府和企业也都在加大力度建设云计算数据中心。内蒙古提出了"西数东输"发展战略，即把本地的数据中心通过网络提供给其他省份用户使用。福建省泉州市安溪县的中国国际信息技术（福建）产业园的数据中心是福建省重点建设的两大数据中心之一，由惠普公司承建，拥有5000台刀片服务器，是亚洲规模最大的云渲染平台。阿里巴巴集团公司在甘肃玉门建设的数据中心是我国第一个绿色环保的数据中心，电力全部来自于风力发电，用祁连山融化的雪水冷却数据中心产生的热量。贵州被公认为我国南方最适合建设数据中心的地方，目前，中国移动、联通、电信三大运营商都将南方数据中心建在贵州。

4．云计算的应用

云计算在电子政务、医疗、卫生、教育、企业等领域的应用不断深化，对提高政府服务水平、促进产业转型升级和培育发展新兴产业等都起到了关键的作用。政务云上可以部署公共安全管理、容灾备份、城市管理、应急管理、智能交通、社会保障等应用。通过集约化建设、管理和运行，可以实现信息资源整合和政务资源共享，推动政务管理创新，加快向服务型政府转型。教育云可以有效整合幼儿教育、中小学教育、高等教育以及继续教育等优质教育资源，逐步实现教育信息共享、教育资源共享及教育资源深度挖掘等目标。中小企业云能够让企业以低廉的成本建立财务、供应链、客户关系等管理应用系统，大大降低企业信息化门槛，迅速提升企业信息化水平，增强企业市场竞争力。医疗云可以推动医院与医院、医院与社区、医院与急救中心、医院与家庭之间的服务共享，并形成一套全新的医疗健康服务系统，从而有效地提高医疗保健的质量。

5．云计算产业

云计算产业作为战略性新兴产业，近些年得到了迅速发展，形成了成熟的产业链结构，如图1-4-3所示，产业涵盖硬件与设备制造、基础设施运营、软件与解决方案供应商、基础设施即服务（IaaS）、平台即服务（PaaS）、软件即服务（SaaS）、终端设备、云安全、云计算交付/咨询/认证等环节。

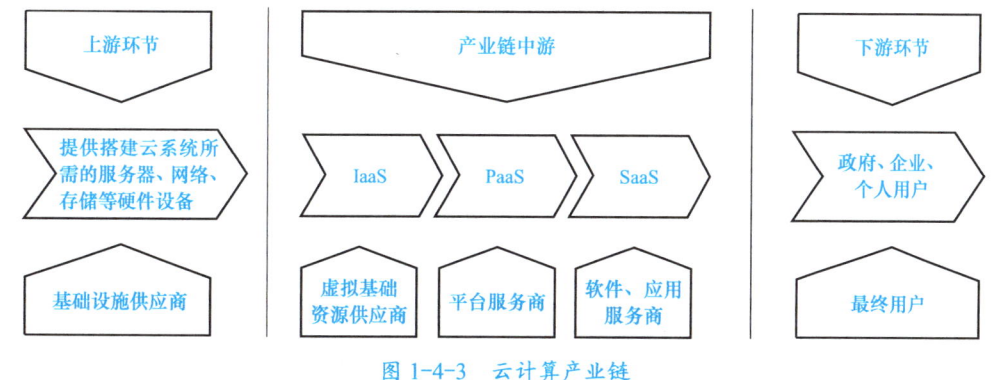

图1-4-3 云计算产业链

硬件与设备制造环节包括绝大部分传统硬件制造商,这些厂商都已经在某种形式上支持虚拟化和云计算,主要包括 Intel、AMD、Cisco、SUN 等。基础设施运营环节包括数据中心运营商、网络运营商、移动通信运营商等。软件与解决方案供应商主要以虚拟化管理软件为主,包括 IBM、微软、思杰、SUN、RedHat 等。IaaS 将基础设施(计算和存储等资源)作为服务出租,向客户出售服务器、存储和网络设备、带宽等基础设施资源,厂商主要包括 Amazon、Rackspace、Gogrid、Gridplayer 等。PaaS 把平台(包括应用设计、应用开发、应用测试、应用托管等)作为服务出租,厂商主要包括谷歌、微软、新浪、阿里巴巴等。SaaS 则把软件作为服务出租,向用户提供各种应用,厂商主要包括 Salesforce、谷歌等。云安全旨在为各类云用户提供高可信的安全保障,厂商主要包括 IBM、OpenStack 等。云计算交付/咨询/认证环节包括了三大交付以及咨询认证服务商,这些服务商已经支持绝大多数形式的云计算咨询及认证服务,主要包括 IBM、微软、Oracle、思杰等。

1.4.2 物联网

扫码观看视频

物联网是新一代信息技术的重要组成部分,具有广泛的用途,同时和云计算、大数据有着千丝万缕的联系。

1. 物联网的概念

物联网是物物相连的互联网,是互联网的延伸,它利用局部网络或互联网等通信技术把传感器、控制器、机器、人员和物等通过新的方式连在一起,形成人与物、物与物相连,实现信息化和远程管理控制。

从技术架构上来看,物联网可分为四层,如图 1-4-4 所示:感知层、网络层、处理层和应用层。每层的具体功能见表 1-4-1。

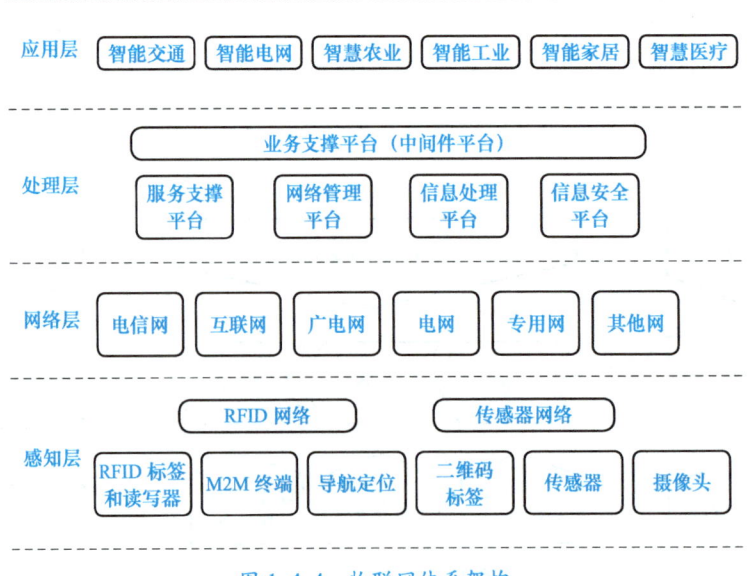

图 1-4-4　物联网体系架构

表 1-4-1　物联网各个层次的功能

层　　次	功　　能
感知层	如果把物联网系统比喻为一个人体，那么感知层就好比人体的神经末梢，用来感知物理世界，采集来自物理世界的各种信息。这个层包含了大量的传感器，如温度传感器、湿度传感器、应力传感器、加速度传感器、重力传感器、气体浓度传感器、土壤盐分传感器、二维码标签、RFID 标签和读写器、摄像头、GPS 设备等
网络层	相当于人体的神经中枢，起到信息传输的作用。网络层包含各种类型的网络，如互联网、移动通信网络、卫星通信网络等
处理层	相当于人体的大脑，起到存储和处理的作用，包括数据存储、管理和分析平台
应用层	直接面向用户，满足各种应用需求，如智能交通、智慧农业、智慧医疗、智慧工业等

下面给出一个简单的智能公交实例来加深对物联网概念的理解。目前，很多城市居民的智能手机中都安装了"掌上公交"APP，可以用手机随时随地查询每辆公交车的当前位置信息，这就是一种非常典型的物联网应用。在智能公交应用中，每辆公交车都安装了 GPS 定位系统和 3G/4G 网络传输模块，在车辆行驶过程中，GPS 定位系统会实时采集公交车的当前位置信息，并通过车上的 3G/4G 网络传输模块发送给车辆附近的移动通信基站，经由电信运营商的 3G/4G 移动通信网络传送到智能公交指挥调度中心的数据处理平台，平台再把公交车位置数据发送给智能手机用户，用户的"掌上公交"软件就会显示出公交车的当前位置信息。这个应用实现了"物与物的相连"，即把公交车和手机这两个物体连接在一起，让手机可以实时获得公交车的位置信息，进一步讲，实际上也实现了"物和人的连接"，让手机用户可以实时获得公交车位置信息。在这个应用中，安装在公交车上的 GPS 定位设备就属于物联网的感知层；安装在公交车上的 3G/4G 网络传输模块以及电信运营商的 3G/4G 移动通信网络属于物联网的网络层；智能公交指挥调度中心的数据处理平台属于物联网的处理层；智能手机上安装的"掌上公交"APP 属于物联网的应用层。

2．物联网的关键技术

物联网是物与物相连的网络，通过为物体加装二维码、RFID 标签、传感器等，就可以实现物体身份唯一标识和各种信息的采集，再结合各种类型的网络连接，就可以实现人和物、物和物之间的信息交换。因此，物联网中的关键技术包括识别和感知技术（二维码、RFID、传感器等）、网络与通信技术、数据挖掘与融合技术等。

（1）识别和感知技术

二维码技术是一种很重要的自动识别技术，是在一维条码基础上发展出来的条码技术。二维码包括堆叠式/行排式二维码和矩阵式二维码，后者较为常见。如图 1-4-5 所示，矩阵式二维码在一个矩形空间中通过黑、白像素在矩阵中的不同分布进行编码。在矩阵相应元素位置上，用点（方点、圆点或其他形状）的出现表示二进制"1"，点的不出现表示二进制的"0"，点的排列组合确定了矩阵式二维码所代表的意义。二维码具有信息容量大、编码范围广、容错能力强、译码可靠性高、成本低易制作等良好特性，已经得到了广泛的应用。

RFID 技术用于静止或移动物体的无接触自动识别,具有全天候、无接触、可同时实现多个物体自动识别等特点。RFID 技术在生产和生活中得到了广泛的应用,大大推动了物联网的发展,大家平时使用的公交卡、门禁卡、校园卡等都嵌入了 RFID 芯片,可以实现迅速、便捷的数据交换。从结构上讲,RFID 是一种简单的无线通信系统,由 RFID 读写器和 RFID 标签两个部分组成。RFID 标签是由天线、耦合元件、芯片组成的,是一个能够传输信息、回复信息的电子模块。RFID 读写器也是由天线、耦合元件、芯片组成的,用来读取(或者有时也可以写入)RFID 标签中的信息。RFID 使用 RFID 读写器及可附着于目标物的 RFID 标签,利用频率信号将信息由 RFID 标签传送至 RFID 读写器。以公交卡为例,市民持有的公交卡就是一个 RFID 标签,如图 1-4-6 所示,公交车上安装的刷卡设备就是 RFID 读写器,当执行刷卡动作时,就完成了一次 RFID 标签和 RFID 读写器之间的非接触式通信和数据交换。

图 1-4-5 矩阵式二维码

图 1-4-6 采用 RFID 芯片的公交卡

传感器是一种能感受规定的被测量件并按照一定的规律(数学函数法则)转换成可用信号的器件或装置,具有微型化、数字化、智能化、网络化等特点。人类需要借助于耳朵、鼻子、眼睛等感觉器官感受外部物理世界,类似地,物联网也需要借助于传感器实现对物理世界的感知。物联网中常见的传感器类型有光敏传感器、声敏传感器、气敏传感器、化学传感器、压敏传感器、温敏传感器、流体传感器、温湿度传感器、压力传感器、烟雾传感器等(见图 1-4-7),可以用来模仿人类的视觉、听觉、嗅觉、味觉和触觉。

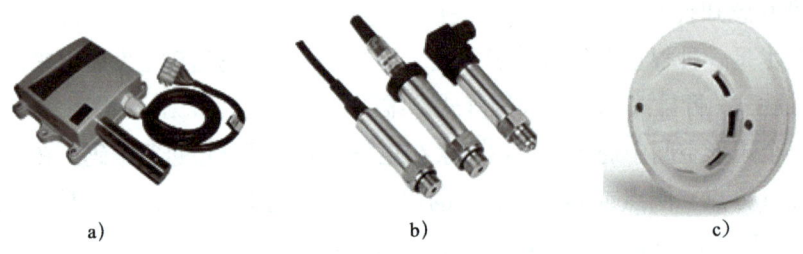

图 1-4-7 不同类型的传感器
a) 温湿度传感器 b) 压力传感器 c) 烟雾传感器

（2）网络与通信技术

物联网中的网络与通信技术包括短距离无线通信技术和远程通信技术。短距离无线通信技术包括 ZigBee、NFC、蓝牙、Wi-Fi、RFID 等。远程通信技术包括互联网、2G/3G/4G 移动通信网络、卫星通信网络等。

（3）数据挖掘与融合技术

物联网中存在大量数据来源、各种异构网络和不同类型的系统，如此大量的不同类型数据如何实现有效整合、处理和挖掘，是物联网处理层需要解决的关键技术问题。云计算和大数据技术的出现，为物联网数据存储、处理和分析提供了强大的技术支撑，海量物联网数据可以借助于庞大的云计算基础设施实现廉价存储，利用大数据技术实现快速处理和分析，满足各种实际应用需求。

3．物联网的应用

物联网已经广泛应用于智能交通、智慧医疗、智能家居、环保监测、智能安防、智能物流、智能电网、智慧农业、智能工业等领域，对国民经济与社会发展起到了重要的推动作用，具体如下：

智能交通：利用 RFID、摄像头、线圈、导航设备等物联网技术构建的智能交通系统，可以让人们随时随地通过智能手机、大屏幕、电子站牌等方式，了解城市各条道路的交通状况、所有停车场的车位情况、每辆公交车的当前位置等信息，合理安排行程，提高出行效率。

智慧医疗：医生利用平板计算机、智能手机等手持设备，通过无线网络，可以随时连接访问各种诊疗仪器，实时掌握每个病人的各项生理指标，科学、合理地制定诊疗方案，甚至可以支持远程诊疗。

智能家居：利用物联网技术提升家居安全性、便利性、舒适性、艺术性，并实现环保节能的居住环境。比如，可以在工作单位通过智能手机远程开启家里的电饭煲、空调、门锁、监控、窗帘和电灯等，家里的窗帘和电灯也可以根据时间和光线变化自动开启和关闭。

环保监测：可以在重点区域放置监控摄像头或水质土壤成分检测仪器，相关数据可以实时传输到监控中心，出现问题实时发出警报。

智能安防：采用红外线、监控摄像头、RFID 等物联网设备，实现小区出入口智能识别和控制、意外情况自动识别和报警、安保巡逻智能化管理等功能。

智能物流：利用集成智能化技术，使物流系统能模仿人的智能，具有思维、感知、学习、推理判断和自行解决物流中某些问题的能力（如选择最佳行车路线，选择最佳包裹装车方案），从而实现物流资源优化调度和有效配置，提升物流系统效率。

智能电网：通过智能电表，不仅可以免去抄表工的大量工作，还可以实时获得用户用电信息，提前预测用电高峰和低谷，为合理设计电力需求响应系统提供依据。

智慧农业：利用温度传感器、湿度传感器和光线传感器，实时获得种植大棚内的农作物生长环境信息，远程控制大棚遮光板、通风口、喷水口的开启和关闭，让农作物始终处于最优生长环境，提高农作物产量和品质。

智能工业：将具有环境感知能力的各类终端、基于泛在技术的计算模式、移动通信技术等不断融入工业生产的各个环节，大幅提高制造效率，改善产品质量，降低产品成本和资源消耗，将传统工业提升到智能化的新阶段。

4．物联网产业

完整的物联网产业链主要包括核心感应器件提供商、感知层末端设备提供商、网络提供商、软件与行业解决方案提供商、系统集成商、运营及服务提供商等环节（见图1-4-8），具体如下：

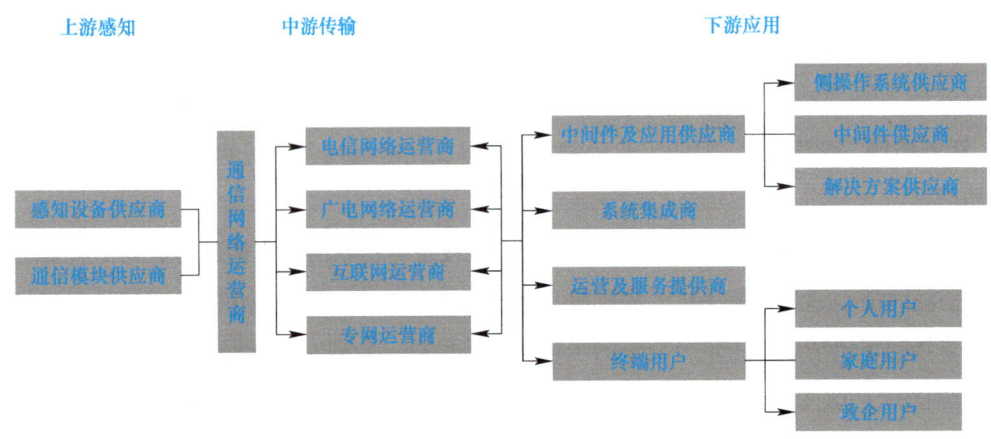

图1-4-8　物联网产业链

核心感应器件提供商：提供二维码、RFID及读写机具、传感器、智能仪器仪表等物联网核心感应器件。

感知层末端设备提供商：提供射频识别设备、传感系统及设备、智能控制系统及设备、GPS设备、末端网络产品等。

网络提供商：包括电信网络运营商、广电网络运营商、互联网运营商、卫星网络运营商和其他网络运营商等。

软件与行业解决方案提供商：提供微操作系统、中间件、解决方案等。

系统集成商：提供行业应用集成服务。

运营及服务提供商：开展行业物联网运营及服务。

1.4.3　大数据与云计算、物联网的关系

云计算、大数据和物联网代表了IT领域最新的技术发展趋势，三者既有区别又有联系。云计算最初主要包含了两类含义：一类是以谷歌的GFS和MapReduce为代表的大规模分布

式并行计算技术；另一类是以亚马逊的虚拟机和对象存储为代表的"按需租用"的商业模式。但是，随着大数据概念的提出，云计算中的分布式计算技术开始更多地被列入大数据技术，而人们提到云计算时，更多指的是底层基础 IT 资源的整合优化以及以服务的方式提供 IT 资源的商业模式（如 IaaS、PaaS、SaaS）。从云计算和大数据概念的诞生到现在，二者之间的关系非常微妙，既密不可分，又千差万别。因此，不能把云计算和大数据割裂开来作为截然不同的两类技术来看待。此外，物联网也是和云计算、大数据相伴相生的技术。下面总结一下三者的联系与区别，如图 1-4-9 所示。

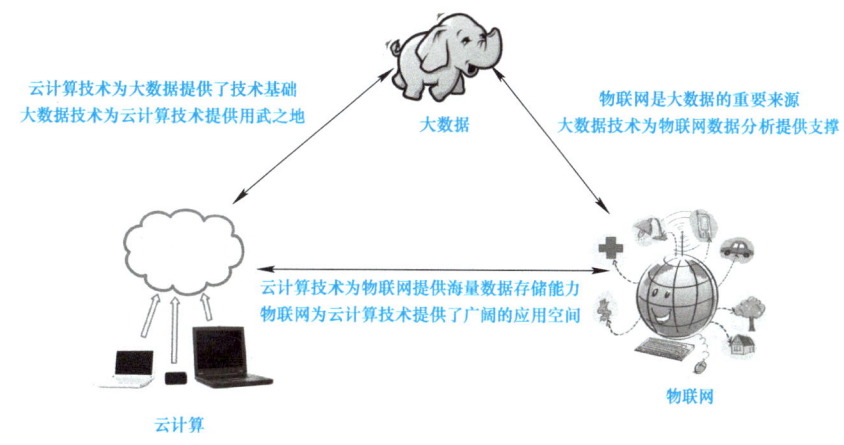

图 1-4-9　大数据、云计算和物联网三者之间的关系

第一，大数据、云计算和物联网的区别。大数据侧重于对海量数据的存储、处理与分析，从海量数据中发现价值，服务于生产和生活；云计算本质上旨在整合和优化各种 IT 资源，并通过网络以服务的方式廉价地提供给用户；物联网的发展目标是实现物物相连，应用创新是物联网发展的核心。

第二，大数据、云计算和物联网的联系。从整体上看，大数据、云计算和物联网这三者是相辅相成的。大数据根植于云计算，大数据分析的很多技术都来自于云计算，云计算的分布式数据存储和管理系统（包括分布式文件系统和分布式数据库系统）提供了海量数据的存储和管理能力，分布式并行处理框架 MapReduce 提供了海量数据分析能力，没有这些云计算技术作为支撑，大数据分析就无从谈起。反之，大数据为云计算提供了"用武之地"，没有大数据这个"练兵场"，云计算技术再先进，也不能发挥它的价值。物联网的传感器源源不断产生的大量数据，构成了大数据的重要数据来源，没有物联网的飞速发展，就不会带来数据产生方式的变革，即由人工产生阶段转向自动产生阶段，大数据时代也不会这么快就到来。同时，物联网需要借助于云计算和大数据技术，实现物联网大数据的存储、分析和处理。

可以说，云计算、大数据和物联网三者已经彼此渗透、相互融合，在很多应用场合都可以同时看到三者的身影。在未来，三者会继续相互促进、相互影响，更好地服务于社会生产和生活的各个领域。

大数据导论

1.5 大数据技术应用案例

扫码观看视频

大数据的热潮并未有消退迹象，相反，包括航空、金融、电商、政府、电信、电力甚至 F1 赛车等都在纷纷掘金大数据。可以看出，在推动大数据企业应用方面，真正看到大数据潜在商业价值的企业比大数据技术厂商还要着急。例如，IT 经理网曾经报道过沃尔玛大数据实验室直接参与到大数据工具的开发和开源工作中。但是在国内，虽然管理学界和财经媒体对大数据推崇备至，认为大数据是信息技术改变商业世界的关键应用，但是关于大数据中国企业的成功案例的报道却出奇地少。

农夫山泉用大数据卖矿泉水

这里是上海九亭镇新华都超市的一个角落，农夫山泉的矿泉水堆头静静地摆放在这里。来自农夫山泉的业务员每天例行公事地来到这个点，拍摄 10 张照片：水怎么摆放、位置有什么变化、高度如何……这样的点每个业务员一天要跑 15 个，按照规定，下班之前 150 张照片就被传回了杭州总部。每个业务员，每天会产生 10MB 左右的数据；这似乎并不是个大数字。

如下场景，发挥想象力，选择可能的答案。

利用大数据后，农夫山泉会发生管理变革吗？

A．可以做到实时计算结果，不可能的事情变为可能。

B．决策者们依靠数据来验证以往的决策是否正确。

C．对已出现的问题作出纠正，并预测未来。

答案是肯定的。

但农夫山泉全国有 10 000 个业务员，这样每天的数据大约 100GB，每月为 3TB 左右。当这些图片如雪片般进入农夫山泉在杭州的机房时，这家公司的 CIO 胡健就会有这么一种感觉：守着一座金山，却不知道从哪里挖下第一锹。

胡健想知道的问题包括：怎样摆放水堆更能促进销售？什么年龄的消费者在水堆前停留更久，他们一次购买的量多大？气温的变化让购买行为发生了哪些改变？竞争对手的新包装对销售产生了怎样的影响？不少问题目前也可以回答，但它们更多是基于经验，而不是基于数据。

从 2008 年开始，业务员拍摄的照片就这么被收集起来，如果按照数据的属性来分类，"图片"属于典型的非关系型数据，还包括视频、音频等。要系统地对非关系型数据进行分析是胡健设想的下一步计划，这是农夫山泉在"大数据时代"必须迈出的步骤。如果超市、金融公司与农夫山泉有某种渠道来分享信息，如果类似图像、视频和音频资料可以系统分析，如果人的位置有更多的方式可以被监测到，那么摊开在胡健面前的就是一幅基于人消费行为的画卷，而描绘画卷的是一组组复杂的"0、1、1、0"。

SAP 全球执行副总裁、中国研究院院长孙小群接受《中国企业家》采访时表示，企业

— 40 —

第 1 章
大数据概述

对于数据的挖掘使用分三个阶段,"一开始是把数据变得透明,让大家看到数据,能够看到数据越来越多;第二步是可以提问题,可以形成互动,很多支持的工具来帮用户做出实时分析;而 3.0 时代,信息流来指导物流和资金流,现在数据要告诉用户未来,告诉用户往什么地方走。"

SAP 从 2003 年开始与农夫山泉在企业管理软件 ERP 方面进行合作。彼时,农夫山泉仅仅是一个软件采购和使用者,而 SAP 还是服务商的角色。

到 2011 年 6 月,SAP 和农夫山泉开始共同开发基于"饮用水"这个产业形态中运输环境的数据场景。

关于运输的数据场景到底有多重要呢?将自己定位成"大自然搬运工"的农夫山泉,在全国有十多个水源地。农夫山泉把水灌装、配送、上架,一瓶超市售价 2 元的 550ml 饮用水,其中 0.3 元花在了运输上。在农夫山泉内部,有着"搬上搬下,银子哗哗"的说法。如何根据不同的变量因素来控制自己的物流成本,成为问题的核心。

基于上述场景,SAP 团队和农夫山泉团队开始了场景开发,他们将很多数据纳入了进来:高速公路的收费、道路等级、天气、配送中心辐射半径、季节性变化、不同市场的售价、不同渠道的费用、各地的人力成本、甚至突发性的需求(比如某城市召开一次大型运动会)。

在没有数据实时支撑时,农夫山泉在物流领域花了很多冤枉钱。比如某个小品相的产品(350ml 饮用水)在某个城市的销量预测不到位时,公司以往通常的做法是通过大区间的调运来弥补终端货源的不足。"华北往华南运,运到半道的时候,发现华东实际有富余,从华东调运更便宜。但很快发现对华南的预测有偏差,华北短缺更为严重,华东开始往华北运。此时如果太湖突发一次污染事件,很可能华东又出现短缺。"

这种没头苍蝇的状况让农夫山泉头疼不已。在采购、仓储、配送这条线上,农夫山泉特别希望大数据获取解决 3 个顽症:首先是解决生产和销售的不平衡,准确获知该产多少、送多少;其次,让 400 家办事处、30 个配送中心能够纳入体系中,形成一个动态网状结构,而非简单的树状结构;最后,让退货、残次等问题与生产基地能够实时连接起来。

也就是说,销售的最前端成为一个个神经末梢,它的任何一个痛点在大脑这里都能快速感知到。

"日常运营中,我们会产生销售、市场费用、物流、生产、财务等数据,这些数据都是通过工具定时抽取到 SAP BW 或 Oracle DM,再通过 Business Object 展现。"胡健表示,这个"展现"的过程长达 24 小时,也就是说,在 24 小时后,物流、资金流和信息流才能汇聚到一起,彼此关联形成一份有价值的统计报告。当农夫山泉的每月数据积累达到 3TB 时,这样的速度导致农夫山泉每个月财务结算都要推迟一天。更重要的是,胡健等农夫山泉的决策者们只能依靠数据来验证以往的决策是否正确,或者对已出现的问题作出纠正,仍旧无法预测未来。

2011 年,SAP 推出了创新性的数据库平台 SAP Hana,农夫山泉则成为全球第三个、亚洲第一个上线该系统的企业,并在当年9月宣布系统对接成功。

胡健选择 SAP Hana 的目的只有一个,快些,再快些。采用 SAP Hana 后,同等数据量的计算速度从过去的 24 小时缩短到了 0.67 秒,几乎可以做到实时计算结果,这让很多不可能的事情变为了可能。

这些饮用水行业实际情况反映到孙小群这里时,这位 SAP 全球研发的主要负责人非常兴奋。基于饮用水的场景,SAP 并非没有案例,雀巢就是 SAP 在全球范围长期的合作伙伴。但是,欧美发达市场的整个数据采集、梳理、报告已经相当成熟,上百年的运营经验让这些企业已经能从容面对任何突发状况,他们对新数据解决方案的渴求甚至还不如中国本土公司强烈。

这对农夫山泉董事长钟睒睒而言,精准的管控物流成本将不再局限于已有的项目,也可以针对未来的项目。这位董事长将手指放在一台平板计算机显示的中国地图上,随着手指的移动,建立一个物流配送中心的成本随之显示出来。数据在不断飞快地变化,好像手指移动产生的数字涟漪。

以往,钟睒睒的执行团队也许要经过长期的考察、论证,再形成一份报告提交给董事长,给他几个备选方案,到底设在哪座城市,还要凭借经验来再做判断。但现在,起码从成本方面已经一览无遗。剩下的可能是当地政府与农夫山泉的友好程度,这些是无法测量的因素。

有了强大的数据分析能力做支持后,农夫山泉近年以 30%～40% 的年增长率在饮用水方面快速超越了原先的三甲:娃哈哈、乐百氏和可口可乐。根据国家统计局公布的数据,饮用水领域的市场份额,农夫山泉、康师傅、娃哈哈、可口可乐的冰露,分别为 34.80%、16.10%、14.30%、4.70%,农夫山泉几乎是另外三家之和,图 1-5-1 所示为农夫山泉的市场占有率。对于胡健来说,下一步他希望那些业务员搜集来的图像、视频资料可以被利用起来。

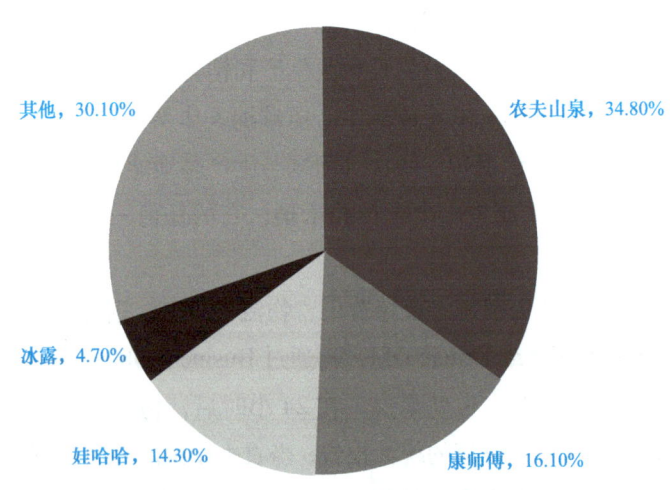

图 1-5-1　农夫山泉的市场占有份额

获益的不仅仅是农夫山泉,在农夫山泉场景中积累的经验,SAP 迅速将其复制到神州租车身上。"我们客户的车辆使用率在达到一定百分比之后出现瓶颈,这意味着还有相当比率的车辆处于空置状态，资源尚有优化空间。通过合作创新，我们用 SAP Hana 为他们特制了一个算法，优化租用流程，帮助他们打破瓶颈，将车辆使用率再次提高了 15%。"

本章小结

　　本章介绍了大数据时代来临的充分条件，并指出信息科技的不断进步为大数据时代提供了技术支撑，数据产生方式的变革促成了大数据时代的来临；大数据具有数据量大、数据类型繁多、处理速度快、价值密度低等特点；大数据技术的发展历程，大数据对科学研究、思维方式、社会发展、就业市场和人才培养等方面都产生了重要的影响，深刻理解大数据的这些影响，有助于人们更好地把握学习和应用大数据的方向；大数据在金融、汽车、零售、餐饮、电信、能源、政务、医疗、体育、娱乐等在内的社会各行各业都得到了日益广泛的应用，深刻地改变着人们的社会生产和日常生活；大数据并非单一的数据或技术，而是数据和大数据技术的综合体。大数据技术主要包括数据采集、数据存储和管理、数据处理与分析、数据安全和隐私保护等几个层面的内容；大数据产业包括 IT 基础设施层、数据源层、数据管理层、数据分析层、数据平台层和数据应用层，在不同层面都已经形成了一批引领市场的技术和企业；介绍了云计算和物联网的概念和关键技术，并阐述了大数据、云计算和物联网三者之间的区别与联系；最后介绍了大数据技术应用实际案例。

本章习题

1．大数据现象是怎样形成的？
2．新摩尔定律的含义是什么？
3．云计算有哪些特点？
4．大数据有哪些特征？
5．如何对大数据的来源进行分类？
6．获取常用大数据的途径有哪些？
7．大数据处理方法有哪些？
8．大数据预处理的方法有哪些？
9．大数据的挖掘方法有哪些？

Chapter 2

第2章

大数据技术平台

引言

雾霾天气预测过程是一个较为复杂的过程，首先必须要准备一个平台来对气象数据作相应的处理，包括：数据存储、数据处理、数据分析和预测结果的展示。

想要做好雾霾天气的预测，需要做一些准备工作，首先解决气象数据的获取，然后存储气象因素这样的大数据，之后利用数据分析技术和方法实施雾霾天气的预测。对于气象数据的获取，可以通过气象部门的地面传感器等工具进行采集，也可以通过卫星等采集卫星云图等数据；或者到专门数据交易平台进行交易，也可以利用爬虫算法实现气象数据的获取，数据获取手段较多，根据自己的实际情况来获取研究数据。采集到的天气数据必须要进行存储，对于这样的大数据如何进行存储，通过什么样的方式进行存储，可以有效地提高大数据存储速度和管理效率，以及对大数据进行安全操作；当数据存储不存在问题时，如何对数据进行处理和分析，得到未来一天或者几天的天气到底是不是雾霾天气的预测，这就需要大数据处理和分析的平台来帮助处理和分析气象数据。目前，市场上存在的大数据处理和分析平台非常多，有开源的、商业的等不同形式的平台。当然，谈到大数据处理和分析平台不得不去了解Hadoop。

Hadoop被公认为行业大数据标准开源软件，在分布式环境下提供了海量数据的处理能力。几乎所有主流厂商都围绕Hadoop提供开发工具、开源软件、商业化工具和技术服务，如谷歌、雅虎、微软、思科、淘宝等都支持Hadoop。另外，阿里云也提供了一个商业的大数据存储和处理平台，功能丰富，界面友好，易于对大数据进行相关的操作。

学习目标

1. 熟悉Hadoop的发展历史、重要特性和应用现状
2. 熟悉Hadoop生态系统及其各个组件
3. 掌握如何在Linux操作系统下安装和配置Hadoop
4. 熟悉ZooKeeper、HDFS、MapReduce、HBase、Hive、Pig等子项目
5. 重点掌握HDFS和MapReduce
6. 熟悉阿里云大数据平台
7. 熟悉阿里云MaxCompute组件
8. 了解阿里云大数据平台其他组件

2.1 大数据处理框架 Hadoop

Hadoop 是 Apache 软件基金会旗下的一个开源分布式计算平台，为用户提供了系统底层细节透明的分布式基础架构。Hadoop 是基于 Java 语言开发的，具有很好的跨平台特性，并且可以部署在廉价的计算机集群中。它实现了 MapReduce 计算模型和分布式文件系统等功能，在业内得到了广泛的应用，同时也成为大数据的代名词。借助 Hadoop，程序员可以轻松地编写分布式并行程序，将其运行于计算机集群上，完成海量数据的存储与处理分析。

2.1.1 Hadoop 简介

Hadoop 的核心是分布式文件系统（HDFS）和 MapReduce。HDFS 是针对谷歌文件系统（GFS）的开源实现，是面向普通硬件环境的分布式文件系统，具有较高的读写速度、很好的容错性和可伸缩性，支持大规模数据的分布式存储，其冗余数据存储的方式很好地保证了数据的安全性。MapReduce 是针对谷歌 MapReduce 的开源实现，允许用户在不了解分布式系统底层细节的情况下开发并行应用程序，采用 MapReduce 来整合分布式文件系统上的数据，可保证分析和处理数据的高效性。

1. Hadoop 的发展简史

Hadoop 这个名称朗朗上口，至于为什么要取这样一个名字，其实并没有深奥的道理，只是追求名称简短、容易发音和记忆而已。很显然，小孩是这方面的高手，大名鼎鼎的"Google"就是由小孩给取名的，Hadoop 同样如此，它是小孩给"一头吃饱了的棕黄色大象"取的名字，图 2-1-1 所示为 Hadoop 的标志。

图 2-1-1 Hadoop 的标志

Hadoop 后来的很多子项目和模块的命名方式都沿用了这种风格，如 Pig 和 Hive 等。

Hadoop 最初是由 Apache Lucene 项目的创始人 Doug Cutting 开发的文本搜索库。Hadoop 源自 2002 年的 Apache Nutch 项目——一个开源的网络搜索引擎并且也是 Lucene 项目的一部分。在 2002 年的时候，Nutch 项目遇到了棘手的难题，该搜索引擎框架无法扩展到拥有数十亿网页的网络。而就在一年以后的 2003 年，谷歌公司发布了分布式文件系统 GFS 方面的论文，可以解决大规模数据存储的问题。于是，在 2004 年，Nutch 项目也模仿 GFS 开发了自己的分布式文件系统（NDFS），也就是 HDFS 的前身。

2004 年，谷歌公司又发表了另一篇具有深远影响的论文，阐述了 MapReduce 分布式编程思想。2005 年，Nutch 开源实现了谷歌的 MapReduce。到了 2006 年 2 月，Nutch 中的 NDFS 和 MapReduce 开始独立出来，成为 Lucene 项目的一个子项目，称为 Hadoop，同时 Doug Cutting 加盟雅虎。2008 年 1 月，Hadoop 正式成为 Apache 顶级项目，Hadoop 也逐渐开始被雅虎之外的公司使用。2008 年 4 月，Hadoop 打破世界纪录，成为最快排序

1TB 数据的系统，它采用一个由 910 个节点构成的集群进行运算，排序时间只用了 209s。在 2009 年 5 月，Hadoop 更是把 1TB 数据排序时间缩短到 62s。Hadoop 从此声名大噪，迅速发展成为大数据时代最具影响力的开源分布式开发平台，并成为事实上的大数据处理标准。

2．Hadoop 的特性

Hadoop 是一个能够对大量数据进行分布式处理的软件框架，并且是以一种可靠、高效、可伸缩的方式进行处理的，它具有以下几个方面的特性。

高可靠性：采用冗余数据存储方式，即使一个副本发生故障，其他副本也可以保证正常对外提供服务。

高效性：作为并行分布式计算平台，Hadoop 采用分布式存储和分布式处理两大核心技术，能够高效地处理 PB 级数据。

高可扩展性：Hadoop 的设计目标是可以高效稳定地运行在廉价的计算机集群上，可以扩展到数以千计的计算机节点上。

高容错性：采用冗余数据存储方式，自动保存数据的多个副本，并且能够自动将失败的任务进行重新分配。

成本低：Hadoop 采用廉价的计算机集群，成本比较低，普通用户也很容易用 PC 搭建 Hadoop 运行环境。

运行在 Linux 平台上：Hadoop 是基于 Java 语言开发的，可以较好地运行在 Linux 平台上。

支持多种编程语言：Hadoop 上的应用程序也可以使用其他语言编写，如 C++。

3．Hadoop 的应用现状

Hadoop 凭借其突出的优势，已经在各个领域得到了广泛的应用，而互联网领域是其应用的主阵地。

2007 年，雅虎在 Sunnyvale 总部建立了 M45——一个包含了 4000 个处理器和 1.5PB 容量的 Hadoop 集群系统。此后，包括卡耐基梅隆大学、加州大学伯克利分校、康奈尔大学和马萨诸塞大学阿默斯特分校、斯坦福大学、华盛顿大学、密歇根大学、普渡大学等 12 所大学加入该集群系统的研究，推动了开放平台下的开放源码发布。目前，雅虎拥有全球最大的 Hadoop 集群，有大约 25 000 个节点，主要用于支持广告系统与网页搜索。

Facebook 作为全球知名的社交网站，拥有超过 3 亿名活跃用户，其中，约有 3 000 万名用户至少每天更新一次自己的状态；用户每月总共上传 10 亿余张照片、1000 万个视频，每周共享 10 亿条内容，包括日志、链接、新闻、微博等。因此，Facebook 需要存储和处理的数据量同样是非常巨大的，每天新增 4TB 压缩后的数据，扫描 135TB 大小的数据，在集群上执行 Hive 任务超过 7500 次，每小时需要进行 8 万次计算。很显然，对于 Facebook 而言，Hadoop 是非常理想的选择，Facebook 主要将 Hadoop 平台用于日志处理、推荐系统和数据仓库等方面。

国内采用 Hadoop 的公司主要有百度、淘宝、网易、华为、中国移动等，其中，淘宝的 Hadoop 集群比较大。据悉，淘宝 Hadoop 集群拥有 2860 个节点，清一色基于英特尔处理器的 x86 服务器，其总存储容量达到 50PB，实际使用容量超过 40PB，日均作业数高达 15 万，服务于阿里巴巴集团各部门，数据来源于各部门产品的线上数据库（Oracle、MySQL）备份、系统日志以及爬虫数据，每天在 Hadoop 集群运行各种 MapReduce 任务，如数据魔方、量子统计、推荐系统、排行榜等。

作为知名的中文搜索引擎公司，百度对海量数据的存储和处理要求是非常高的。因此，百度选择了 Hadoop，主要用于日志的存储和统计、网页数据的分析和挖掘、商业分析、在线数据反馈、网页聚类等。百度目前拥有 3 个 Hadoop 集群，计算机节点数量在 700 个左右，并且规模还在不断增加中，每天运行的 MapReduce 任务在 3000 个左右，处理数据约 120TB/天。

华为是 Hadoop 的使用者，也是 Hadoop 技术的重要推动者。由雅虎成立的 Hadoop 公司 Hortonworks 曾经发布一份报告，用来说明各个公司对 Hadoop 发展的贡献。其中，华为公司在 Hadoop 重要贡献公司名单内，排在谷歌和思科公司的前面，说明华为公司也在积极参与开源社区贡献。

4．Hadoop 的版本

Apache Hadoop 版本分为两代，第一代 Hadoop 称为 Hadoop 1.0，第二代 Hadoop 称为 Hadoop 2.0。第一代 Hadoop 包含 0.20.x、0.21.x 和 0.22.x 三大版本，其中，0.20.x 最后演化成 1.0.x，变成了稳定版，而 0.21.x 和 0.22.x 则增加了 HDFS HA 等重要的新特性。第二代 Hadoop 包含 0.23.x 和 2.x 两大版本，它们完全不同于 Hadoop 1.0，是一套全新的架构，均包含 HDFS Federation 和 YARN 两个系统。

除了免费开源的 Apache Hadoop 以外，还有一些商业公司推出了 Hadoop 的发行版。2008 年，Cloudera 成为第一个 Hadoop 商业化公司，并在 2009 年推出第一个 Hadoop 发行版。此后，很多大公司也加入了 Hadoop 产品化的行列，如 MapR、Hortonworks、星环等。一般而言，商业化公司推出的 Hadoop 发行版也是以 Apache Hadoop 为基础，但是前者比后者具有更好的易用性、更多的功能以及更高的性能。

2.1.2 Hadoop 生态系统

扫码观看视频

经过多年的发展，Hadoop 生态系统不断完善和成熟，目前已经包含了多个子项目，如图 2-1-2 所示。除了 HDFS 和 MapReduce 以外，Hadoop 生态系统还包括 ZooKeeper、HBase、Hive、Pig、Mahout、Sqoop、Flume、Ambari 等功能组件。需要说明的是，Hadoop 2.0 中新增了一些重要的组件，即 HDFS HA 和分布式资源调度管理框架 YARN 等。

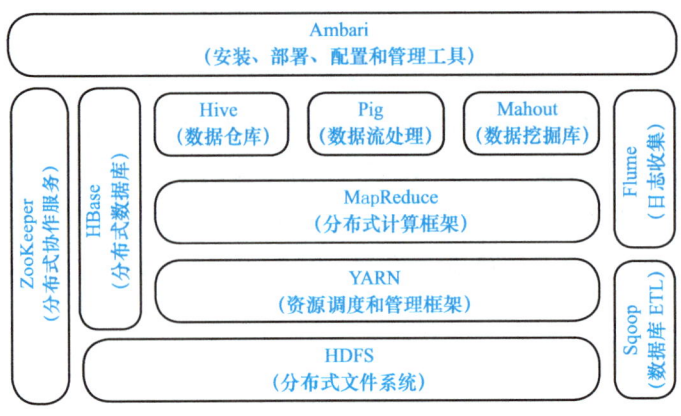

图 2-1-2　Hadoop 生态系统

1．HDFS

Hadoop 分布式文件系统（HDFS）是 Hadoop 项目的两大核心之一，是针对谷歌文件系统（GFS）的开源实现。HDFS 具有处理超大数据、流式处理、可以运行在廉价商用服务器上等优点。HDFS 在设计之初就是要运行在廉价的大型服务器集群上，因此在设计上就把硬件故障作为一种常态来考虑，可以保证在部分硬件发生故障的情况下仍然能够保证文件系统的整体可用性和可靠性。HDFS 放宽了一部分 POSIX 约束，从而实现以流的形式访问文件系统中的数据。HDFS 在访问应用程序数据时，可以具有很高的吞吐率，因此对于超大数据集的应用程序而言，HDFS 作为底层数据存储是较好的选择。

2．HBase

HBase 是一个提供高可靠性、高性能、可伸缩、实时读写、分布式的列式数据库，一般采用 HDFS 作为其底层数据存储。HBase 是针对谷歌 BigTable 的开源实现，二者都采用了相同的数据模型，具有强大的非结构化数据存储能力。HBase 与传统关系数据库的一个重要区别是，前者采用基于列的存储，而后者采用基于行的存储。HBase 具有良好的横向扩展能力，可以通过不断增加廉价的商用服务器来增加存储能力。

3．MapReduce

Hadoop MapReduce 是针对谷歌 MapReduce 的开源实现。MapReduce 是一种编程模型，用于大规模数据集（大于 1TB）的并行运算，它将复杂的、运行于大规模集群上的并行计算过程高度地抽象到了两个函数——Map 和 Reduce 上，并且允许用户在不了解分布式系统底层细节的情况下开发并行应用程序，并将其运行于廉价计算机集群上，完成海量数据的处理。通俗地说，MapReduce 的核心思想就是"分而治之"，它把输入的数据集切分为若干独立的数据块，分发给一个主节点管理下的各个分节点来共同并行完成；最后，通过整合各个节点的中间结果得到最终结果。

4．Hive

Hive 是一个基于 Hadoop 的数据仓库工具，可以用于对 Hadoop 文件中的数据集进行

第 2 章 大数据技术平台

数据整理、特殊查询和分析存储。Hive 的学习门槛较低，因为它提供了类似于关系数据库 SQL 语言的查询语言——Hive QL，可以通过 Hive QL 语句快速实现简单的 MapReduce 统计，Hive 自身可以将 Hive QL 语句转换为 MapReduce 任务进行运行，而不必开发专门的 MapReduce 应用，因而十分适合数据仓库的统计分析。

5．Pig

Pig 是一种数据流语言和运行环境，适合于使用 Hadoop 和 MapReduce 平台来查询大型半结构化数据集。虽然 MapReduce 应用程序的编写不是十分复杂，但毕竟也是需要一定的开发经验的。Pig 的出现大大简化了 Hadoop 常见的工作任务，它在 MapReduce 的基础上创建了更简单的过程语言抽象，为 Hadoop 应用程序提供了一种更加接近结构化查询语言（SQL）的接口。Pig 是一个相对简单的语言，它可以执行语句，因此，当需要从大型数据集中搜索满足某个给定搜索条件的记录时，采用 Pig 要比 MapReduce 具有明显的优势，前者只需要编写一个简单的脚本在集群中自动并行处理与分发，而后者则需要编写一个单独的 MapReduce 应用程序。

6．Mahout

Mahout 是 Apache 软件基金会旗下的一个开源项目，提供一些可扩展的机器学习领域经典算法的实现，旨在帮助开发人员更加方便快捷地创建智能应用程序。Mahout 包含许多实现，包括聚类、分类、推荐过滤、频繁子项挖掘。此外，通过使用 Apache Hadoop 库，Mahout 可以有效地扩展到云中。

7．ZooKeeper

ZooKeeper 是针对谷歌 Chubby 的一个开源实现，是高效和可靠的协同工作系统，提供分布式锁之类的基本服务（如统一命名服务、状态同步服务、集群管理、分布式应用配置项的管理等），用于构建分布式应用，减轻分布式应用程序所承担的协调任务。ZooKeeper 使用 Java 编写，很容易编程接入，它使用了一个和文件树结构相似的数据模型，可以使用 Java 或者 C 来进行编程接入。

8．Flume

Flume 是 Cloudera 提供的一个高可用的、高可靠的、分布式的海量日志采集、聚合和传输的系统。Flume 支持在日志系统中定制各类数据发送方，用于收集数据；同时，Flume 提供对数据进行简单处理并写到各种数据接受方的能力。

9．Sqoop

Sqoop 是 SQL-to-Hadoop 的缩写，主要用来在 Hadoop 和关系数据库之间交换数据，可以改进数据的互操作性。通过 Sqoop 可以方便地将数据从 MySQL、Oracle、PostgreSQL 等关系数据库中导入 Hadoop（可以导入 HDFS、HBase 或 Hive），或者将数据从 Hadoop 导出到关系数据库，使得传统关系数据库和 Hadoop 之间的数据迁移变得非常方便。Sqoop 主要通过 JDBC（Java DataBase Connectivity）和关系数据库进行交互。理论上，支持 JDBC 的关系数据库都可以使 Sqoop 和 Hadoop 进行数据交互。Sqoop 是专门为大数据集设计的，支持增量更新，可以将新记录添加到最近一次导出的数据源上，或者指定上次修改的时间戳。

10．Ambari

Apache Ambari 是一种基于 Web 的工具，支持 Apache Hadoop 集群的安装、部署、配置和管理。Ambari 目前已支持大多数 Hadoop 组件，包括 HDFS、MapReduce、Hive、Pig、HBase、ZooKeeper、Sqoop 等。

这是给大家介绍的 Hadoop 生态圈的各个组件的功能和特点，随着 Hadoop 的不断发展，新的组件会不断加入，使得 Hadoop 对大数据的处理和分析越来越便利。Hadoop 平台是完全免费的，在安装和配置的过程中，许多细节需要大家注意，但未来的技术发展会带来很多便利的大数据处理平台，阿里云数据平台就是其中之一。

2.2 阿里云大数据平台

扫码观看视频

在 2019 阿里云上海峰会上，阿里云智能总裁张建锋表示，全面上云的拐点到了！阿里云将以"四张王牌"助力更多客户走进 All in Cloud 时代。这四张王牌分别是：飞天云操作系统、飞天大数据平台、阿里巴巴双中台、智联网 AIoT。其中飞天大数据平台最受瞩目，它不仅是阿里云的基础，更是支撑起众多企业上云的关键。

但这件"神兵利器"却来之不易。十年前，全球企业的数据库基本都是 Oracle，而阿里拥有亚洲最大的 Oracle 集群，计算规模达百 TB 级别。由于淘宝用户量的爆发式增长，Oracle 集群很快已经无法支撑业务发展了，最核心的问题就是算力不足。2008 年，王坚开始着手解决算力不足的瓶颈问题，他发现，无论是 Oracle 还是 Greenplum、Hadoop，都不是大规模数据计算的最优解。那么如何解决这个困境？阿里人选择了自主研发。

十年磨一剑，功夫不负有心人。2013 年，阿里云历史性地突破了同一个集群内 5000 台服务器同时计算的局限，为未来的大规模服务奠定基础，成为全球第一个能对外提供 5K 算力的科技公司。2018 年，飞天大数据平台在阿里巴巴集团支撑了全局数据存储和计算，单日数据处理量超过 600PB。为此，王坚还荣获了浙江省科学技术进步奖。

飞天大数据平台是当前国内规模非常大的计算平台，可扩展至 10 万台计算集群，打破了四项计算奥运会的世界纪录。谁能想到，阿里云当时自研飞天大数据平台是为了解决自身的问题，统一阿里巴巴内部的数据和大数据计算体系，也"顺便"解决了世界级算力难题。

过去几年，飞天大数据平台广泛地应用在了电商、工业、医疗、农业、气象、教育等诸多行业，帮助数万企业用更低的成本、更高的效率计算海量数据。

2015 年"双十一"期间，阿里云大数据平台成功支持了淘宝天猫海量交易。在峰值时，系统订单多达 14 万笔每秒，支付宝付款达到了 8.59 万笔／秒，超过了 Visa 和 MasterCard 的实际处理能力。资料显示，Visa 最新的实验室测试数据是 5.6 万笔／秒，另一家全球性支付清算平台 MasterCard 的实验室测试数据为 4 万笔／秒，在实际应用中，Visa 处理的峰值为 1.4 万笔／秒。图 2-2-1 所示为 2015 年阿里云大数据平台处理的淘宝网大数据。

大数据支持天猫"双十一"海量交易

14万笔 每秒订单创建数　　912亿 当天总成交额　　几百 PB 每天大数据处理量

图 2-2-1　2015 年阿里云大数据平台处理的淘宝网大数据

阿里云大数据平台成功支持天弘基金业务能力巨幅提升，将天弘基金原有基于 IOE 架构的业务系统实时请求处理由不足 1000 笔每秒提升到 1100 笔每秒，整体系统效率提升超过 16 倍，30 分钟就完成了之前需要 8 个小时的清算工作。

刚开始阿里大数据却是另外一番样子，内部架构采用的是 IOE+Greenplum+Hadoop 体系，存储昂贵，业务可扩展性差，随着业务的快速发展，系统扩展无论从技术上还是从经济上都面临瓶颈。当时，阿里巴巴内部存在着大量的数据孤岛，各业务部门的数据散落在多个集群中，彼此之间数据不通，数据共享太难。由于数据不集中，导致数据经常被拖来拖去，重复存储和计算，比如光淘宝商品类目录就有 70 多张。图 2-2-2 所示为阿里云大数据平台的发展历程，为了解决业务快速增长背景下的技术困境，阿里巴巴于 2009 年 9 月成立了阿里云，并大力投入研发云计算平台和大数据平台。2010 年，自主研发的云计算平台飞天第一个集群稳定运行，2012 年开始在集团内部建立统一的数据平台，实现数据统一存储、数据标准统一定制、数据安全统一管理。2013 年 8 月，单集群规模 5000 台服务器的飞天集群正式开始投入运营，技术领先，具备超大规模海量数据处理能力。2014 年，阿里云大数据平台日趋成熟，成功稳定支撑"双十一"海量交易、支持阿里业务创新，开始尝试大数据能力输出，云上贵州上线。2015 年，阿里云开始尝试大规模面向政府和企业用户输出专有云模式的云计算和大数据。

从部署形态上来说，阿里云大数据目前主要有公共云和专有云两种。公共云模式的大数据就是"数加"平台；专有云模式的大数据就和传统软件部署方式类似，在客户的专有网络中，将大数据平台软件基于专有云方式进行部署。从产品角度来说（如图 2-2-3 所示），阿里云大数据在最内层依赖云计算技术飞天，大数据基础软件主要有 3 个，离线分布式处理平台 MaxCompute（原 ODPS）、分析型数据库 AnalyticDB（原 ADS）和流计算 Aliyun

StreamCompute(原 Stream SQL)。在环形图的更外一圈是数据工具层,在这一层,有 BI 分析工具、机器学习工具、ETL 数据复制工具、搜索引擎和元数据管理工具等。再往外一层,可以看到一系列大数据解决方案加速器如规则引擎、关系网络、推荐引擎等。在最外圈,是面向各个行业的解决方案(在这一层,更多时候是由合作伙伴进行构建)。

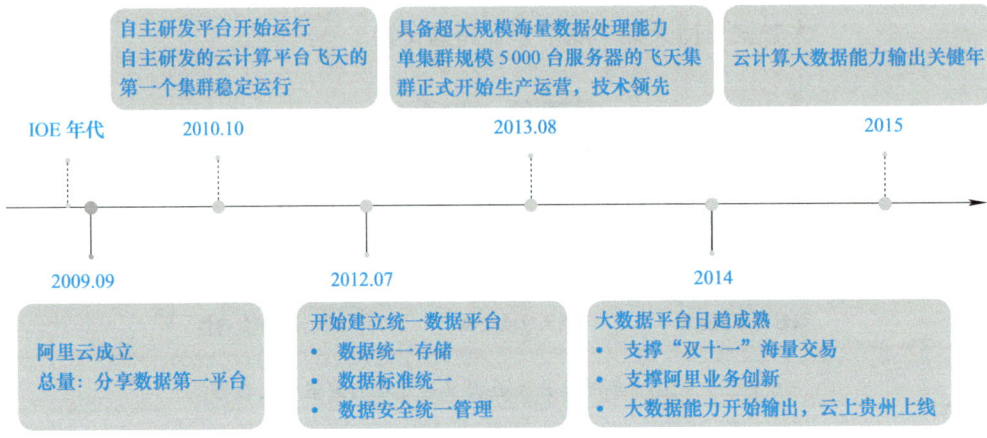

图 2-2-2　阿里云大数据平台发展历程

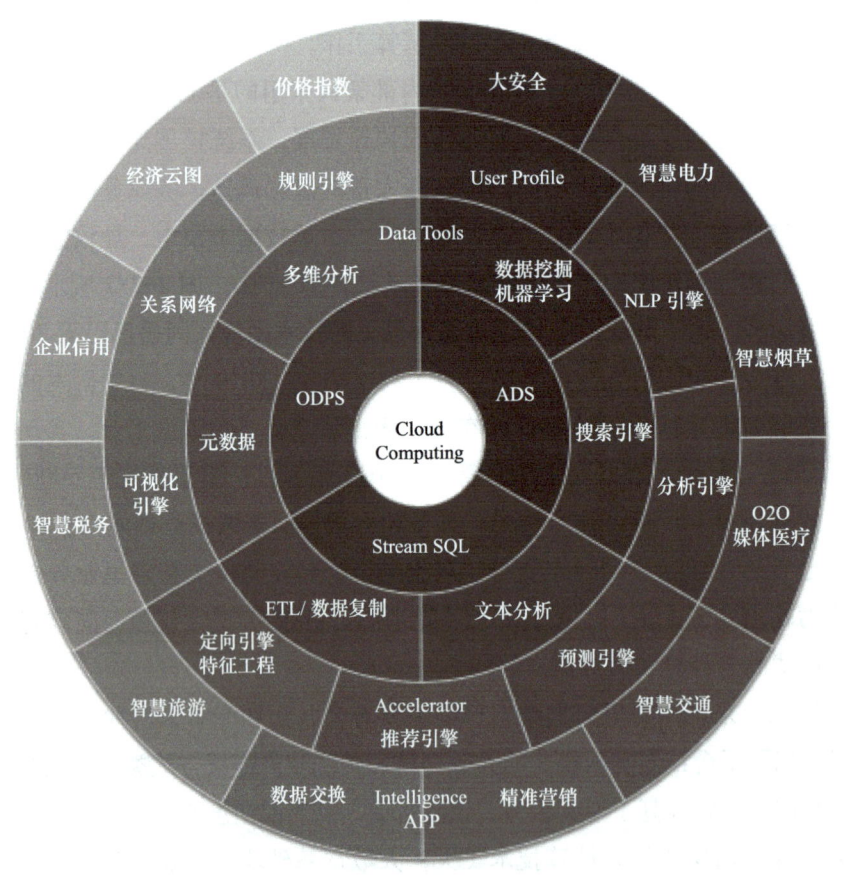

图 2-2-3　阿里云大数据平台的组成

2.2.1 大数据云平台交换

随着大数据时代的来临,各行各业随处可见因数量、速度、种类和准确性结合带来的大数据问题。当企业尝试使用传统 ETL（Extract-Transform-Load）引擎处理大数据交换时,发现其已经过时了,无法满足政府或企业的业务需求。这些 ETL 或 ETCL 引擎在传统数据整合方面大获成功,为什么在大数据交换时表现得越来越差,以至于越来越多的人说 ETL 已死?

在设计理念上,ETL 引擎主要用来实现对结构化数据的整合,数据源和目标库以关系型数据库为主。从始至终,ETL 引擎就不是设计用来支持半结构和非结构化数据的。ETL 引擎对非结构化数据如图片、音频、视频等完全不支持,同时对半结构化数据支持力度也非常有限,仅支持那些通过元数据定义可以解析成结构化数据的类型如 Excel,对 Word、PDF 等就不支持。

当企业从小数据进入到大数据时代时,政府和企业面临的数据种类越来越多,随着无线感知设备、监控设备、智能设备以及社交协作技术的发展,企业中的数据也变得更加复杂,除了传统关系型数据,还包含 Web 日志、网页、搜索索引、帖子、电子邮件、文档、传感器数据、音频、视频等半结构化和非结构化数据。传统 ETL 引擎很难对新增数据类型进行理解和处理,因为很多信息如半结构化和非结构化数据并不适合传统的 ETL 技术。

在大数据时代,数据产生、处理和分析的速度在不断地加快,很多数据产生的速度快到让传统系统无法捕获、存储和分析,如视频监控、语音通话和 RFID 传感器等持续的数据流,这些数据被称为动态数据。在传统系统中,数据需要先存储到关系型数据库/数据仓库后再进行各种查询和分析,这些数据被称为静态数据。传统 ETL 引擎通常适合对静态结构化数据进行数据整合,并不适合对动态数据进行处理,无法实时地处理、过滤和分析流数据,无法基于流数据实现业务实时预警和事件处理等。

大数据管理还需要重点关注安全问题,对要交换的数据提供丰富的授权管理手段,包括 ACL、角色授权、Policy 授权、跨 Project 授权以及 Label 机制等,同时还需要提供系统级别、应用级别和表级别的 IP 访问控制白名单设置。对敏感的数据,既要满足计算的需求,还要保证这些数据不外泄。对数据的安全问题,ETL 引擎同样表现得力不从心,因为其从设计之初就没有考虑这些。

面临越来越多的数据种类,要求越来越高的数据处理速度以及更高的安全要求,ETL 引擎表现得越来越力不从心,越来越无法解决客户面临的一系列大数据业务问题。为了解决大数据交换中面临的各种问题,越来越多的政府和企业开始采用基于大数据云平台的数据交换模式。在这种模式中,采用全新的数据同步工具将各个数据源的数据汇集到大数据云平台,该数据同步工具实现了对结构化、半结构化和非结构化数据的全兼容;通过引入流计算技术实现对动态数据的处理和分析;已经上云的多租户之间通过"数据不搬家""可用不可见"等方式在云上直接实现安全的数据交换;没有上云的用户可以通过数据同步工具获取到被授权的非敏感数据,对无法直接获取的敏感数据则通过"可用不可见"方式在受保护空间将自己的数据与敏感数据进行混合计算,用户最终只获得非敏感的结果数据(敏感数据不出受保护空间)。

大数据导论

> 数据不搬家

在同一个大数据云平台里面完成"数据交换"的过程，其背后是通过大数据云平台多租户间的数据授权和共享机制来实现，无须在多个异构系统之间把数据拖来拖去。

> 可用不可见

出于数据安全考虑，敏感的数据不能直接让对方复制拿走。敏感数据在大数据云平台受保护空间内部完成碰撞、混合加工之后，只输出非敏感的数据。

2.2.2 数加介绍

数加是阿里云为企业大数据实施提供的一套完整的一站式大数据解决方案，覆盖了企业数仓、商业智能、机器学习、数据可视化等领域，助力企业在 DT 时代更敏捷、更智能、更具洞察力。

图 2-2-4 所示为数加平台差异化能力，从数据导入、查找、开发、ETL、调度、部署、建模、BI 报表、机器学习，到服务开发、发布以及外部数据交换的完整大数据链路，数加一站式集成开发环境，降低数据创新与创业成本。

阿里云数加平台构建在阿里云云计算基础设施之上，简单快速接入 MaxCompute（原ODPS）等计算引擎，支持 ECS、RDS、OCS、AnalyticDB 等云设施下的数据同步，实现了大数据和云计算的无缝连接，如图 2-2-5 所示。数加利用 MaxCompute 在几分钟内可将原始数据转变为业务洞察的海量数据处理能力，而无须关心集群的搭建和运维。数加平台建立在安全性在业界领先的阿里云上，并集成了最新的阿里云大数据产品，这些大数据产品的性能和安全性在阿里巴巴集团内部已经得到多年的锤炼。数加平台采用了先进的"可用不可见"的数据合作方式，并对数据所有者提供全方位的数据安全服务，数据安全体系包括：数据业务安全、数据产品安全、底层数据安全、云平台安全、接入＆网络安全、运维管理安全。数加为企业获得在大数据时代最重要的竞争力——智能化提供了重要助力。

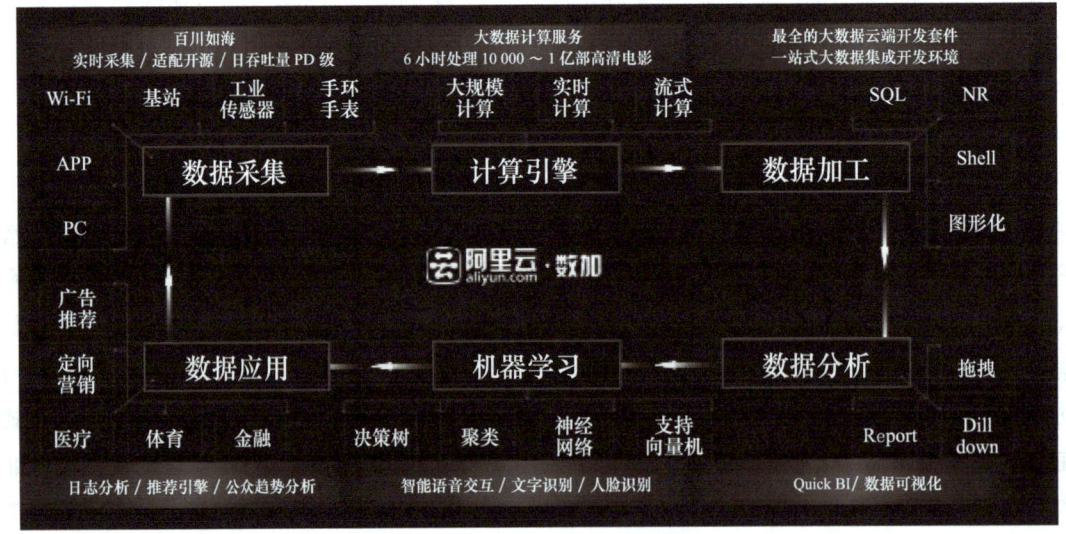

图 2-2-4 数加平台差异化能力

第 2 章 大数据技术平台

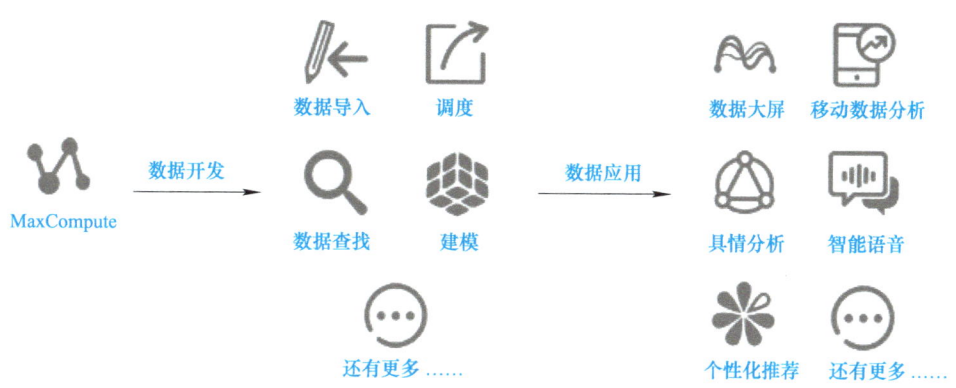

图 2-2-5 数加平台实施结构

数加提供多种可视化和 BI 报表模板、图形化的开发界面使得使用较少的投入获取大数据最大的好处，帮助企业洞察力升级，图 2-2-6 所示为数加平台的优秀品质。

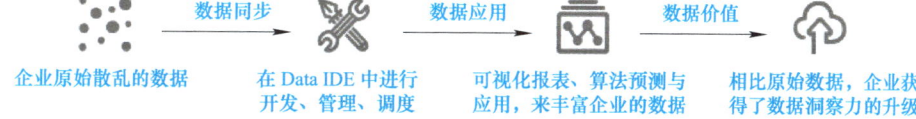

图 2-2-6 数加平台的优秀品质

数加中的机器学习是一套基于 MaxCompute（原 ODPS）的数据挖掘、建模、预测的工具，沉淀了阿里巴巴多年经过实践检验的机器学习算法体系和经验，面向数据挖掘人员、分析师、算法开发者和数据探索者等提供算法开发、分享、模型训练、部署和监控等一站式算法服务，如图 2-2-7 所示。

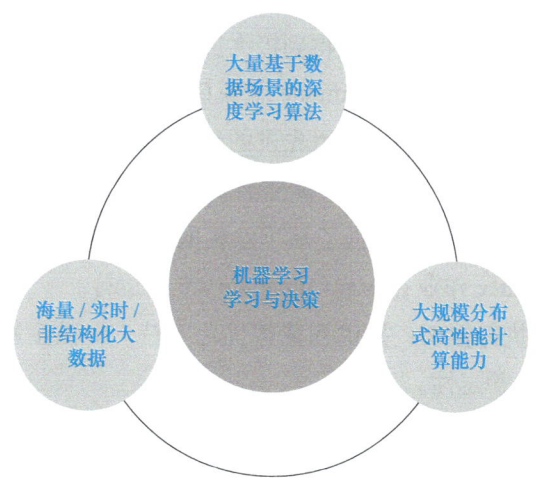

图 2-2-7 数加平台中的机器学习

阿里云数加平台主要从组件结构上来说，主要包括大数据基础服务（阿里巴巴数据服务的基石，主要解决数据的存、通、用）、数据分析及展现（用数据诊断业务发展、用过大屏追踪运营时效）和数据应用（各种实用的数据应用帮助客户更好地进行大数据分析和预测）。

2.2.3　MaxCompute 介绍

大数据计算服务（MaxCompute，原名 ODPS）是阿里云完全自主开发的面向海量数据处理的分布式系统，是一种快速、完全托管的 TB/PB 级数据仓库解决方案，图 2-2-8 所示为 MaxCompute 计算框架。MaxCompute 向用户提供了完善的数据导入方案以及多种经典的分布式计算模型，能够更快速地解决用户海量数据计算问题，有效降低企业成本并保障数据安全。在 MaxCompute 中所有数据均以表格形式存储，不暴露文件系统，并采用列压缩存储格式，极高的数据压缩比极大节省了用户成本。通常情况下，MaxCompute 存储具备 5 倍压缩的能力。另外，MaxCompute 是一个多租户的计算平台。默认情况下，各租户间数据不共享，彼此隔离，但用户可以通过 MaxCompute 提供的授权机制将数据共享给其他人。

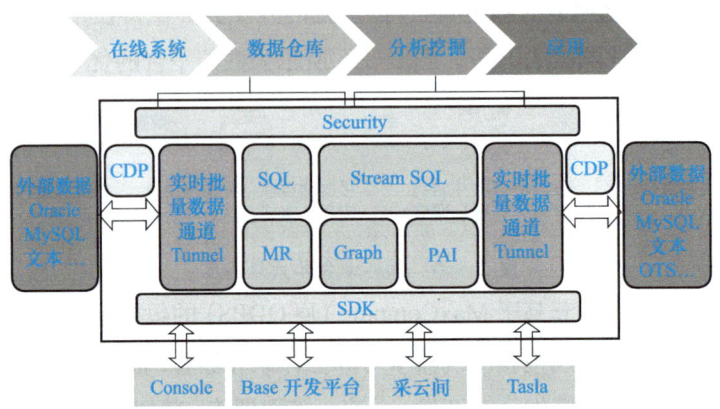

图 2-2-8　MaxCompute 计算框架

随着阿里云对自主研发投入的不断加大，作为阿里云旗下新一代的大数据计算服务，MaxCompute 的性能及功能等各方面已经得到极大提升。目前推出的 MaxCompute 2.0（公测）已经开始向用户提供服务。新的 MaxCompute 服务具备以下特点：

性能大幅提升：全新的 SQL 引擎采用先进的编译器，基于代价的查询优化器和基于向量化执行 /SIMD 的运行时环境。在 TPCH 标准测试集上性能提升超过 50%。

提升安全性和灵活性：进一步增强了基于沙箱的安全隔离能力和灵活性。支持包含用户代码的 SQL 和 MapReduce 作业在 MaxComapute 2.0 上运行。

增强的 MapReduce 执行框架：提供列裁剪优化支持，提供全新的 Pipeline 编程模式，支持 Backup Instance 提升稳定性。

非结构化处理能力：借助直连 OSS，MaxCompute 的非结构化处理能力得到增强。用户可通过 SQL 直接访问 OSS 中的非结构化数据。

通过建立 MaxCompute 分布式存储和计算平台，可以有效处理海量结构化和非结构化数据。同时可以为客户提供多种计算框架，如 SQL、MR、Graph、StreamSQL 等以及算法平台，大大降低用户使用分布式计算的技术门槛，为企业大数据处理构建良好的平台和环境。使用户可以更加聚焦于业务，快速适应业务需求的变更，从海量数据中挖掘出高价值的信息。

1．MaxCompute SQL

MaxCompute SQL 适用于海量数据（TB 级别），实时性要求不高的场合，它的每个作业的准备、提交等阶段要花费较长时间，因此要求每秒处理几千至数万笔事务的业务是不能用 ODPS SQL 完成的。MaxCompute SQL 是一种结构化查询语言，语法和 Oracle/MySQL/Hive SQL 类似，可以看成是标准 SQL 的子集，熟悉传统数据库或 Hive 的编程人员会很容易上手。但不能因此简单地把 ODPS SQL 等价成一个数据库，它在很多方面并不具备数据库的特征，如事务、主键约束、索引等。

简单而言，ODPS SQL 提供如下功能：

DDL 操作，如通过 Create、Drop 和 Alter 对表和 Partition 进行管理。

DML 操作，如通过 Select 查询记录，Where 实现查询条件过滤，Join 实现多表关联，Group By 实现对某些列执行聚合操作，Insert 把查询结果写到另一张表等。

丰富的内置函数，包括数学运算函数、字符串处理函数、窗口函数、聚合函数、日期函数等。

自定义函数（UDF），在数据分析处理中，有些需求是通过标准 SQL 及其内置函数本身无法实现的。这样就需要用户去自定义函数实现。UDF 包含 3 种类型：用户自定义值函数（UDF）、用户自定义聚合函数（UDAF）、用户自定义表函数（UDTF），自定义函数支持 Java 和 Python 两种语言实现。

2．MaxComputeMapReduce

MaxComputeMapReduce 是一种编程模型，跟 Hadoop 中的 MapReduce 如出一辙。用于大规模数据集（TB 级别）的并行运算。用户可以使用 MapReduce 提供的接口（Java API）编写 MapReduce 程序处理 MaxCompute 中的数据。概念"Map（映射）"和"Reduce（规约）"的主要思想，都是从函数式编程语言里借来的，还有从矢量编程语言里借来的特性。它极大地方便了编程人员在软件实现时指定一个 Map（映射）函数，用来把一组键值对映射成一组新的键值对，指定并发的 Reduce（规约）函数，用来保证所有映射的键值对中的每一个共享相同的键组。

3．图计算 Graph

MaxComputeGraph 是 MaxCompute 提供的面向迭代的图处理计算框架，为用户提供类似 Pregel 的编程接口，用户可以基于 Graph 框架开发高效的机器学习或数据挖掘算法。在互联网环境下，存在很多海量图结构的数据，比如社交网络、物流信息等，这类图计算模型的典型特点是迭代，整个计算过程是通过一轮一轮反复迭代求解，最后达到一个收敛状态。比如对于需要迭代学习模型参数的机器学习算法而言，图计算模型比 MapReduce 有天然优势。在实际应用中，用户将问题抽象成图，然后以顶点为中心，通过超步进行迭代更新。

MaxComputeGraph 目前提供两种模式，一是离线模式，适用于计算规模较大的场景，类似于 MapReduce 作业，每次运行完成加载和计算两个过程；二是交互模式，适用于计算规模较小的场景，用户实现 UDF，然后通过命令行方式交互。在分析模式下，加载和计算是两个独立的步骤，数据加载后会常驻内存，用户可以对数据执行不同的计算逻辑。比如风控部门每天会加载一次数据，运营人员会对这份数据执行不同的查询逻辑，查看数据之间的关系。

在阿里巴巴内部，MaxComputeGraph 已经有很多应用，如实现带权重的 PageRank 算法计算支付宝用户身边影响力指数；实现变分贝叶斯 EM 模型，基于用户购买的商品属性信息推测用户的汽车品牌分布。

2.2.4 产品的主要应用场景

MaxCompute 专注于大数据的存储和计算，从海量历史数据中挖掘有价值的东西。目前适用于 MaxCompute 的场景很多，从大型互联网企业的数据仓库和 BI 分析、中型网站的 log 分析、电子商务网站的交易分析到手机采集的数据分析、用户特征和兴趣挖掘以及 GIS、图像、语音、视频、基因组分析，从底层的存储计算到数据分析语言，从应用开发编程模型到机器学习算法等都适合。

通常情况下，MaxCompute 可以与 ECS、ADS/RDS 以及其他 BI 报表工具等配合使用，完成用户 BI 分析的需求。首先，应用开发者将应用或网站服务器搭建在 Aliyun ECS 中，终端用户向 APP 或网站发起访问。网站日志可以通过部署在 ECS 上的 Fluentd 数据导入工具，被上传到 DataHub 中。随后，MaxCompute 的 DataHub 服务会将获取到的日志数据实时同步到 MaxCompute 的离线数据中。APP 数据开发工程师通过 MaxCompute SDK 或客户端工具向服务提交 SQL 分析脚本。最后，将统计后的数据导入到与 BI 报表系统连接的在线数据库（可以是 ADS/RDS/Mongo DB 等）。运营人员通过 BI 报表系统来查看用户统计结果。通过 MaxCompute 还可以完成更为复杂的机器学习、数据挖掘等分析，帮助用户实现个性化推荐等广告推广场景。具体可以使用阿里云数加提供的机器学习产品、推荐引擎进行个性化推荐、规则引擎进行定向营销等业务实现。

2.2.5 产品优势

1．超大规模计算及存储

MaxCompute 适用于 100GB 以上规模的存储及计算需求，最大可达 EB 级别。MaxCompute 适合做海量数据离线处理，在大规模数据处理方面具有天然的优势。MaxCompute 单一集群规模可以达到 10 000+ 服务器，而且支持多集群技术（多控制集群、多计算集群），不会因为数据量太大、集群规模无法扩展而困扰。有了多集群技术，使得单个 MaxCompute 部署可以支持 100 万服务器以上，支持同城、异地多数据中心模式。集群规模的扩展也让支持更多的租户和用户、执行更多的并发作业成为可能，当前 MaxCompute 集群可以支持 100 万以上作业，20 000 以上并发作业。

2．多种计算模型于一身

MaxCompute 支持丰富的计算模型。支持比 MapReduce 更高级的有向无环图（DAG）计算逻辑，计算更高效。目前支持的计算功能包括：SQL、MapReduce、Graph 以及 MPI 迭代类的算法。

SQL：MaxCompute SQL 采用标准的 SQL 语法。更高效的计算框架支持 SQL 计算模型，执行效率比普通的 MapReduce 模型更高。需要注意的是，MaxCompute SQL 不支持事务、索引及 Update/Delete 等操作。

MapReduce：MaxCompute 提供的 Java MapReduce 编程模型。值得注意的是，由于 MaxCompute 没有开放文件接口，用户只能通过它所提供的 Table 读写数据，因此 MaxCompute 的 MapReduce 模型与开源社区中通用的 MapReduce 模型在使用上有一定的区别。这样的改动虽然失去一定的灵活性（不能够自定义排序及哈希算法），但却能够简化开发流程，免除很多琐碎的工作。更为重要的是，MaxCompute 还提供了基于 MapReduce 的扩展计算模型，即 MR2。在该模型下，一个 Map 函数后可以接入连续多个 Reduce 函数。

Graph：对于某些复杂的迭代计算场景，如 K-Means、PageRank 等，如果仍然使用 MapReduce 来完成这些计算任务将是非常耗时的。MaxCompute 提供的 Graph 模型能够非常好的完成这一类计算任务。

3．高稳定性

MaxCompute 在阿里巴巴集团内稳定运行达 3 年以上，支撑阿里巴巴集团几乎全部离线分析业务。每天支持 10 万以上的计算任务，处理上百 PB 的数据。MaxCompute 集群中数据存储多份复件，而且多计算集群的方案可以实现多机房数据容灾，可以支持异地多个备份。

4．极大降低企业使用成本

与企业自建私有云相比成本更低。更高效的计算及存储能力能够降低企业 20%～30% 的采购成本。

5．安全可靠

MaxCompute 多层沙箱防护及监控系统有效保障用户数据安全。功能强大的授权功能使企业内部数据分享更加便利。MaxCompute 经过阿里巴巴多个业务部门在安全性的要求上不断改进，现在已经能够满足金融数据安全性的要求。首先，MaxCompute 具有丰富的多种权限管理方式、灵活数据访问控制策略。MaxCompute 提供丰富的授权管理手段，包括 ACL、角色授权、Policy 授权、跨 Project 授权以及 Label 机制，可以提供精确到列级别的安全方案，

满足一个组织或者跨组织间的授权需求；安全要求较高的项目，可以提供项目保护机制，防止数据泄露，而且对用户的任何操作都提供了完整的审计功能。

在很多时候用户需要自己开发 MR、UDF 以及算法来实现自己的需求，MaxCompute 开放了 Java API。用户自己提交代码的计算任务都运行在安全沙箱中，通过非正常方式访问磁盘、其他进程都是不被允许的。通过进程和 Java 沙箱，并且配合运行时的签权方法，来保证数据安全。

本\章\小\结

大数据平台目前分为开源的 Hadoop 和商用的平台。Hadoop 被视为事实上的大数据处理标准，本章介绍了 Hadoop 的发展历程，并阐述了 Hadoop 的高可靠性、高效性、高可扩展性、高容错性、成本低、运行在 Linux 平台上、支持多种编程语言等特性。Hadoop 目前已经在各个领域得到了广泛的应用，如雅虎、Facebook、百度、淘宝、网易等公司都建立了自己的 Hadoop 集群。经过多年发展，Hadoop 生态系统已经变得非常成熟和完善，包括 ZooKeeper、HDFS、MapReduce、HBase、Hive、Pig 等子项目，其中 HDFS 和 MapReduce 是 Hadoop 的两大核心组件。最后介绍了如何在 Linux 系统下完成 Hadoop 的安装和配置。

阿里云大数据平台作为商用平台的典范，功能丰富、界面友好、易于操作和实现。MaxCompute 作为大数据处理和分析的核心，拥有功能强大的支撑组件，能够完成雾霾天气的所有需要。

本\章\习\题

1．Hadoop 运行的基本原理是什么？
2．阐述 MapReduce 过程？
3．阐述 ZooKeeper 的功能？
4．阐述 YARN 的功能？
5．简述开源式大数据平台 Hadoop 与商业大数据平台的优缺点？

Chapter 3

第3章
大数据预处理技术

引言

数据采集又称数据获取，是利用一种装置从系统外部采集数据并输入到系统内部的一个接口。数据采集技术广泛应用在各个领域。比如摄像头、麦克风、都是数据采集工具。

数据采集系统作为自动气象站的核心，其主要功能是数据采样、数据处理、数据存储及数据传输。它的测量精度、稳定性、可靠性和灵活性直接决定着整机性能。随着科技的进步，数据采集系统的数据采集部分朝着强实时、多参数、高精度方向发展；数据存储部分朝着大容量、微型化、便携式方向发展；数据传输技术朝着多通信方式（有线、无线）、远距离数据传输方向发展。

为了做好雾霾天气预测项目，需要采取相应措施展开气象数据的获取，获取手段非常多。一种可以采用自动气象站，自己来组织采集，这种方式非常麻烦，资金不够，精力也不会够；一种可以在网上交易平台购买某个城市或者区域的气象数据，这种方式就需要花费金钱来获取别人的劳动成果。

当从网上采集到了这些数据以后，应该怎么进行下一步的工作呢？其实现实世界中数据大体上都是不完整、不一致的"脏数据"，无法直接进行数据处理或处理结果难以让人满意。为了提高数据处理的质量产生了数据预处理技术。

学习目标

1. 掌握大数据获取的手段
2. 熟悉爬虫技术的基本原理
3. 掌握数据预处理技术
4. 熟悉数据清洗的技术

第 3 章 大数据预处理技术

3.1 大数据获取手段

大数据时代,用数据作出理性分析显然更为有力。做数据分析前,能够找到合适的数据源是一件非常重要的事情,获取数据的方式有很多种,不必局限。下面将对公开的数据集、网络爬虫技术、数据交易平台、数据采集工具等作一些介绍,给大家推荐一些能够用得上的数据获取方式。

扫码观看视频

3.1.1 公开数据库

目前大数据行业的从业者通常有两种收集数据的手段,第一种是通过互联网来收集信息,这种方式是最基本的数据收集方式,虽然互联网数据本身存在真假难辨等问题,但是从大的方面来看,互联网数据对于行业发展的趋势预测具有重要的意义,所以不少大数据公司都比较注重互联网数据的收集和分析,一些行业分析报告也会依赖于互联网信息的分析结果;第二种收集信息的方式是与行业企业合作,这种方式是目前获取高附加值信息的重要手段,也是比较有效的手段。比如行业企业想进行大数据改造,但是自身的技术能力又不允许,同时还想降低大数据改造的成本,此时通过自身的数据来与大数据企业进行合作是比较不错的选择。

随着大数据的重要程度不断提升,目前一些掌握在管理部门手中的数据,也陆续开放了出来,这些数据对于大数据从业者来说也非常重要,而且这些数据的价值密度往往也比较高,这也是促进大数据发展的一个重要手段。

1. 常用数据公开网站

UCI:经典的机器学习、数据挖掘数据集,包含分类、聚类、回归等问题下的多个数据集。很经典也比较古老,但依然活跃在科研学者的视线中。

国家数据:数据来源于国家统计局,包含了我国经济民生等多个方面的数据,并且在月度、季度、年度都有覆盖,全面又权威。

CEIC:最完整的一套超过 128 个国家的经济数据,能够精确查找 GDP、CPI、进口、出口、外资直接投资、零售、销售以及国际利率等深度数据。其中的"中国经济数据库"收编了 300 000 多条时间序列数据,数据内容涵盖宏观经济数据、行业经济数据和地区经济数据。

万得:被誉为中国的 Bloomberg,在金融业有着全面的数据覆盖,金融数据的类目更新非常快,据说很受国内的商业分析者和投资人的青睐。

搜数网:已加载到搜数网站的统计资料达到 7 874 本,涵盖 1 761 009 张统计表格和 364 580 479 个统计数据,汇集了中国资讯行业自 1992 年以来收集的所有统计和调查数据,并提供多样化的搜索功能。

中国统计信息网：国家统计局的官方网站，汇集了海量的全国各级政府各年度的国民经济和社会发展统计信息，建立了以统计公报为主，统计年鉴、阶段发展数据、统计分析、经济新闻、主要统计指标排行等。

亚马逊：来自亚马逊的跨科学云数据平台，包含化学、生物、经济等多个领域的数据集。

figshare：研究成果共享平台，在这里可以找到来自世界的大牛们的研究成果分享，获取其中的研究数据。

github：一个非常全面的数据获取渠道，包含各个细分领域的数据库资源，自然科学和社会科学的覆盖都很全面，适合做研究和数据分析的人员。

2．政府开放数据

北京市政务数据资源网：包含竞技、交通、医疗、天气等数据。

深圳市政府数据开放平台：交通、文娱、就业、基础设施等数据。

上海市政务数据服务网：覆盖经济建设、文化科技、信用服务、交通出行等12个重点领域数据。

贵州省政府数据开放平台：包含了政府及国有企业数据。

Data.gov：美国政府开放数据，包含气候、教育、能源金融等各领域数据。

3．数据竞赛网站

竞赛的数据集通常干净且可研究性非常高。

DataCastle：专业的数据科学竞赛平台。

Kaggle：全球最大的数据竞赛平台。

天池：阿里旗下数据科学竞赛平台。

Datafountain：CCF制定的大数据竞赛平台。

3.1.2 利用爬虫可以获得有价值数据

网络爬虫是一种按照一定的规则自动地抓取互联网信息的程序或者脚本，它们被广泛用于互联网搜索引擎或其他类似网站，可以自动采集所有其能够访问到的页面内容，以获取或更新这些网站的内容和检索方式。传统爬虫从一个或若干初始网页的URL开始，获得初始网页上的URL，在抓取网页的过程中，不断从当前页面上抽取新的URL放入队列，直到满足系统的一定停止条件。聚焦爬虫的工作流程较为复杂，需要根据一定的网页分析算法过滤与主题无关的链接，保留有用的链接并将其放入等待抓取的URL队列，如图3-1-1所示。然后，它将根据一定的搜索策略从队列中选择下一步要抓取的网页URL，并重复上述过程，直到达到系统的某一条件时停止。

第 3 章 大数据预处理技术

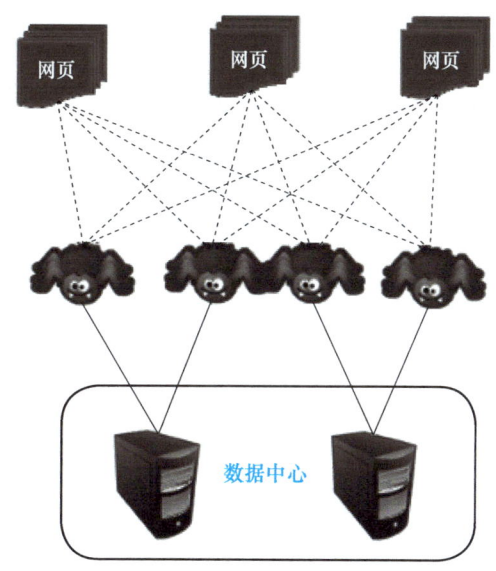

图 3-1-1　爬虫示意图

1．网络爬虫原理

网页中除了包含供用户阅读的文字信息外，还包含一些超链接信息。Web 网络爬虫系统正是通过网页中的超链接信息不断获得网络上的其他网页，如图 3-1-2 所示。正是因为这种采集过程像一个爬虫或者蜘蛛在网络上漫游，所以它才被称为网络爬虫系统或者网络蜘蛛系统，在英文中称为 Spider 或者 Crawler。

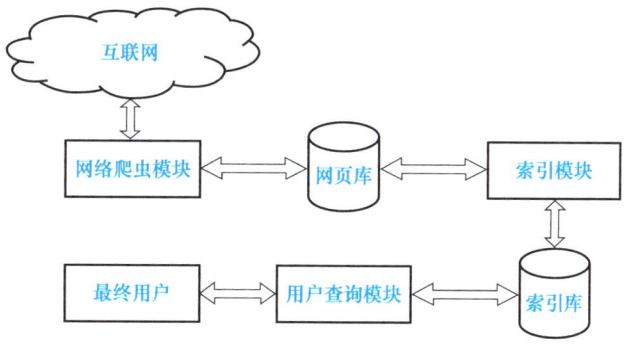

图 3-1-2　Web 网络爬虫

在网络爬虫的系统框架中，主过程由控制器、解析器、资源库 3 部分组成。控制器的主要工作是负责给多线程中的各个爬虫线程分配工作任务。解析器的主要工作是下载网页、进行页面的处理，主要是将一些 JS 脚本标签、CSS 代码内容、空格字符、HTML 标签等内容处理掉，爬虫的基本工作是由解析器完成。资源库是用来存放下载到的网页资源，一般都采用大型的数据库存储，如 Oracle 数据库，并对其建立索引。

如图 3-1-3 所示，Web 网络爬虫系统一般会选择一些比较重要的、出度（网页中链出超链接数）较大的网站的 URL 作为种子 URL 集合。

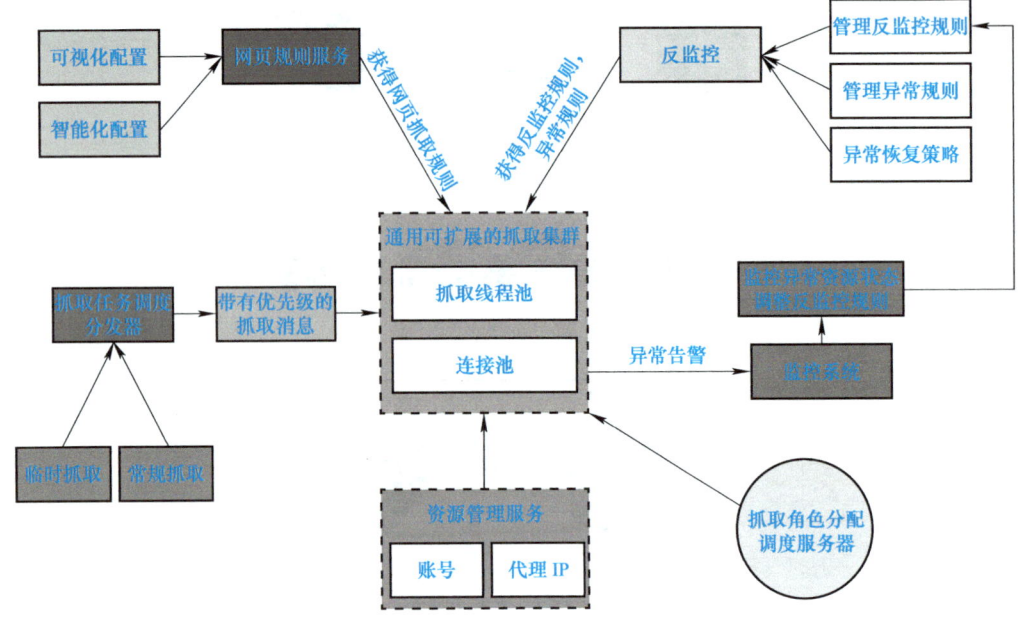

图 3-1-3 抓取平台组件图

网络爬虫的基本工作流程如下，如图 3-1-4 所示。

1）首先选取一部分精心挑选的种子 URL。

2）将这些 URL 放入待抓取 URL 队列。

3）从待抓取 URL 队列中取出待抓取在 URL，解析 DNS，并且得到主机的 IP，并将 URL 对应的网页下载下来，存储进已下载的网页库中。此外，将这些 URL 放进已抓取 URL 队列。

4）分析已抓取 URL 队列中的 URL，分析其中的其他 URL，并且将 URL 放入待抓取 URL 队列，从而进入下一个循环。

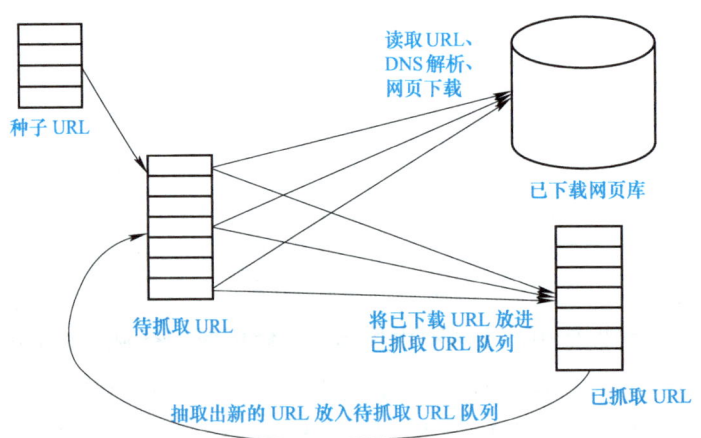

图 3-1-4 爬虫工作流程

2. 爬虫分类

网络爬虫按照系统结构和实现技术，大致可以分为以下几种类型：通用网络爬虫、聚焦网络爬虫、增量式网络爬虫、深层网络爬虫。实际的网络爬虫系统通常是几种爬虫技术相结合实现的。

第 3 章 大数据预处理技术

(1) 通用网络爬虫

通用网络爬虫又称全网爬虫,爬行对象从一些种子 URL 扩充到整个 Web,主要为门户站点搜索引擎和大型 Web 服务提供商采集数据。由于商业原因,它们的技术细节很少公布出来。这类网络爬虫的爬行范围和数量巨大,对于爬行速度和存储空间要求较高,对于爬行页面的顺序要求相对较低,同时由于待刷新的页面太多,通常采用并行工作方式,但需要较长时间才能刷新一次页面。虽然通用网络爬虫存在一定缺陷,但是适用于为搜索引擎搜索广泛的主题,有较强的应用价值。

通用网络爬虫的结构大致可以分为页面爬行模块、页面分析模块、链接过滤模块、页面数据库、URL 队列、初始 URL 集合几个部分。为提高工作效率,通用网络爬虫会采取一定的爬行策略。常用的爬行策略有:深度优先策略、广度优先策略。

深度优先策略:其基本方法是按照深度由低到高的顺序,依次访问下一级网页链接,直到不能再深入为止。爬虫在完成一个爬行分支后返回到上一链接节点进一步搜索其他链接。当所有链接遍历完后,爬行任务结束。这种策略比较适合垂直搜索或站内搜索,但爬行页面内容层次较深的站点时会造成资源的巨大浪费。

广度优先策略:此策略按照网页内容目录层次深浅来爬行页面,处于较浅目录层次的页面首先被爬行。当同一层次中的页面爬行完毕后,爬虫再深入下一层继续爬行。这种策略能够有效控制页面的爬行深度,避免遇到一个无穷深层分支时无法结束爬行的问题,实现方便,无须存储大量中间节点,不足之处在于需较长时间才能爬行到目录层次较深的页面。现在比较流行的通用爬虫是 Apache 的 Nutch,如图 3-1-5 所示。

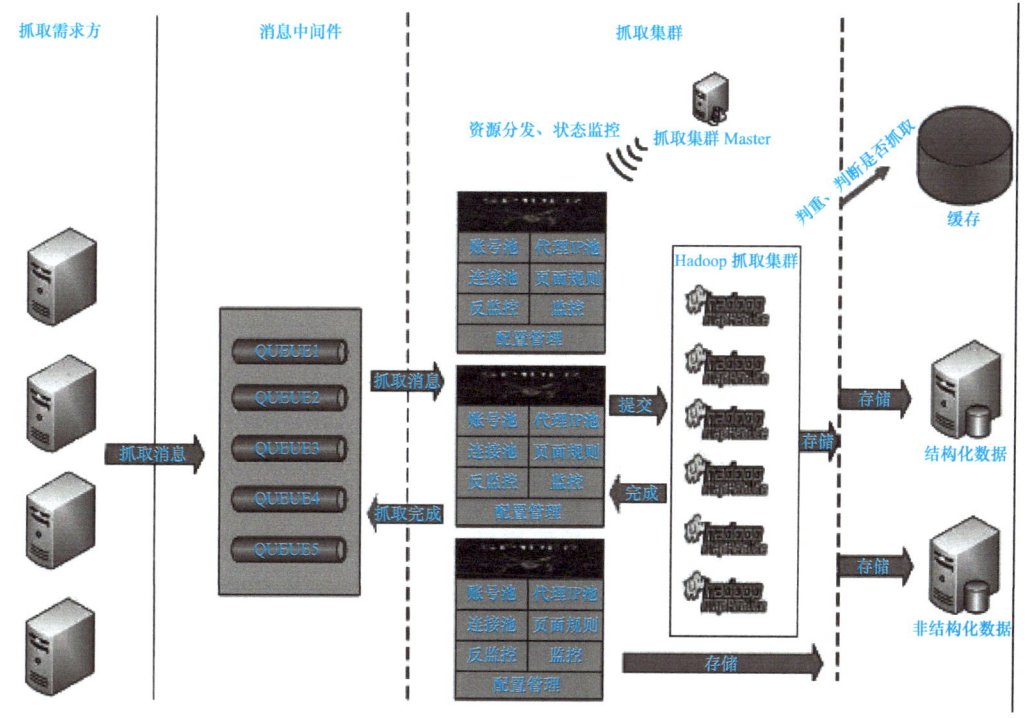

图 3-1-5 通用网络爬虫

(2) 聚焦网络爬虫

聚焦网络爬虫又称主题网络爬虫，是指选择性地爬行那些与预先定义好的主题相关页面的网络爬虫。和通用网络爬虫相比，聚焦爬虫只需要爬行与主题相关的页面，极大地节省了硬件和网络资源，保存的页面也由于数量少而更新快，还可以很好地满足一些特定人群对特定领域信息的需求。

聚焦网络爬虫和通用网络爬虫相比，增加了链接评价模块以及内容评价模块。聚焦爬虫爬行策略实现的关键是评价页面内容和链接的重要性，不同的方法计算出的重要性不同，由此导致链接的访问顺序也不同。

基于内容评价的爬行策略：DeBra 将文本相似度的计算方法引入网络爬虫中，提出了 Fish Search 算法，它将用户输入的查询词作为主题，包含查询词的页面被视为与主题相关，其局限性在于无法评价页面与主题相关度的高低。Herseovic 对 Fish Search 算法进行了改进，提出了 Sharksearch 算法，利用空间向量模型计算页面与主题的相关度大小。

基于链接结构评价的爬行策略：Web 页面作为一种半结构化文档，包含很多结构信息，可用来评价链接重要性。PageRank 算法最初用于搜索引擎信息检索中对查询结果进行排序，也可用于评价链接重要性，具体做法就是每次选择 PageRank 值较大页面中的链接来访问。另一个利用 Web 结构评价链接价值的方法是 HITS 方法，它通过计算每个已访问页面的 Authority 权重和 Hub 权重，并以此决定链接的访问顺序。

基于增强学习的爬行策略：Rennie 和 McCallum 将增强学习引入聚焦爬虫，利用贝叶斯分类器，根据整个网页文本和链接文本对超链接进行分类，为每个链接计算出重要性，从而决定链接的访问顺序。

基于语境图的爬行策略：Diligenti 等人提出了一种通过建立语境图学习网页之间的相关度，训练一个机器学习系统，通过该系统可计算当前页面到相关 Web 页面的距离，距离越近的页面中的链接优先访问。印度理工大学和 IBM 研究中心的研究人员开发了一个典型的聚焦网络爬虫。该爬虫对主题的定义既不是采用关键词也不是加权矢量，而是一组具有相同主题的网页。它包含两个重要模块：一个是分类器，用来计算所爬行的页面与主题的相关度，确定是否与主题相关；另一个是净化器，用来识别通过较少链接连接到大量相关页面的中心页面。

(3) 增量式网络爬虫

增量式网络爬虫是指对已下载网页采取增量式更新和只爬行新产生的或者已经发生变化网页的爬虫，它能够在一定程度上保证所爬行的页面是尽可能新的页面。与周期性爬行和刷新页面的网络爬虫相比，增量式爬虫只会在需要的时候爬行新产生或发生更新的页面，并不重新下载没有发生变化的页面，可有效减少数据下载量，及时更新已爬行的网页，减小时间和空间上的耗费，但是增加了爬行算法的复杂度和实现难度。增量式网络爬虫的体系结构包含爬行模块、排序模块、更新模块、本地页面集、待爬行 URL 集以及本地页面 URL 集。

增量式爬虫有两个目标：保持本地页面集中存储的页面为最新页面和提高本地页面集中页面的质量。为实现第一个目标，增量式爬虫需要通过重新访问网页来更新本地页面集中页面内容，常用的方法有：

1）统一更新法：爬虫以相同的频率访问所有网页，不考虑网页的改变频率。

2）个体更新法：爬虫根据个体网页的改变频率来重新访问各页面。

3）基于分类的更新法：爬虫根据网页改变频率将其分为更新较快网页子集和更新较慢网页子集两类，然后以不同的频率访问这两类网页。

为实现第二个目标，增量式爬虫需要对网页的重要性排序，常用的策略有：广度优先策略、PageRank 优先策略等。IBM 开发的 WebFountain 是一个功能强大的增量式网络爬虫，它采用一个优化模型控制爬行过程，并没有对页面变化过程做任何统计假设，而是采用一种自适应的方法根据先前爬行周期里的爬行结果和网页实际变化速度对页面更新频率进行调整。北京大学的天网增量爬行系统旨在爬行国内 Web，将网页分为变化网页和新网页两类，分别采用不同的爬行策略。为缓解对大量网页变化历史维护导致的性能瓶颈，它根据网页变化时间局部性规律，在短时期内直接爬行多次变化的网页，为尽快获取新网页，它利用索引型网页跟踪新出现网页。

（4）深层网络（Deep Web）爬虫

Web 页面按存在方式可以分为表层网页和深层网页。表层网页是指传统搜索引擎可以索引的页面，以超链接可以到达的静态网页为主构成的 Web 页面。深层网络是那些大部分内容不能通过静态链接获取的、隐藏在搜索表单后的，只有用户提交一些关键词才能获得的 Web 页面。如那些用户注册后内容才可见的网页就属于深层网络。2000 年 Bright Planet 指出：Deep Web 中可访问信息容量是 Surface Web 的几百倍，是互联网上最大、发展最快的新型信息资源。

Deep Web 爬虫体系结构包含 6 个基本功能模块（爬行控制器、解析器、表单分析器、表单处理器、响应分析器、LVS 控制器）和两个爬虫内部数据结构（URL 列表、LVS 表）。其中 LVS 表示标签 / 数值集合，用来表示填充表单的数据源。

Deep Web 爬虫爬行过程中最重要部分就是表单填写，包含两种类型。

1）基于领域知识的表单填写：此方法一般会维持一个本体库，通过语义分析来选取合适的关键词填写表单。Yiyao Lu 等人提出一种获取 Form 表单信息的多注解方法，将数据表单按语义分配到各个组中，对每组从多方面注解，结合各种注解结果来预测一个最终的注解标签；郑冬冬等人利用一个预定义的领域本体知识库来识别 Deep Web 页面内容，同时利用一些来自 Web 站点导航模式来识别自动填写表单时所需进行的路径导航。

2）基于网页结构分析的表单填写：此方法一般无领域知识或仅有有限的领域知识，将网页表单表示成 DOM 树，从中提取表单各字段值。Desouky 等人提出一种 LEHW 方法，该方法将 HTML 网页表示为 DOM 树形式，将表单区分为单属性表单和多属性表单，分别进行处理；孙彬等人提出一种基于 XQuery 的搜索系统，它能够模拟表单和特殊页面标记切换，把网页关键字切换信息描述为三元组单元，按照一定规则排除无效表单，将 Web 文档构造成 DOM 树，利用 XQuery 将文字属性映射到表单字段。

Raghavan 等人提出的 HIWE 系统中，爬行管理器负责管理整个爬行过程，分析下载的页面，将包含表单的页面提交表单处理器处理，表单处理器先从页面中提取表单，从预先准备好的数据集中选择数据自动填充并提交表单，由爬行控制器下载相应的结果页面。

当然如果爬取规模不大、爬取业务不复杂，使用 Scrapy 这种爬虫也是蛮不错的，可以轻松完成爬取任务。

图 3-1-6 是 Scrapy 的架构图，带箭头的线是数据流向，首先从初始 URL 开始，Scheduler 会将其交给 Downloader 进行下载，下载之后会交给 Spider 进行分析，需要保存的数据则会被送到 Item Pipeline，那是对数据进行后期处理。另外，在数据流动的通道里还可以安装各种中间件，进行必要的处理。因此在开发爬虫的时候，最好也先规划好各种模块。

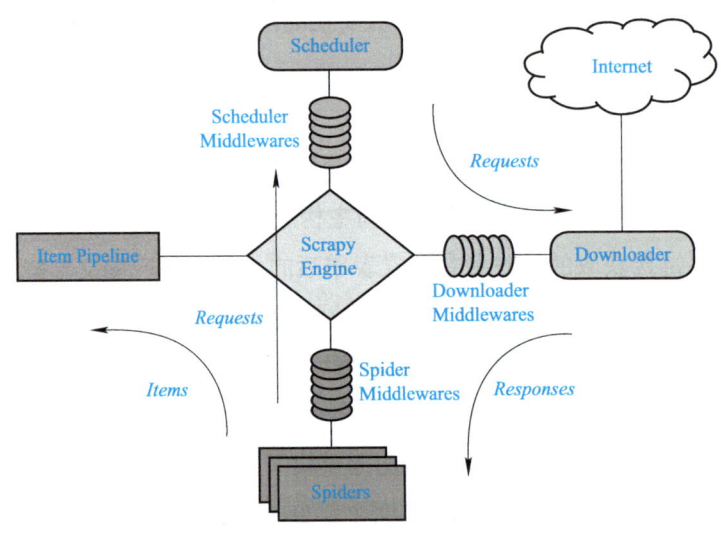

图 3-1-6　Scrapy 的架构图

3．反爬虫技术

因为搜索引擎的流行，网络爬虫已经成了很普及的网络技术，除了专门做搜索的 Google、Yahoo、微软、百度以外，几乎每个大型门户网站都有自己的搜索引擎，大大小小叫得出来名字的就有几十种，还有各种不知名的几千几万种，对于一个内容型驱动的网站来说，受到网络爬虫的光顾是不可避免的。

一些智能的搜索引擎爬虫的爬取频率比较合理，对网站资源消耗比较少，但是很多糟糕的网络爬虫对网页爬取能力很差，经常并发几十上百个请求循环重复抓取，这种爬虫对中小型网站往往是毁灭性打击，特别是一些缺乏爬虫编写经验的程序员写出来的爬虫破坏力极强，造成的网站访问压力会非常大，会导致网站访问速度缓慢，甚至无法访问。

一般网站从 3 个方面反爬虫：用户请求的 Headers、用户行为、网站目录和数据加载方式。前两种比较容易遇到，大多数网站都从这些角度来反爬虫。第三种一些应用 ajax 的网站会采用，这样增大了爬取的难度。

（1）通过 Headers 反爬虫

从用户请求的 Headers 反爬虫是最常见的反爬虫策略。很多网站都会对 Headers 的 User-Agent 进行检测，还有一部分网站会对 Referer 进行检测（一些资源网站的防盗链就是检测 Referer）。如果遇到了这类反爬虫机制，可以直接在爬虫中添加 Headers，将浏览器的 User-Agent 复制到爬虫的 Headers 中；或者将 Referer 值修改为目标网站域名。对于检测 Headers 的反爬虫，在爬虫中修改或者添加 Headers 就能很好地绕过。

（2）基于用户行为反爬虫

还有一部分网站是通过检测用户行为来反爬虫，例如，同一 IP 短时间内多次访问同一页面，或者同一账户短时间内多次进行相同操作。

大多数网站都是前一种情况，对于这种情况，使用 IP 代理就可以解决。可以专门写一个爬虫，爬取网上公开的代理 IP，检测后全部保存起来。这样的代理 IP 爬虫经常会用到，最好自己准备一个。有了大量代理 IP 后可以每请求几次更换一个 IP，这在 requests 或者 urllib2 中很容易做到，这样就能很容易绕过第一种反爬虫。

对于第二种情况，可以在每次请求后随机间隔几秒再进行下一次请求。有些有逻辑漏洞的网站，可以通过请求几次、退出登录、重新登录、继续请求来绕过同一账号短时间内不能多次进行相同请求的限制。

（3）动态页面的反爬虫

上述的几种情况大多都是出现在静态页面，还有一部分网站，需要爬取的数据是通过 ajax 请求得到或者通过 Java 生成的。首先用 Firebug 或者 HttpFox 对网络请求进行分析。如果能够找到 ajax 请求，也能分析出具体的参数和响应的具体含义，就能采用上面的方法，直接利用 requests 或者 urllib2 模拟 ajax 请求，对响应的 json 进行分析得到需要的数据。

能够直接模拟 ajax 请求获取数据固然是好的，但是有些网站把 ajax 请求的所有参数全部加密了。根本没办法构造自己所需要的数据请求，除了加密 ajax 参数，它还把一些基本的功能都封装了，全部都是在调用自己的接口，而接口参数都是加密的。遇到这样的网站，可以用 selenium+phantomJS 框架，调用浏览器内核，并利用 phantomJS 执行 js 来模拟人为操作以及触发页面中的 js 脚本。从填写表单到单击按钮再到滚动页面，全部都可以模拟，不考虑具体的请求和响应过程，只是完整地把人浏览页面获取数据的过程模拟一遍。

用这套框架几乎能绕过大多数的反爬虫，因为它不是在伪装成浏览器来获取数据（上述

的通过添加 Headers 一定程度上就是为了伪装成浏览器），它本身就是浏览器，phantomJS 就是一个没有界面的浏览器，只是操控这个浏览器的不是人。利用 selenium+phantomJS 能干很多事情，例如，识别点触式或者滑动式的验证码，对页面表单进行暴力破解等。它在自动化渗透中还会大展身手。

3.1.3 数据交易平台

近年来随着大数据的广泛普及和应用，数据资源的价值逐步得到重视和认可，数据交易需求也在不断增加。2015 年《促进大数据发展行动纲要》明确提出"要引导培育大数据交易市场，开展面向应用的数据交易市场试点，探索开展大数据衍生产品交易，鼓励产业链各环节的市场主体进行数据交换和交易，促进数据资源流通，建立健全数据资源交易机制和定价机制，规范交易行为等一系列健全市场发展机制的思路与举措"。在国家政策的积极推动、地方政府和产业界的带动下，贵州、武汉等地开始率先探索大数据交易机制。

1．政府类

贵阳大数据交易所 http://www.gbdex.com/website/

贵阳大数据交易所是我国第一家大数据交易所。贵阳大数据交易所发展会员数目突破 2000 家，已接入 225 家优质数据源，经过脱敏脱密，可交易的数据总量超 150PB，可交易数据产品 4000 余个，涵盖 30 多个领域，成为综合类、全品类数据交易平台。

西咸新区大数据交易所 http://www.chinabdbank.com/index.htm

西咸新区大数据交易所通过构建有效的市场机制，聚合政府、企业、社会等多类数据资源，整合大数据服务能力，全面运营大秦大数据银行线上服务平台和陕西省社会数据服务大厅线下服务平台。

东湖大数据交易中心 http://www.chinadatatrading.com/

武汉东湖大数据交易中心股份有限公司的业务涵盖数据交易与流通、数据分析、数据应用和数据产品开发等，聚焦"大数据+"产业链，提供有价值的产品和解决方案，帮助用户提升核心竞争力。

华东江苏大数据交易平台 http://www.bigdatahd.com/

华东江苏大数据交易中心（简称 BDEX）是在实施"国家大数据战略"大背景下，经国家批准的华东地区首个领先的跨区域、标准化、权威性省级国有大数据资产交易与流通平台，2015 年 11 月成立于国家级大数据产业基地——江苏盐城大数据产业园，承担助推江苏省国有数据增值开放流通、大数据产业发展之重任。

哈尔滨数据交易中心 http://www.hrbdataex.com/

哈尔滨数据交易中心由黑龙江省政府办公厅组织发起并协调省金融办、省发改委、省工信委等部门批准设立。结合政府数据资源、企业数据资源，打造成为立足东三省、辐射全国的大数据交易市场，构建围绕数据的生态系统支撑平台。

上海数据交易中心 https://www.chinadep.com/index.html

上海数据交易中心有限公司（简称"上海数据交易中心"），是经上海市人民政府批准，上海市经济和信息化委、上海市商务委联合批复成立的国有控股混合所有制企业，上海数据交易中心承担着促进商业数据流通、跨区域的机构合作和数据互联、政府数据与商业数据融合应用等工作职能。

2．平台类

京东万象 https://wx.jdcloud.com/

以数据开放、数据共享、数据分析为核心的综合性数据开放平台，拥有的数据类型主要包括金融、征信、电商、质检、海关、运营商数据。

聚合数据 https://www.juhe.cn/

互联网专业数据科技服务商。主要提供两种核心服务：以 API 数据接口的形式，提供数据服务；以大数据技术，提供数据应用服务。

数据宝 https://www.chinadatapay.com/

中国领先的国有数据资产增值运营服务商，提供公安、运营商、银联、交通、车辆、企业、税务、气象大数据。

百度智能云云市场 https://cloud.baidu.com/market/list/125

由百度智能云建立的云计算软件或商品的交易与交付平台，下设多个商品品类，包括镜像环境、建站推广、企业应用、人工智能、数据智能、区块链、泛机器人、软件工具、安全服务、上云服务、API 服务等，商品数量数千种。

数粮 http://datasl.com/

大数据领域的流通平台，供数据资源和大数据技术应用产品进行交易，支持 API 接口、数据包下载、定制等交易模式。

阿凡达数据 https://www.avatardata.cn/Docs

API 数据接口云服务，专注于数据的采集与分析处理工作，拥有 106 个数据种类。

HaoService http://www.haoservice.com/

数据互联服务平台。提供 30 大类以上基础数据 API 服务、热门源码交易服务。

发源地 http://www.finndy.com/

大数据应用平台和大数据解决方案提供商。提供数据交易服务，目前总共拥有 20 246 个数据源。

iDataAPI https://www.idataapi.com/

数据服务提供商，已推出 1300 多种数据产品和 50 多种数据分析产品，涵盖 30 000 个网站平台和全球移动 APP 平台。

天元数据 https://www.tdata.cn/

中国领先的云计算、大数据服务商。数据商品涵盖了线上零售、生活服务、企业数据、农业、资源能化等 10 大类。提供 17 个 API 接口、165 个数据集、56 个数据报告、278 个政府开放数据。

中原大数据交易 http://www.zybigdatae.cn/

数据资源提供商、数据资产运营商和数据交易服务商，向客户提供大数据全产业链平台与技术服务。提供 223 个 API 接口、177 个数据集、89 个数据报告、2 个数据应用。

环境云 http://www.envicloud.cn/home?title=0

环境大数据开放平台。拥有 3702 家注册用户、收录 1 041 098 354 条环境数据，以积分兑换和免费下载两种方式提供数据服务。

天眼查 https://www.tianyancha.com/vipintro/?jsid=SEM-BAIDU-PZ1907-SY-000100

天眼查收录了 1.8 亿+家社会实体信息（含企业、事业单位、基金会、学校、律所等），90 多种维度信息全量实时更新。

企查查 https://www.qichacha.com/

提供企业工商信息、法院判决信息、关联企业信息、法律诉讼、失信信息、被执行人信息、知识产权信息、公司新闻、企业年报等企业数据交易服务，覆盖全国 1.8 亿家企业信息。

杭州钱塘大数据交易中心 http://www.qtbigdata.com/index.html

杭州钱塘大数据交易中心有限公司（简称"钱塘数据"）成立于 2015 年底，是国内一家工业大数据应用和交易平台。

中关村数海大数据交易平台 http://www.shuhaidata.com/

全国第一家数据交易平台，推动数据的流通，发挥数据的商品属性，促成数据交换、整合，将真正带动大数据产业繁荣。

大数据挖掘模型交易平台 http://mx.tipdm.org/

模型算法交易平台，配套完整建模数据，模型实现过程说明及源代码。

APIX https://www.apix.cn/services/category

APIX 是黑格科技旗下的一款 SaaS 云服务产品，专注为机构提供实时在线用户数据分析，信用评估，第三方数据接入服务。

抓手数据 https://zhuashou.net/

运用区块链底层技术，以生产数据产品、建立数据交易生态圈为主要目标，促进数据的开放共享和数据价值的释放。

数据星河 http://www.bdgstore.cn/

是全球首款大数据产业链生态平台，基于国际主流的大数据生态技术研发，结合先进的大数据资产运营理念，汇聚全球近千家大数据公司。

由于现在数据的需求很大，也催生了很多做数据交易的平台，当然，除了付费购买的数据之外，在这些平台也有很多免费的数据可以获取。

优易数据：由国家信息中心发起，拥有国家级信息资源的数据平台，国内领先的数据交易平台。平台有 B2B、B2C 两种交易模式，包含政务、社会、社交、教育、消费、交通、能源、金融、健康等多个领域的数据资源。

数据堂：专注于互联网综合数据交易，提供数据交易、处理和数据 API 服务，包含语音识别、医疗健康、交通地理、电子商务、社交网络、图像识别等方面的数据。

3.1.4 网络采集器

网络采集器是通过软件的形式实现简单快捷地采集网络上分散的内容，具有很好的内容收集作用，而且不需要技术成本，被很多用户作为初级采集工具。

造数：新一代智能云爬虫。爬虫工具中最快的，比其他同类产品快 9 倍。拥有千万 IP，可以轻松发起无数请求，数据保存在云端，安全方便、简单快捷。

火车采集器：一款专业的互联网数据抓取、处理、分析、挖掘软件，可以灵活迅速地抓取网页上散乱分布的数据信息。

八爪鱼：简单实用的采集器，功能齐全，操作简单，不用写规则。特有的云采集功能使得它在关机时也可以在云服务器上运行采集任务。

3.2 数据预处理技术

当从网上采集到了数据以后，应该怎么进行下一步的工作呢？其实现实世界中数据大体上都是不完整、不一致的脏数据，无法直接进行数据处理或处理结果难以令人满意。为了提高数据处理的质量产生了数据预处理技术。

扫码观看视频

3.2.1 数据存在问题的原因

在使用数据过程中对数据有如下要求：一致性、准确性、完整性、时效性、可信性、可解释性。由于获得的数据规模太过庞大，数据不完整、重复、杂乱，在一个完整的数据挖掘过程中，数据预处理要花费 60% 左右的时间。

1．不精确数据有很多可能的原因

1）数据收集工具可能有错误，数据记录中有很多人为的或计算机导致的错误。

2）用户也可能在不愿意暴露个人资料填写必填栏目时故意提交了错误的资料（如生日

直接用默认值1月1日）。这是一些伪装缺失的数据。

3）数据在传输时也可能出错。一些技术上的限制，例如，并行同步数据传输和计算时缓冲区间有限。

4）不正确的数据也可能因为命名习惯或者数据编码的不一致使输入域的格式不一致。

5）重复的元组也需要进行数据清洗。

2．导致数据不完整性的原因

感兴趣的属性并不能总是容易获得，比如销售交易数据中的客户资料信息。另外，很可能因为在当时的条目中，该属性被认为是不重要的。相关联的数据没有被记录可能因为误解或者设备有故障。

3．数据的不一致性

和其他数据记录不一致的数据应该被删掉。另外，数据历史和修改可能被忽视。缺失的数据，特别是缺失了某些属性值的元组，值可能需要被推断。

4．时效性也可能影响数据质量

比如在浏览 AllElectronics 公式的每月销售奖金的数据分布。一些销售代表在月末的时候没有及时提交他们的销售记录。在月末之后可能有一些数据更正和调整。从每个月的时间周期来看，数据库中存放的数据是不完整的。因为月末的数据没有被及时更新导致产生了数据质量的负面影响。

通过数据预处理工作，可以使残缺的数据完整，并将错误的数据纠正、多余的数据去除，进而将所需的数据挑选出来进行数据集成。数据预处理有多种方法：数据清洗、数据集成、数据变换、数据规约等。

3.2.2 数据清洗

数据清洗通过填充缺失值、光滑噪声、识别离群点并纠正数据中的不一致等技术来进行。这里主要介绍缺失值、噪声数据和不一致数据的数据清洗方法。

1．缺失值填充

缺失值对于无监督学习结果会带来影响，通常采用以下方法进行填充。

（1）删除含有缺失值的样本

无监督学习过程中不使用有缺失值的元组，即在无监督学习过程中删除含有缺失值的样本。此方法的缺点是删除含有缺失值的样本可能使得留下的用于学习的样本不能完全正确反映原始数据的分布状态，使得学习结果偏离真实情况，不能发现数据的原始分布。因此该方法不是很有效的样本缺失值处理方法，除非元组有多个属性值空缺时才采用此方法，否则不采用此方法。

（2）人工填写缺失值

该方法就是人工补充样本的缺失值，因此非常费时，不适于大规模数据集的无监督学习数据预处理。

（3）使用一个全局常量填充缺失值

该方法虽然简单，但并不是很可靠，因为仍然存在偏离数据原始分布信息的问题。从而使得学习结果无法发现所学习数据中隐藏的真实信息。

（4）使用属性的均值填充缺失值

该方法相对上一方法要好些，但仍然存在偏离原始数据分布信息的潜在危险。

（5）使用与给定元组同一类的所有样本的属性均值填充相应的缺失值

该方法比使用属性均值填充缺失值更好，更能接近原始数据的分部信息。

（6）使用最可能的值填充缺失值

可以使用回归、决策树归纳来确定最有可能的值来填充缺失信息。该方法是填充缺失值的最好方法。

总结以上填充缺失值的方法可见：方法（3）～（6）填充的值都有可能不正确。但与其他方法相比，方法（6）是最常用和最可靠的填充缺失值的方法，它使用已有数据的大部分信息来预测缺失值。

2．噪声平滑

噪声是被测量变量的随机误差或偏差。图 3-2-1 所示为噪声示例，给定一个数值属性，可以使用以下数据光滑技术来平滑噪声。

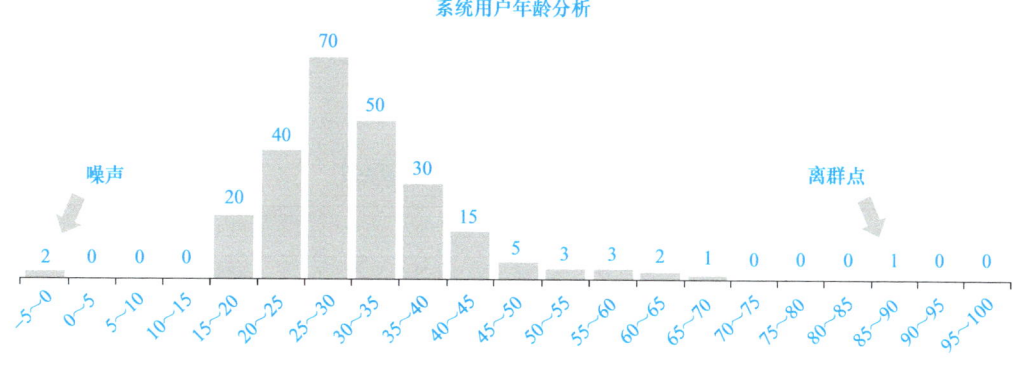

图 3-2-1　噪声示例

1）分箱法：通过考察数据的"近邻"（即周围的数据值）来光滑存储数据的值。存储的值被划分到一些箱中。由于仅考察近邻的值，所以分箱方法进行的是局部光滑，图 3-2-2 所示为分箱法示意图。

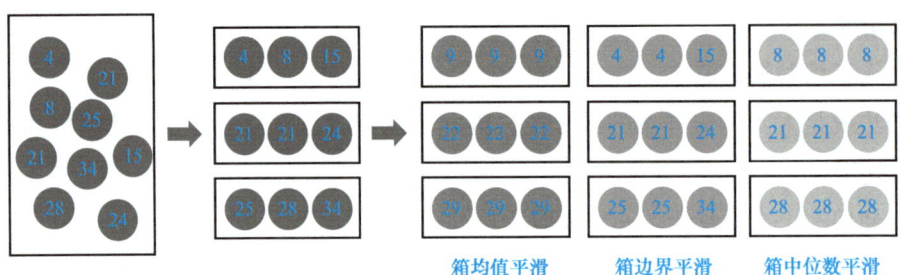

图 3-2-2 分箱法示意图

分箱的方法：

等宽分箱：每个"桶"的区间宽度相同。

等深分箱：每个"桶"的样本个数相同。

图 3-2-3 所示为两种分箱操作过程。

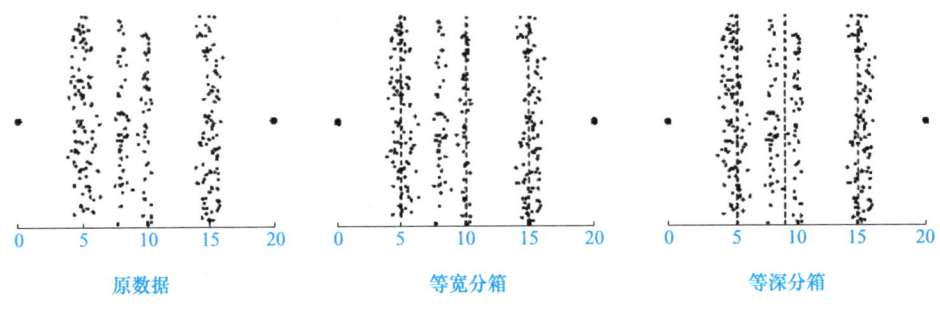

图 3-2-3 两种分箱操作过程

2）回归法：使用拟合数据函数来光滑数据（如回归函数）。线性回归涉及找出拟合两个属性的最佳线，使得一个属性能够预测另一个。多元线性回归是线性回归的扩展，涉及多个属性，将数据拟合到一个多维曲面。利用回归方法获得拟合函数，能够帮助平滑数据并消除噪声数据，图 3-2-4 所示为回归法示意图。

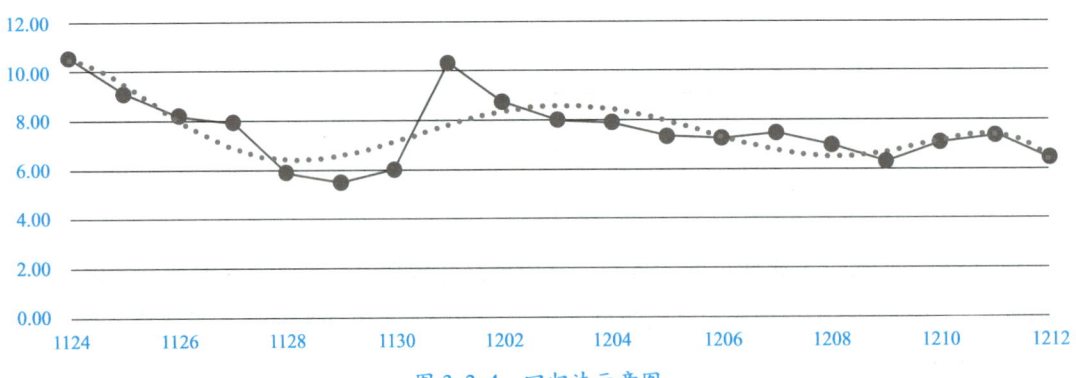

图 3-2-4 回归法示意图

3）聚类法：使用聚类来检测离群点。将相似的样本归为一个类簇，簇内极其相似而簇间极不相似。落在簇之外的样本被直观地视为离群点。离群点分为如图 3-2-5 所示的 3 类。

① 全局离群点：个别数据离整体数据较远。

② 集体离群点：一组数据与其他数据分布方式不同。

③ 情景离群点。

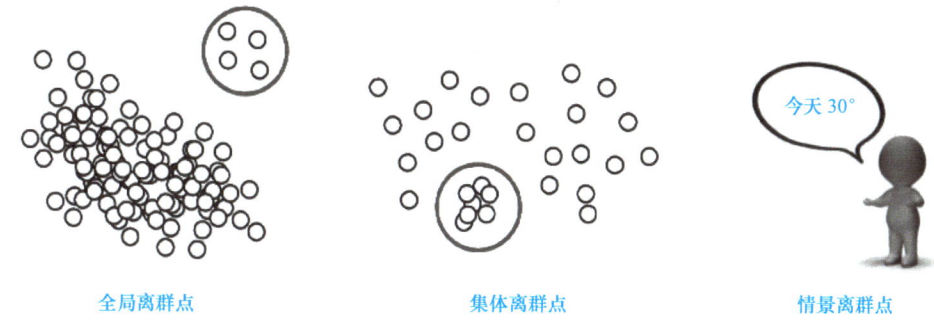

图 3-2-5 离群点分类

3. 不一致数据清洗

在实际数据库中，由于一些人为因素或者其他原因，记录的数据可能存在不一致的情况，因此，需要对这些不一致数据在分析前进行清理。例如，数据输入时的错误，可通过和原始记录对比进行更正。知识工程工具也可以用来检测违反规则的数据。还例如，在已知属性间依赖关系的情况下，可以查找违反函数依赖的值。

数据清洗是一项繁重的任务。数据清洗过程的第一步是偏差检测。引起偏差的因素有多种，如人为错误、数据退化、有意错误等。通过把握数据趋势和识别异常来发现噪声、离群点以及考察不寻常的值。除考虑由字段过载引起的错误外，数据分析还应根据唯一性规则、连续型规则和空值规则考察数据。

3.2.3 数据集成和数据转换

随着大数据的出现，将多源数据进行数据集成，并根据需要将数据转换为适于处理的形式进行学习，以发现其中隐藏的潜在模式与规律。下面分别介绍数据集成和数据转换。

数据集成：数据集成需要考虑许多问题，如实体识别问题，主要是匹配来自多个不同信息源的现实世界实体。冗余是另一个重要问题。如果一个属性能由另一个或另一组属性"导出"，则此属性可能是冗余的。属性或命名的不一致也可能导致结果数据集中的冗余。有些冗余可通过相关分析检测到，如给定两个属性，根据可用的数据度量一个属性能在多大程度上蕴含另一个。常用的冗余相关分析方法有皮尔逊积距系数、卡方检验、数值属性的协方差等。

除检测属性冗余外，还需要在元组（样本）级检测重复。数据集成的第三个重要问题是数据值冲突的检测与处理。

数据转换：数据转换将数据转换为适于学习的形式。数据转换是将数据从一种格式或结构转换为另一种格式或结构的过程。数据转换对于数据集成和数据管理等活动至关重要。数据转换可以包括一系列活动：可以转换数据类型，通过删除空值或重复数据来清理数据、丰富数据或执行聚合，具体取决于项目的需要。常用的数据转换方法包括：

数据光滑：使用分箱、回归或聚类技术去掉数据中的噪声。

数据聚集：对数据集进行汇总或聚集。如聚集日产量数据，计算年和月的产量。

数据泛化：使用概念分层，用高层概念替换底层或"原始"数据。

数据规范化：将属性数据按比例缩放，使之落入一个特定的小区间，如 [-1，1] 区间或 [0，1] 区间。

属性构造（也称为特征构造）：可以构造新的属性并添加到属性集中。

3.2.4 数据规约

随着大数据的出现，基于传统无监督学习的数据分析变得非常耗时和复杂，往往使得分析不可行。数据归约技术是用来得到数据集的规约表示，在接近或保持原始数据完整性的同时将数据集规模大大减小。对规约后的数据集分析将更有效，并可产生几乎相同的分析结果。常见的数据规约方法有：数据立方体聚集、数据属性子集选择、维度规约、数值规约、离散化和概念分层产生。

数据立方体聚集：聚集操作用于数据立方体结构中的数据。数据立方体存储多维聚集信息。每个单元存放一个聚集值，对应于多维空间的一个数点，每个属性可能存在概念分层，允许在多个抽象层进行数据分析。

数据属性子集选择：当待分析数据集含有大量属性时，其中大部分属性与挖掘任务不相关或冗余，属性子集选择可以检测并删除不相关、冗余或弱相关的属性或维。其目标是找出最小属性集，使得数据类的概率分布尽可能地接近使用所有属性得到的原分布。其优点是减少了出现在发现模式的属性数目，使得模式更易于理解。对于属性子集选择，穷举搜索找出最佳属性子集可能是不现实的，因此，常使用压缩搜索空间的启发式算法。这些方法常为贪心算法，在搜索属性空间时总是做当下的最佳选择。策略是做局部最优选择，期望由此获得全局最优解。

维度规约：维度规约使用数据编码或变换得到原数据规约或"压缩"表示。减少所考虑的随机变量或属性个数。若规约后的数据只能重新构造原始数据的近似表示，则该数据规约是有损的，若可以构造出原始数据而不丢失任何信息，则是无损的。广泛应用的有损维度规约方法有：小波变换和主成分分析等。

数值规约：数值规约通过选择替代的数据表示形式来减少数据量。即用较小的数据表示替换或估计数据。数值规约技术可以是有参的，也可以是无参的。如参数模型（只需要存放模型参数，而不是实际数据）或非参数方法，包括聚类、抽样和直方图。

离散化和概念分层产生：数据离散化将属性值域划分为区间，来减少给定连续属性值的个数。区间的标记可以代替实际的数据值。用少数区间标记替换连续属性的数值，从而减少和简化原始数据，使得无监督学习的数据分析结果简洁、易用，且具有知识层面的表示。近年来，已经研发了多种离散化方法。根据如何进行离散化可将离散化技术进行分类，如根据是否使用类信息或根据进行方向（即自顶向下或自底向上）分类。若离散化过程使用类信息，则称其为监督离散化；反之，则是非监督离散化。若先找出一点或几个点（称为分裂点或割点）来划分整个属性区间，然后在结果区间上递归地重复这一过程，则为自顶向下离散化或分裂。自底向上的离散化或合并恰好与之相反。可以对一个属性递归地进行离散化，产生属性值的分层划分，称为概念分层。概念分层对多抽象层学习是有用的。概念分层定义了给定数值属性的离散化，也可以通过收集较高层的概念并用它们替换较低层的概念来规约数据。尽管通过这种数据泛化丢失了细节，但泛化后的数据更有意义，更易于展示。这有助于将多种无监督学习任务的学习结果进行一致表示。此外，与未进行泛化的大型数据集的无监督学习相比，规约后的数据进行无监督学习所需的 I/O 操作更少，更有效。因此，离散化技术和概念分层作为预处理步骤，在无监督学习之前而不是无监督学习过程中进行。

3.2.5 数据脱敏

数据脱敏又称数据漂白、数据去隐私化或数据变形。百度百科对数据脱敏的定义为：指对某些敏感信息通过脱敏规则进行数据的变形，实现对敏感隐私数据的可靠保护。这样，就可以在开发、测试和其他非生产环境以及外包环境中安全地使用脱敏后的真实数据集。

可以看到数据脱敏具有几个关键点：敏感数据、脱敏规则、使用环境。

敏感数据又称隐私数据，常见的敏感数据有：姓名、身份证号码、地址、电话号码、银行账号、邮箱地址、所属城市、邮编、密码类（如账户查询密码、取款密码、登录密码等）、组织机构名称、营业执照号码、银行账号、交易日期、交易金额等。

随着大数据时代的到来，大数据中蕴藏的巨大商业价值被逐步挖掘出来，但是同时也带来了巨大的挑战——个人隐私信息的保护。个人信息与个人行为（如位置信息、消费行为、网络访问行为）等，这些都是人的隐私，也是大家所关注的一类敏感信息，在大数据价值挖掘的基础上如何保护人的隐私信息，也将是数据脱敏必须解决的难题。

一般的脱敏规则分类为可恢复与不可恢复两类。

可恢复类指脱敏后的数据可以通过一定的方式，可以恢复成原来的敏感数据，此类脱敏规则主要指各类加解密算法规则。

不可恢复类指脱敏后的数据被脱敏的部分使用任何方式都不能恢复出。一般可分为替换算法和生成算法两大类。替换算法即将需要脱敏的部分使用定义好的字符或字符串替换，

生成算法更复杂一些，要求脱敏后的数据符合逻辑规则，即是"看起来很真实的假数据"。

使用环境主要指脱敏之后的数据在哪些环境中使用。普遍按照生产环境和非生产环境（开发、测试、外包、数据分析等）进行划分。

在最近一期的 Gartner 关于数据脱敏的报告中根据数据脱敏产品应用场景将数据脱敏划分为静态数据脱敏和动态数据脱敏。

静态数据脱敏与动态数据脱敏的主要区别是：是否在使用敏感数据当时进行脱敏。静态数据脱敏一般用在非生产环境，在敏感数据从生产环境脱敏完毕之后再在非生产环境使用，一般用于解决测试、开发库需要生产库的数据量与数据间的关联，以排查问题或进行数据分析等，但又不能将敏感数据存储于非生产环境的问题。动态数据脱敏一般用在生产环境，在访问敏感数据当时进行脱敏，一般用来解决在生产环境需要根据不同情况对同一敏感数据读取时需要进行不同级别脱敏的问题。

本章小结

进行大数据处理和分析必须具备完善的大数据，并且能够进行存储在相应的介质里，如 HBase 等数据库。获取大数据有很多手段，可以自己制作采集装置进行数据采集，也可在交易平台购买大数据，或者自己编写程序到网站等媒介上进行爬取。在获得大数据之后，由于数据存在噪声或不一致性等缺陷，有必要对大数据进行预处理操作，为更好地进行大数据处理和分析做好基础准备工作。

本章习题

1. 单项选择题

1）将原始数据进行集成、变换、维度规约、数值规约是以下哪个步骤的任务？
  A．频繁模式挖掘　　　　　　　　B．分类和预测
  C．数据预处理　　　　　　　　　D．数据流挖掘

2）当不知道数据所带标签时，可以使用哪种技术促使带同类标签的数据与带其他标签的数据相分离？
  A．分类　　　　　　　　　　　　B．聚类
  C．关联分析　　　　　　　　　　D．隐马尔可夫链

3）什么是 KDD？
  A．数据挖掘与知识发现　　　　　B．领域知识发现
  C．文档知识发现　　　　　　　　D．动态知识发现

4）使用交互式的和可视化的技术，对数据进行探索属于数据挖掘的哪一类任务？
   A．探索性数据分析   B．建模描述
   C．预测建模   D．寻找模式和规则

5）为数据的总体分布建模；把多维空间划分成组等问题属于数据挖掘的哪一类任务？
   A．探索性数据分析   B．建模描述
   C．预测建模   D．寻找模式和规则

6）建立一个模型，通过这个模型根据已知的变量值来预测其他某个变量值属于数据挖掘的哪一类任务？
   A．根据内容检索   B．建模描述
   C．预测建模   D．寻找模式和规则

7）下面哪种不属于数据预处理的方法？
   A．变量代换   B．离散化
   C．聚集   D．估计遗漏值

8）假设 12 个销售价格记录组已经排序如下：5，10，11，13，15，35，50，55，72，92，204，215 使用如下每种方法将它们划分成 4 个箱。等频（等深）划分时，15 在第几个箱子内？
   A．第一个   B．第二个   C．第三个   D．第四个

9）上题中，等宽划分时（宽度为 50），15 又在哪个箱子里？
   A．第一个   B．第二个   C．第三个   D．第四个

10）下面哪个不属于数据的属性类型？
   A．标称   B．序数   C．区间   D．相异

11）以下哪种方法不属于特征选择的标准方法？
   A．嵌入   B．过滤   C．包装   D．抽样

12）下面不属于创建新属性的相关方法的是？
   A．特征提取   B．特征修改
   C．映射数据到新的空间   D．特征构造

13）考虑值集 {1、2、3、4、5、90}，其截断均值（p=20%）是？
   A．2   B．3   C．3.5   D．5

14）假设属性 income 的最大最小值分别是 12 000 元和 98 000 元。利用最大最小规范化的方法将属性的值映射到 0 ~ 1 的范围内。对属性 income 的 73 600 元将被转化为？
   A．0.821   B．1.224   C．1.458   D．0.716

15）假定用于分析的数据包含属性 age。数据元组中 age 的值如下（按递增序）：13，15，16，16，19，20，20，21，22，22，25，25，25，30，33，33，35，35，36，40，45，46，52，70，使用按箱平均值平滑方法对上述数据进行平滑，箱的深度为 3。第二个箱

子值为?

    A．18.3   B．22.6   C．26.8   D．27.9

16) 考虑值集 {12 24 33 2 4 55 68 26}，其四分位数极差是?

    A．31   B．24   C．55   D．3

17) 一所大学内的各年级人数分别为：一年级 200 人，二年级 160 人，三年级 130 人，四年级 110 人。则年级属性的众数是?

    A．一年级   B．二年级   C．三年级   D．四年级

18) 下面关于数据粒度的描述不正确的是?

    A．粒度是指数据仓库小数据单元的详细程度和级别

    B．数据越详细，粒度就越小，级别也就越高

    C．数据综合度越高，粒度也就越大，级别也就越高

    D．粒度的具体划分将直接影响数据仓库中的数据量以及查询质量

19) OLAP 技术的核心是?

    A．在线性   B．对用户的快速响应

    C．互操作性   D．多维分析

20) 关于 OLAP 的特性，下面正确的是?

    (1) 快速性 (2) 可分析性 (3) 多维性 (4) 信息性 (5) 共享性

    A．(1) (2) (3)   B．(2) (3) (4)

    C．(1) (2) (3) (4)   D．(1) (2) (3) (4) (5)

2．简答题

1) 简述数据预处理的原理。

2) 数据清洗有哪些方法？

3) 数据集成需要重点考虑的问题有哪些？

4) 数据变换主要涉及哪些内容？

5) 分别简述常用 ETL 工具。

6) 采用哪些方式可以获取大数据？

7) 常用大数据采集工具有哪些？

8) 简述什么是 Apache Kafka 数据采集。

Chapter 4

第4章
大数据存储技术

引言

随着大数据技术的发展，数据处理能力不断提高，数据处理成本不断降低，为企业提供全面的分析能力成为了可能。企业开始尝试构建统一的数据中心，里面包含了企业内部所有数据（传统的结构化数据、新增的半结构化和非结构化数据）以及来自互联网、第三方的数据等。通过数据中心的构建（基于大数据技术），企业将实现贯穿整个信息供应链的所有信息的单一视图，并在各种运营分析和预测分析的帮助下，企业管理层第一次在全局级拥有对业务的可见性（获得深入的洞察力）。

对雾霾天气预测之前，需要将气象数据存储起来，以便后续工作的开展。这项工作不是那么容易，大数据的特征告诉大家，之所以称之为大数据，就是因为数据量大，让人难以想象。必须选择媒介来存储气象大数据。

下面给大家介绍当获取大数据的时候，如何存储大数据。目前，大数据存储采取分布式文件系统HDFS、分布式数据库HBase、NoSQL数据库和云数据库。

学习目标

1. 熟悉HBase的由来及其与关系数据库的区别
2. 掌握HBase访问接口、数据模型、实现原理和运行机制
3. 熟悉NoSQL兴起的原因，比较NoSQL数据库与传统的关系数据库的差异
4. 熟悉NoSQL数据库的四大类型以及NoSQL数据库的三大基石
5. 熟悉与NoSQL数据库同样受到关注的NewSQL数据库
6. 熟悉云数据库的概念、特性及其与其他数据库的关系
7. 熟悉云数据库的代表性产品和厂商

4.1 分布式文件系统

大数据时代必须解决海量数据的高效存储问题,为此,谷歌开发了分布式文件系统(Google File System, GFS),通过网络实现文件在多台机器上的分布式存储,较好地满足了大规模数据存储的需求。Hadoop 分布式文件系统(Hadoop Distributed File System, HDFS)是针对 GFS 的开源实现,它是 Hadoop 两大核心组成部分之一,提供了在廉价服务器集群中进行大规模分布式文件存储的能力。HDFS 具有很好的容错能力,并且兼容廉价的硬件设备,因此可以以较低的成本利用现有机器实现大流量和大数据量的读写。

4.1.1 分布式文件系统

分布式文件系统是一种通过网络实现文件在多台主机上进行分布式存储的文件系统。分布式文件系统的设计一般采用"客户机/服务器"模式。目前广泛运用的分布式文件系统主要包括 GFS 和 HDFS。这里主要讲 HDFS。

扫码观看视频

1. 计算机集群结构

普通的文件系统只需要单个计算机节点就可以完成文件的存储和处理,单个计算机节点由处理器、内存、高速缓存和本地磁盘构成。而分布式文件系统把文件分布存储到多个计算机节点上,成千上万的计算机节点构成计算机集群。与之前使用多个处理器和专用高级硬件的并行化处理装置不同的是,目前的分布式文件系统所采用的计算机集群都是由普通硬件构成的,这就大大降低了硬件上的开销。

计算机集群的基本架构如图 4-1-1 所示。集群中的计算机节点存放在机架上,每个机架可以存放 8~64 个节点,同一机架上的不同节点之间通过网络互联,多个不同机架之间采用另一级网络或交换机互联。

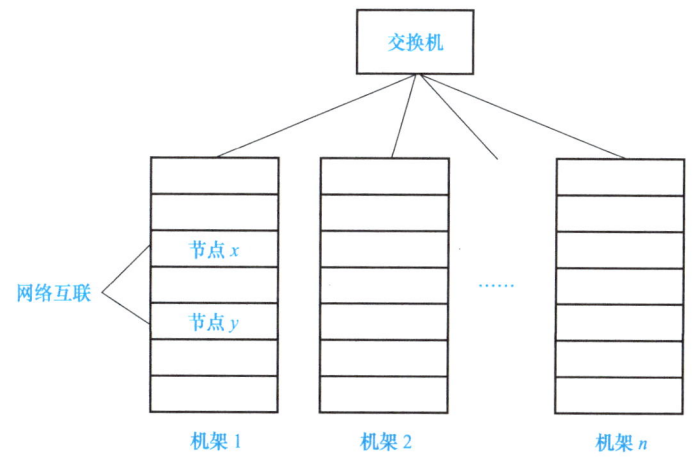

图 4-1-1 计算机集群的基本架构

2. 分布式文件系统的结构

在人们所熟悉的 Windows、Linux 等操作系统中,文件系统一般会把磁盘空间划分为每 512 字节一组,称为"磁盘块",它是文件系统读写操作的最小单位,文件系统的块(Block)通常是磁盘块的整数倍,即每次读写的数据量必须是磁盘块大小的整数倍。

与普通文件系统类似,分布式文件系统也采用了块的概念,文件被分成若干个块进行存储,块是数据读写的基本单元,只不过分布式文件系统的块要比操作系统中的块大很多。比如,HDFS 默认的一个块的大小是 64MB。与普通文件不同的是,在分布式文件系统中,如果一个文件小于一个数据块的大小,它并不占用整个数据块的存储空间。

分布式文件系统在物理结构上是由计算机集群中的多个节点构成的,如图 4-1-2 所示。这些节点分为两类:一类叫"主节点"(MasterNode),也被称为"名称节点"(Name Node);另一类叫"从节点"(SlaveNode),也被称为"数据节点"(DataNode)。名称节点负责文件和目录的创建、删除和重命名等,同时管理着数据节点和文件块的映射关系,因此客户端只有访问名称节点才能找到请求的文件块所在的位置,进而到相应位置读取所需文件块。数据节点负责数据的存储和读取,在存储时,由名称节点分配存储位置,然后由客户端把数据直接写入相应数据节点;在读取时,客户端从名称节点获得数据节点和文件块的映射关系,然后就可以到相应位置访问文件块。数据节点也要根据名称节点的命令创建、删除数据块和冗余复制。

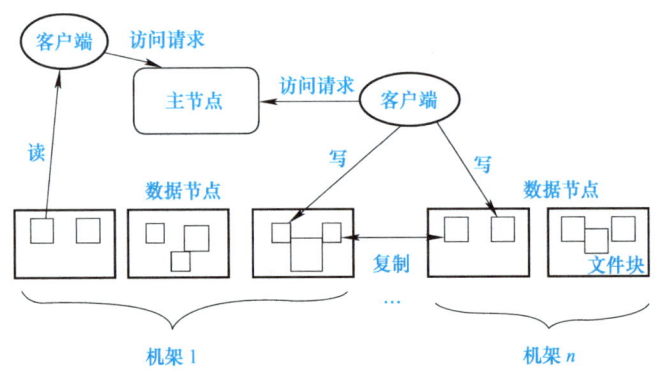

图 4-1-2 大规模文件系统的整体结构

计算机集群中的节点可能发生故障,因此为了保证数据的完整性,分布式文件系统通常采用多副本存储。文件块会被复制为多个副本,存储在不同的节点上,而且存储同一文件块的不同副本的各个节点会分布在不同的机架上,这样,在单个节点出现故障时,就可以快速调用副本重启单个节点上的计算过程,而不用重启整个计算过程,整个机架出现故障时也不会丢失所有文件块。文件块的大小和副本个数通常可以由用户指定。

分布式文件系统是针对大规模数据存储而设计的,主要用于处理大规模文件,如 TB 级文件。处理过小的文件不仅无法充分发挥其优势,而且会严重影响到系统的扩展和性能。

3．分布式文件系统的设计需求

分布式文件系统的设计目标主要包括透明性、并发控制、可伸缩性、容错以及安全需求等。但是，在具体实现中，不同产品实现的级别和方式都有所不同。表 4-1-1 给出了分布式文件系统的设计需求及其具体含义，以及 HDFS 对这些指标的实现情况。

表 4-1-1　分布式文件系统的设计需求及其具体含义

设计需求	含义	HDFS 的实现情况
透明性	具备访问透明性、位置透明性、性能和伸缩透明性	只能提供一定程度的访问透明性，完全支持位置透明性、性能和伸缩透明性
并发控制	客户端对于文件的读写不应该影响其他客户端对同一文件的读写	机制非常简单，任何时候都允许有一个程序写入某个文件
文件复制	一个文件可以拥有在不同位置的多个副本	HDFS 采用了多副本机制
硬件和操作系统的异构性	可以在不同的操作系统和计算机上实现同样的客户端和服务器端程序	采用 Java 语言开发，具有很好的跨平台能力
可伸缩性	支持节点的动态加入或退出	建立在大规模廉价机器上的分布式文件系统集群，有很好的可伸缩性
容错	保证文件服务在客户端或者服务器端出现问题的时候能正常使用	具有多副本机制和故障自动检测、恢复机制
安全	保障系统的安全性	安全性较弱

4.1.2　HDFS 简介

扫码观看视频

HDFS 原来是 Apache Nutch 搜索引擎的一部分，后来独立出来作为一个 Apache 子项目，并和 MapReduce 一起成为 Hadoop 的核心组成部分。HDFS 支持流数据读取和处理超大规模文件，并能够运行在由廉价的普通机器组成的集群上，这主要得益于 HDFS 在设计之初就充分考虑了实际应用环境的特点，那就是，硬件出错在普通服务器集群中是一种常态，而不是异常。因此，HDFS 在设计上采取了多种机制保证在硬件出错的环境中实现数据的完整性。总体而言，HDFS 要实现以下目标：

1．兼容廉价的硬件设备

在成百上千台廉价服务器中存储数据，常会出现节点失效的情况，因此 HDFS 设计了快速检测硬件故障和进行自动恢复的机制，可以实现持续监视、错误检查、容错处理和自动恢复，从而使得在硬件出错的情况下也能实现数据的完整性。

2．流数据读写

普通文件系统主要用于随机读写以及与用户进行交互，而 HDFS 则是为了满足批量数据处理的要求设计的，因此为了提高数据吞吐率，HDFS 放松了一些 POSIX 的要求，从而能够以流式方式来访问文件系统数据。

3．大数据集

HDFS中的文件通常可以达到GB甚至TB级别，一个数百台机器组成的集群里面可以支持千万级别这样的文件。

4．简单的文件模型

HDFS采用了"一次写入、多次读取"的简单文件模型，文件一旦完成写入，关闭后就无法再次写入，只能被读取。

5．强大的跨平台兼容性

HDFS是采用Java语言实现的，具有很好的跨平台兼容性，支持JVM的机器都可以运行HDFS。

HDFS特殊的设计，在实现上述优良特性的同时，也使得自身具有一些应用局限性，主要包括以下几个方面：

1．不适合低延迟数据访问

HDFS主要是面向大规模数据批量处理而设计的，采用流式数据读取，具有很高的数据吞吐率，但是，这也意味着较高的延迟。因此，HDFS不适合用在需要较低延迟（如数十毫秒）的应用场合。对于低延时要求的应用程序而言，HBase是一个更好的选择。

2．无法高效存储大量小文件

小文件是指文件大小小于一个块的文件，HDFS无法高效存储和处理大量小文件，过多小文件会给系统扩展性和性能带来诸多问题。首先，HDFS采用名称节点来管理文件系统的元数据，这些元数据被保存在内存中，从而使客户端可以快速获取文件实际存储位置。通常，每个文件、目录和块大约占150字节，如果有1000万个文件，每个文件对应一个块，那么，名称节点至少要消耗3GB的内存来保存这些元数据信息。很显然，这时元数据检索的效率就比较低了，需要花费较多的时间找到一个文件的实际存储位置。而且，如果继续扩展到数十亿个文件时，名称节点保存元数据所需要的内存空间就会大大增加，以现有的硬件水平是无法在内存中保存如此大量的元数据的。其次，用MapReduce处理大量小文件时，会产生过多的Map任务，线程管理开销会大大增加，因此处理大量小文件的速度远远低于处理同等大小的大文件的速度。再次，访问大量小文件的速度远远低于访问几个大文件的速度，因为访问大量小文件，需要不断从一个数据节点跳到另一个数据节点，严重影响性能。

3．不支持多用户写入及任意修改文件

HDFS只允许一个文件有一个写入者，不允许多个用户对同一个文件执行写操作，而且只允许对文件执行追加操作，不能执行随机写操作。

4.1.3 HDFS的相关概念

扫码观看视频

本节介绍HDFS中的相关概念，包括块、名称节点、数据节点、第二名称节点。

1. 块

在传统的文件系统中，为了提高磁盘读写效率，一般以数据块为单位，而不是以字节为单位。比如，机械式硬盘包含了磁头和转动部件，在读取数据时有一个寻道的过程，通过转动盘片和移动磁头的位置，找到数据在机械式硬盘中的存储位置，然后才能进行读写。在 I/O 开销中，机械式硬盘的寻址时间是最耗时的部分，一旦找到第一条记录，剩下的顺序读取效率是非常高的。因此，以块为单位读写数据，可以把磁盘寻道时间分摊到大量数据中。

HDFS 也同样采用了块的概念，默认的一个块大小是 64MB。在 HDFS 中的文件会被拆分成多个块，每个块作为独立的单元进行存储。大家所熟悉的普通文件系统的块一般只有几千字节，可以看出，HDFS 在块大小的设计上明显要大于普通文件系统。HDFS 这么做的原因是为了最小化寻址开销。HDFS 寻址开销不仅包括磁盘寻道开销，还包括数据块的定位开销。当客户端需要访问一个文件时，首先从名称节点获得组成这个文件的数据块的位置列表，然后根据位置列表获取实际存储各个数据块的数据节点的位置，最后数据节点根据数据块信息在本地 Linux 文件系统中找到对应的文件，并把数据返回给客户端。设计一个比较大的块，可以把上述寻址开销分摊到较多的数据中，降低了单位数据的寻址开销。因此，HDFS 在文件块大小设置上要远远大于普通文件系统，以期在处理大规模文件时能够获得更好的性能。当然，块的大小也不宜设置过大，因为，通常 MapReduce 中的 Map 任务一次只处理一个块中的数据，如果启动的任务太少，就会降低作业并行处理速度。

2. 名称节点和数据节点

在 HDFS 中，名称节点（NameNode）负责管理分布式文件系统的命名空间，保存了两个核心的数据结构（见图 4-1-3），即 FsImage 和 EditLog。FsImage 用于维护文件系统树以及文件树中所有的文件和文件夹的元数据，操作日志文件 EditLog 中记录了所有针对文件的创建、删除、重命名等操作。名称节点记录了每个文件中各个块所在的数据节点的位置信息，但是并不持久化存储这些信息，而是在系统每次启动时扫描所有数据节点重构得到这些信息。

名称节点启动时，将 FsImage 的内容加载到内存当中，然后执行 EditLog 文件中的各项操作，使得内存中的元数据保持最新。这个操作完成以后，就会创建一个新的 FsImage 文件和一个空的 EditLog 文件。名称节点启动成功并进入正常运行状态以后，HDFS 中的更新操作都会被写入 EditLog，而不是直接写入 FsImage，这是因为对于分布式文件系统而言，FsImage 文件通常都很庞大（一般都是 GB 级别以上），如果所有的更新操作都直接往 FsImage 文件中添加，那么系统就会变得非常缓慢。相对而言，EditLog 通常都要远远小于 FsImage，更新操作写入 EditLog 是非常高效的。名称节点在启动的过程中处于"安全模式"，只能对外提供读操作，无法提供写操作。启动过程结束后，系统就会退出安全模式，进入正常运行状态，对外提供读写操作。

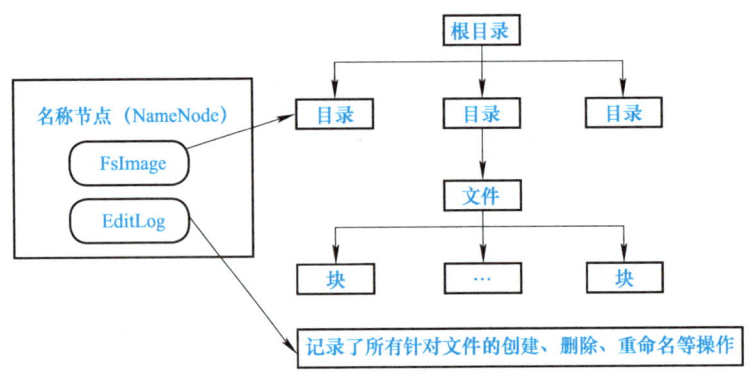

图 4-1-3　名称节点的数据结构

数据节点（DataNode）是分布式文件系统 HDFS 的工作节点，负责数据的存储和读取，会根据客户端或者名称节点的调度来进行数据的存储和检索，并且向名称节点定期发送自己所存储的块的列表。每个数据节点中的数据会被保存在各自节点的本地 Linux 文件系统中。

3．第二名称节点

在名称节点运行期间，HDFS 不断发生更新操作，更新操作都是直接被写入 EditLog 文件，因此 EditLog 文件也会逐渐变大。在名称节点运行期间，不断变大的 EditLog 文件通常对系统性能不会产生显著影响，但是当名称节点重启时，需要将 FsImage 加载到内存中，然后逐条执行 EditLog 中的记录，使得 FsImage 保持最新。可想而知，如果 EditLog 很大，就会导致整个过程变得非常缓慢，使得名称节点在启动过程中长期处于"安全模式"，无法正常对外提供写操作，影响了用户的使用。

为了有效解决 EditLog 逐渐变大带来的问题，HDFS 在设计中采用了第二名称节点（Secondary NameNode）。第二名称节点是 HDFS 架构的一个重要组成部分，具有两个方面的功能：首先，可以完成 EditLog 与 FsImage 的合并操作，减小 EditLog 文件大小，缩短名称节点重启时间；其次，可以作为名称节点的"检查点"，保存名称节点中的元数据信息。具体如下：

（1）EditLog 与 FsImage 的合并操作

每隔一段时间，第二名称节点会和名称节点通信，请求其停止使用 EditLog 文件（这里假设这个时刻为 t1），如图 4-1-4 所示，暂时将新到达的写操作添加到一个新的文件 EditLog.new 中。然后，第二名称节点把名称节点中的 FsImage 文件和 EditLog 文件拉回到本地，再加载到内存中；对二者执行合并操作，即在内存中逐条执行 EditLog 中的操作，使得 FsImage 保持最新。合并结束后，第二名称节点会把合并后得到的最新的 FsImage 文件发送到名称节点。名称节点收到后，用最新的 FsImage 文件去替换旧的 FsImage 文件，同时用 EditLog.new 文件去替换 EditLog 文件（这里假设这个时刻为 t2），从而减小了 EditLog 文件的大小。

(2) 作为名称节点的"检查点"

从上面的合并过程可以看出,第二名称节点会定期和名称节点通信,从名称节点获取 FsImage 文件和 EditLog 文件,执行合并操作得到新的 FsImage 文件。从这个角度来讲,第二名称节点相当于为名称节点设置了一个"检查点",周期性地备份名称节点中的元数据信息,当名称节点发生故障时,就可以用第二名称节点中记录的元数据信息进行系统恢复。但是,在第二名称节点上合并操作得到的新的 FsImage 文件是合并操作发生时(即 t1 时刻)HDFS 记录的元数据信息,并没有包含 t1 时刻和 t2 时刻期间发生的更新操作,如果名称节点在 t1 时刻和 t2 时刻期间发生故障,系统就会丢失部分元数据信息,在 HDFS 的设计中,也并不支持把系统直接切换到第二名称节点,因此从这个角度来讲,第二名称节点只是起到了名称节点的"检查点"作用,并不能起到"热备份"作用。即使有了第二名称节点的存在,当名称节点发生故障时,系统还是有可能会丢失部分元数据信息的。

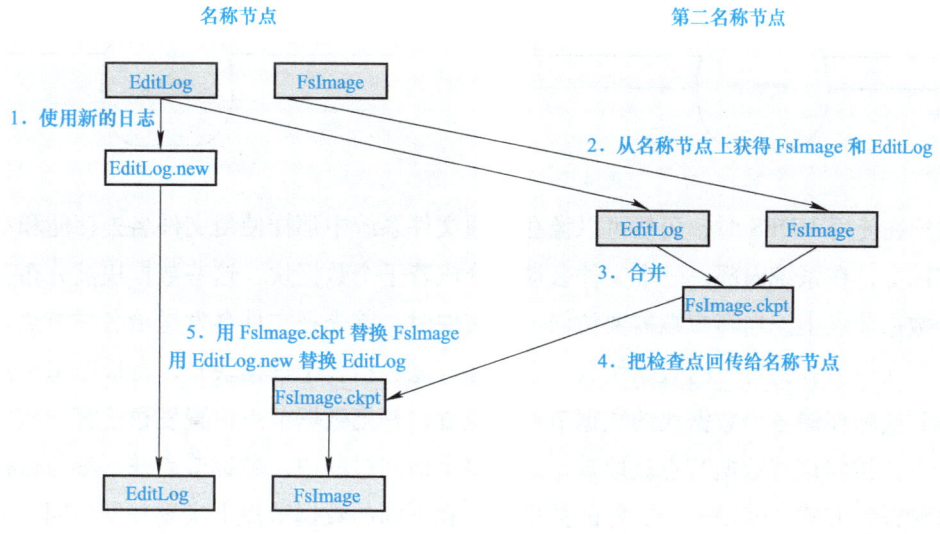

图 4-1-4　第二名称节点工作过程示意图

4.1.4　HDFS 组成结构

本节首先简要介绍 HDFS 的体系结构,然后介绍 HDFS 的命名空间管理、通信协议、客户端,最后指出 HDFS 体系结构的局限性。

扫码观看视频

1. HDFS 体系结构

HDFS 采用了主从(Master/Slave)结构模型,一个 HDFS 集群包括一个名称节点和若干个数据节点,如图 4-1-5 所示。名称节点作为中心服务器,负责管理文件系统的命名空间及客户端对文件的访问。集群中的数据节点一般是一个节点运行一个数据节点进程,负责处理文件系统客户端的读/写请求,在名称节点的统一调度下进行数据块的创建、删除和复制等操作。每个数据节点的数据实际上是保存在本地 Linux 文件系统中的。每个数据节点会周期性地向名称节点发送"心跳"信息，报告自己的状态，没有按时发送心跳信息的数据节点会被标记为"死机"，不会再给它分配任何 I/O 请求。

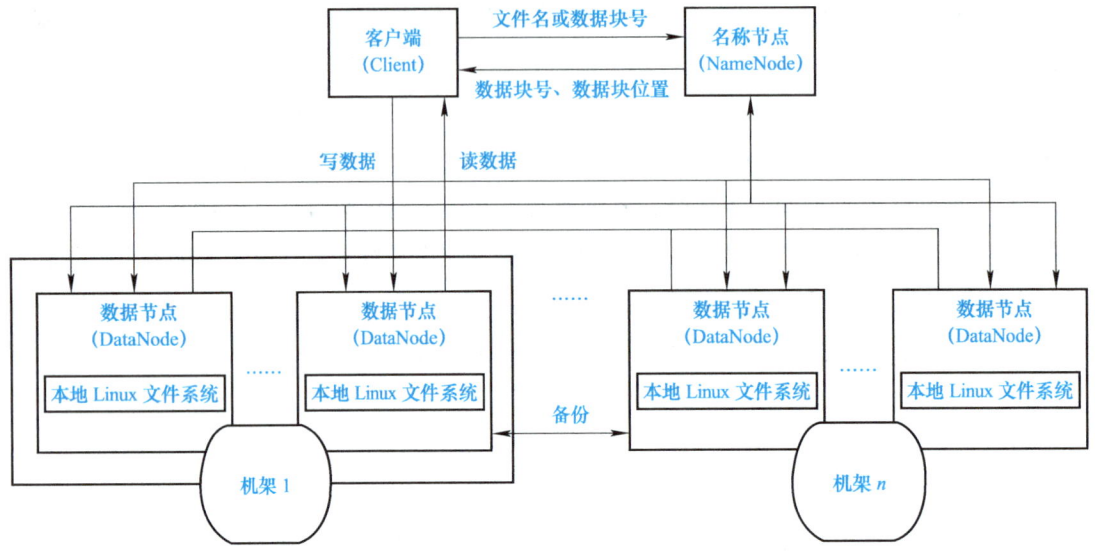

图 4-1-5　HDFS 的体系结构

用户在使用 HDFS 时，仍然可以像在普通文件系统中那样使用文件名去存储和访问文件。实际上，在系统内部，一个文件会被切分成若干个数据块，这些数据块被分布存储到若干个数据节点上。当客户端需要访问一个文件时，首先把文件名发送给名称节点，名称节点根据文件名找到对应的数据块（一个文件可能包括多个数据块），再根据每个数据块信息找到实际存储各个数据块的数据节点的位置，并把数据节点位置发送给客户端，最后客户端直接访问这些数据节点获取数据。在整个访问过程中，名称节点并不参与数据的传输。这种设计方式，使得一个文件的数据能够在不同的数据节点上实现并发访问，大大提高了数据访问速度。

HDFS 采用 Java 语言开发，因此任何支持 JVM 的机器都可以部署名称节点和数据节点。在实际部署时，通常在集群中选择一台性能较好的机器作为名称节点，其他机器作为数据节点。当然，一台机器可以运行任意多个数据节点，甚至名称节点和数据节点也可以放在一台机器上运行，不过，很少在正式部署中采用这种模式。HDFS 集群中只有唯一一个名称节点，该节点负责所有元数据的管理，这种设计大大简化了分布式文件系统的结构，可以保证数据不会脱离名称节点的控制，同时，用户数据也永远不会经过名称节点，这大大减轻了中心服务器的负担，方便了数据管理。

2．HDFS 命名空间管理

HDFS 的命名空间包含目录、文件和块。命名空间管理是指命名空间支持对 HDFS 中的目录、文件和块做类似文件系统的创建、修改、删除等基本操作。在当前的 HDFS 体系结构中，在整个 HDFS 集群中只有一个命名空间，并且只有唯一一个名称节点，该节点负责对这个命名空间进行管理。

HDFS 使用的是传统的分级文件体系，因此用户可以像使用普通文件系统一样，创建、删除目录和文件，在目录间转移文件、重命名文件等。但是，HDFS 还没有实现磁盘配额和文件访问权限等功能，也不支持文件的硬连接和软连接（快捷方式）。

3．通信协议

HDFS 是一个部署在集群上的分布式文件系统，因此很多数据需要通过网络进行传输。所有的 HDFS 通信协议都是构建在 TCP/IP 基础之上的。客户端通过一个可配置的端口向名称节点主动发起 TCP 连接，并使用客户端协议与名称节点进行交互。名称节点和数据节点之间则使用数据节点协议进行交互。客户端与数据节点的交互是通过 RPC（Remote Procedure Call）来实现的。在设计上，名称节点不会主动发起 RPC，而是响应来自客户端和数据节点的 RPC 请求。

4．客户端

客户端是用户操作 HDFS 最常用的方式，HDFS 在部署时都提供了客户端。不过需要说明的是，严格来说，客户端并不算是 HDFS 的一部分。客户端可以支持打开、读取、写入等常见的操作，并且提供了类似 Shell 的命令行方式来访问 HDFS 中的数据。此外，HDFS 也提供了 Java API，作为应用程序访问文件系统的客户端编程接口。

5．HDFS 体系结构的局限性

HDFS 只设置唯一一个名称节点，这样做虽然大大简化了系统设计，但也带来了一些明显的局限性，具体如下：

1）命名空间的限制。名称节点是保存在内存中的，因此名称节点能够容纳对象（文件、块）的个数会受到内存空间大小的限制。

2）性能的瓶颈。整个分布式文件系统的吞吐量受限于单个名称节点的吞吐量。

3）隔离问题。由于集群中只有一个名称节点，只有一个命名空间，因此无法对不同应用程序进行隔离。

4）集群的可用性。一旦这个唯一的名称节点发生故障，会导致整个集群变得不可用。

4.1.5 HDFS 的存储原理

本节介绍 HDFS 的存储原理，包括数据的冗余存储、数据存取策略、数据错误与恢复。

扫码观看视频

1．数据的冗余存储

作为一个分布式文件系统，为了保证系统的容错性和可用性，HDFS 采用了多副本方式对数据进行冗余存储，通常一个数据块的多个副本会被分布到不同的数据节点上，如图

4-1-6 所示，数据块 1 被分别存放到数据节点 A 和 C 上，数据块 2 被存放在数据节点 A 和 B 上。这种多副本方式具有以下 3 个优点：

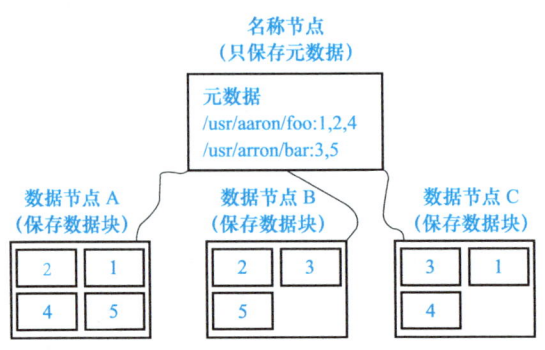

图 4-1-6　HDFS 数据块多副本存储

1）加快数据传输速度。当多个客户端需要同时访问同一个文件时，可以让各个客户端分别从不同的数据块副本中读取数据，这就大大加快了数据传输速度。

2）容易检查数据错误。HDFS 的数据节点之间通过网络传输数据，采用多个副本可以很容易判断数据传输是否出错。

3）保证数据的可靠性。即使某个数据节点出现故障失效，也不会造成数据丢失。

2．数据存取策略

数据存取策略包括数据存放、数据读取和数据复制等方面，它在很大程度上会影响到整个分布式文件系统的读写性能，是分布式文件系统的核心内容。

（1）数据存放

为了提高数据的可靠性与系统的可用性，以及充分利用网络带宽，HDFS 采用了以机架为基础的数据存放策略。一个 HDFS 集群通常包含多个机架，不同机架之间的数据通信需要经过交换机或者路由器，同一个机架中不同机器之间的通信则不需要经过交换机和路由器，这意味着同一个机架中不同机器之间的通信要比不同机架之间机器的通信带宽大。

HDFS 默认每个数据节点都是在不同的机架上，这种方法会存在一个缺点，那就是写入数据的时候不能充分利用同一机架内部机器之间的带宽。但是，这种方法也带来了更多很显著的优点：首先，可以获得很高的数据可靠性，即使一个机架发生故障，位于其他机架上的数据副本仍然是可用的；其次，在读取数据的时候，可以在多个机架上并行读取数据，大大提高了数据读取速度；最后，可以更容易实现系统内部负载均衡和错误处理。

HDFS 默认的冗余复制因子是 3，每一个文件块会被同时保存到 3 个地方，其中，有两份副本放在同一个机架的不同机器上面，第三个副本放在不同机架的机器上面，这样既可以保证机架发生异常时的数据恢复，也可以提高数据读写性能。一般而言，HDFS 副本的放置策略如图 4-1-7 所示。

第 4 章 大数据存储技术

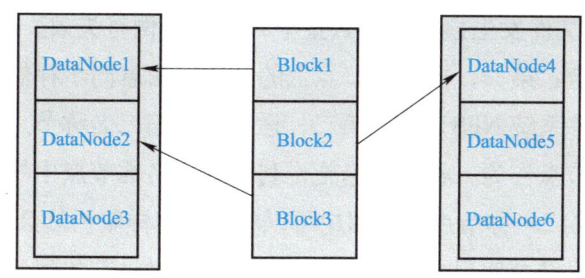

图 4-1-7　副本的放置策略

如果是在集群内发起写操作请求,则把第一个副本放置在发起写操作请求的数据节点上,实现就近写入数据。如果是来自集群外部的写操作请求,则从集群内部挑选一台磁盘不太满、CPU 不太忙的数据节点,作为第一个副本的存放地。第二个副本会被放置在与第一个副本不同的机架的数据节点上。第三个副本会被放置在与第一个副本相同的机架的其他节点上。如果还有更多副本,则继续从集群中随机选择数据节点进行存放。

(2) 数据读取

HDFS 提供了一个 API 可以确定一个数据节点所属的机架 ID,客户端也可以调用 API 获取自己所属的机架 ID。当客户端读取数据时,从名称节点获得数据块不同副本的存放位置列表,列表中包含了副本所在的数据节点,可以调用 API 来确定客户端和这些数据节点所属的机架 ID。当发现某个数据块副本对应的机架 ID 和客户端对应的机架 ID 相同时,就优先选择该副本读取数据,如果没有发现,就随机选择一个副本读取数据。

(3) 数据复制

HDFS 的数据复制采用了流水线复制的策略,大大提高了数据复制过程的效率。当客户端要往 HDFS 中写入一个文件时,这个文件会首先被写入本地,并被切分成若干个块,每个块的大小是由 HDFS 的设定值来决定的。每个块都向 HDFS 集群中的名称节点发起写请求,名称节点会根据系统中各个数据节点的使用情况,选择一个数据节点列表返回给客户端,然后客户端就把数据首先写入列表中的第一个数据节点,同时把列表传给第一个数据节点,当第一个数据节点接收到 4KB 数据时,写入本地,并且向列表中的第二个数据节点发起连接请求,把自己已经接收到的 4KB 数据和列表传给第二个数据节点,当第二个数据节点接收到 4KB 数据时,写入本地,并且向列表中的第三个数据节点发起连接请求,依次类推,列表中的多个数据节点形成一条数据复制的流水线。最后,当文件写完的时候,数据复制也同时完成。

3．数据错误与恢复

HDFS 具有较高的容错性,可以兼容廉价的硬件,它把硬件出错看成一种常态,而不是异常,并设计了相应的机制检测数据错误和进行自动恢复,主要包括以下 3 种情形:

(1) 名称节点出错

名称节点保存了所有的元数据信息,其中最核心的两大数据结构是 FsImage 和

EditLog，如果这两个文件发生损坏，那么整个 HDFS 实例将失效。Hadoop 采用两种机制来确保名称节点的安全：第一，把名称节点上的元数据信息同步存储到其他文件系统（比如远程挂载的网络文件系统 NFS）中；第二，运行一个第二名称节点，当名称节点死机以后，可以把第二名称节点作为一种弥补措施，利用第二名称节点中的元数据信息进行系统恢复，但是从前面对第二名称节点的介绍中可以看出，这样做仍然会丢失部分数据。因此，一般会把上述两种方式结合使用，当名称节点发生死机时，首先到远程挂载的网络文件系统中获取备份的元数据信息，放到第二名称节点上进行恢复，并把第二名称节点作为名称节点来使用。

(2) 数据节点出错

每个数据节点会定期向名称节点发送"心跳"信息，向名称节点报告自己的状态。当数据节点发生故障或者网络发生断网时，名称节点就无法收到来自一些数据节点的"心跳"信息，这时这些数据节点就会被标记为"死机"，节点上面的所有数据都会被标记为"不可读"，名称节点不会再给它们发送任何 I/O 请求。这时，有可能出现一种情形，即由于一些数据节点的不可用，会导致一些数据块的副本数量小于冗余因子。名称节点会定期检查这种情况，一旦发现某个数据块的副本数量小于冗余因子，就会启动数据冗余复制，为它生成新的副本。HDFS 与其他分布式文件系统的最大区别就是可以调整冗余数据的位置。

(3) 数据出错

网络传输和磁盘错误等因素都会造成数据错误。客户端在读取到数据后，会采用 MD5 和 SHA1 对数据块进行校验，以确定读取到正确的数据。在文件被创建时，客户端就会对每一个文件块进行信息摘录，并把这些信息写入同一个路径的隐藏文件里面。当客户端读取文件的时候，会先读取该信息文件，然后利用该信息文件对每个读取的数据块进行校验，如果校验出错，客户端就会请求到另外一个数据节点读取该文件块，并且向名称节点报告这个文件块有错误，名称节点会定期检查并且重新复制这个块。

4.1.6　HDFS 的数据读写过程

扫码观看视频

在介绍 HDFS 的数据读写过程之前，需要简单介绍一下相关的类。FileSystem 是一个通用文件系统的抽象基类，可以被分布式文件系统继承，所有可能使用 Hadoop 文件系统的代码都要使用到这个类。Hadoop 为 FileSystem 这个抽象类提供了多种具体的实现，DistributedFileSystem 就是 FileSystem 在 HDFS 文件系统中的实现。FileSystem 的 open() 方法返回的是一个输入流 FSDataInputStream 对象，在 HDFS 文件系统中具体的输入流就是 DFSInputStream；FileSystem 中的 create() 方法返回的是一个输出流 FSDataOutputStream 对象，在 HDFS 文件系统中具体的输出流就是 DFSOutputStream。

1. 读数据的过程

客户端连续调用 open()、read()、close() 读取数据时，HDFS 内部的执行过程如图 4-1-8 所示。

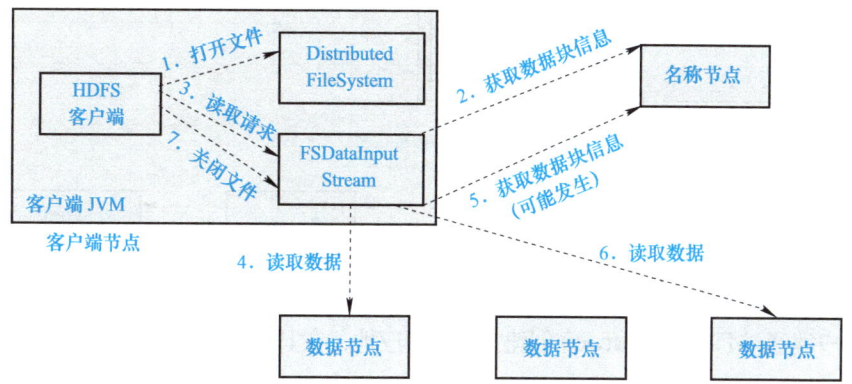

图 4-1-8 HDFS 读数据的过程

1）客户端通过 FileSystem.open() 打开文件，相应地，在 HDFS 文件系统中 DistributedFileSystem 具体实现了 FileSystem。因此，调用 open() 方法后，DistributedFileSystem 会创建输入流 FSDataInputStream，对于 HDFS 而言，具体的输入流就是 DFSInputStream。

2）在 DFSInputStream 的构造函数中，输入流通过 ClientProtocol.getBlockLocations() 远程调用名称节点，获得文件开始部分数据块的保存位置。对于该数据块，名称节点返回保存该数据块的所有数据节点的地址，同时根据距离客户端的远近对数据节点进行排序；然后，DistributedFileSystem 会利用 DFSInputStream 来实例化 FSDataInputStream，返回给客户端，同时返回了数据块的数据节点地址。

3）获得输入流 FSDataInputStream 后，客户端调用 read() 函数开始读取数据。输入流根据前面的排序结果，选择距离客户端最近的数据节点建立连接并读取数据。

4）数据从该数据节点读到客户端；当该数据块读取完毕时，FSDataInputStream 关闭和该数据节点的连接。

5）输入流通过 getBlockLocations() 方法查找下一个数据块（如果客户端缓存中已经包含了该数据块的位置信息，就不需要调用该方法）。

6）找到该数据块的最佳数据节点，读取数据。

7）当客户端读取完毕数据的时候，调用 FSDataInputStream 的 close() 函数，关闭输入流。

需要注意的是，在读取数据的过程中，如果客户端与数据节点通信时出现错误，就会尝试连接包含此数据块的下一个数据节点。

2. 写数据的过程

客户端向 HDFS 写数据是一个复杂的过程，这里介绍一下在不发生任何异常的情况下，客户端连续调用 create()、write() 和 close() 时，HDFS 内部的执行过程，如图 4-1-9 所示。

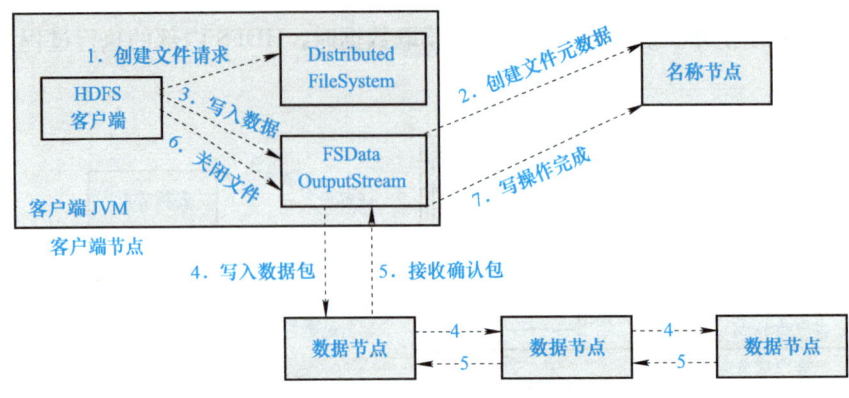

图 4-1-9　HDFS 写数据的过程

1）客户端通过 FileSystem.create() 创建文件，相应地，在 HDFS 文件系统中 Distributed FileSystem 具体实现了 FileSystem。因此，调用 create() 方法后，DistributedFileSystem 会创建输出流 FSDataOutputStream，对于 HDFS 而言，具体的输出流就是 DFSOutputStream。

2）然后，DistributedFileSystem 通过 RPC 远程调用名称节点，在文件系统的命名空间中创建一个新的文件。名称节点会执行一些检查，比如文件是否已经存在、客户端是否有权限创建文件等。检查通过之后，名称节点会构造一个新文件，并添加文件信息。远程方法调用结束后，DistributedFileSystem 会利用 DFSOutputStream 来实例化 FSDataOutputStream，返回给客户端，客户端使用这个输出流写入数据。

3）获得输出流 FSDataOutputStream 以后，客户端调用输出流的 write() 方法向 HDFS 中对应的文件写入数据。

4）客户端向输出流 FSDataOutputStream 中写入的数据会首先被分成一个个分包，这些分包被放入 DFSOutputStream 对象的内部队列。输出流 FSDataOutputStream 会向名称节点申请保存文件和副本数据块的若干个数据节点，这些数据节点形成一个数据流管道。队列中的分包最后被打包成数据包，发往数据流管道中的第一个数据节点，第一个数据节点将数据包发送给第二个数据节点，第二个数据节点将数据包发送给第三个数据节点，这样，数据包会流经管道上的各个数据节点。

5）因为各个数据节点位于不同的机器上，数据需要通过网络发送。因此，为了保证所有数据节点的数据都是准确的，接收到数据的数据节点要向发送者发送"确认包"（ACK Packet）。确认包沿着数据流管道逆流而上，从数据流管道依次经过各个数据节点并最终发往客户端，当客户端收到应答时，它将对应的分包从内部队列移除。不断执行 3)～5) 步，直到数据全部写完。

6）客户端调用 close() 方法关闭输出流，此时开始，客户端不会再向输出流中写入数据，所以，当 DFSOutputStream 对象内部队列中的分包都收到应答以后，就可以使用 ClientProtocol.complete() 方法通知名称节点关闭文件，完成一次正常的写文件过程。

4.2 分布式数据库 HBase

HBase 是针对谷歌 BigTable 的开源实现,是一个高可靠、高性能、面向列、可伸缩的分布式数据库,主要用来存储非结构化和半结构化的松散数据。HBase 可以支持超大规模数据存储,它可以通过水平扩展的方式,利用廉价计算机集群处理由超过 10 亿行数据和数百万列元素组成的数据表。

4.2.1 HBase 概述

本节首先对 BigTable 作简要介绍,然后介绍了 HBase 及其和 BigTable 的关系,最后对 HBase 和传统关系数据库进行了对比分析。

扫码观看视频

1.从 BigTable 说起

BigTable 是一个分布式存储系统,利用谷歌提出的 MapReduce 分布式并行计算模型来处理海量数据,使用谷歌分布式文件系统 GFS 作为底层数据存储,并采用 Chubby 提供协同服务管理,可以扩展到 PB 级别的数据和上千台机器,具备广泛应用性、可扩展性、高性能和高可用性等特点。从 2005 年 4 月开始,BigTable 已经在谷歌公司的实际生产系统中使用,谷歌的许多项目都存储在 BigTable 中,包括搜索、地图、财经、打印、社交网站 Orkut、视频共享网站 YouTube 和博客网站 Blogger 等。这些应用无论在数据量方面(从 URL 到网页到卫星图像),还是在延迟需求方面(从后端批量处理到实时数据服务),都对 BigTable 提出了截然不同的需求。尽管这些应用的需求大不相同,但是 BigTable 依然能够为所有谷歌产品提供一个灵活的、高性能的解决方案。当用户的资源需求随着时间变化时,只需要简单地往系统中添加机器,就可以实现服务器集群的扩展。

总的来说,BigTable 具备以下特性:支持大规模海量数据、分布式并发数据处理效率极高、易于扩展且支持动态伸缩、适用于廉价设备、适合于读操作不适合写操作。

2.HBase 简介

HBase 是一个高可靠、高性能、面向列、可伸缩的分布式数据库,主要用来存储非结构化和半结构化的松散数据。HBase 的目标是处理非常庞大的表,可以通过水平扩展的方式,利用廉价计算机集群处理由超过 10 亿行数据和数百万列元素组成的数据表。

图 4-2-1 描述了 Hadoop 生态系统中 HBase 与其他部分的关系。HBase 利用 Hadoop MapReduce 来处理 HBase 中的海量数据,实现高性能计算;利用 ZooKeeper 作为协同服务,实现稳定服务和失败恢复;使用 HDFS 作为高可靠的底层存储,利用廉价集群提供海量数据存储能力。当然,HBase 也可以直接使用本地文件系统而不用 HDFS 作为底层数据存储方式,不过,为了提高数据可靠性和系统的健壮性,发挥 HBase 处理大数据量等功能,一般都使用 HDFS 作为 HBase 的底层数据存储方式。此外,为了方便在 HBase 上进行数据处理,

Sqoop 为 HBase 提供了高效、便捷的 RDBMS 数据导入功能，Pig 和 Hive 为 HBase 提供了高层语言支持。HBase 和 BigTable 的底层技术对应关系见表 4-2-1。

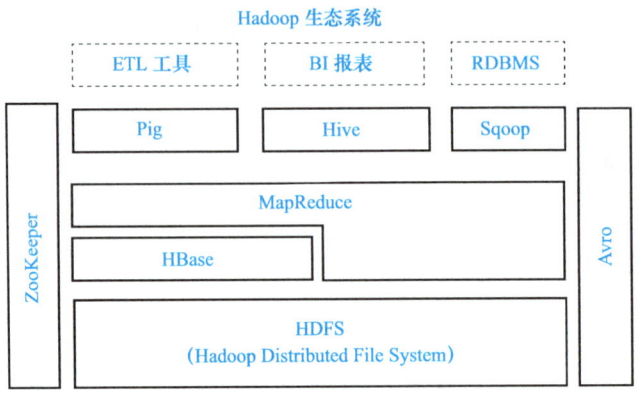

图 4-2-1　Hadoop 生态系统中 HBase 与其他部分的关系

表 4-2-1　HBase 和 BigTable 的底层技术对应关系

项　　目	BigTable	HBase
文件存储系统	GFS	HDFS
海量数据处理	MapReduce	Hadoop MapReduce
协同服务管理	Chubby	ZooKeeper

3．HBase 与传统关系数据库的对比分析

关系数据库从 20 世纪 70 年代发展到今天，已经是一种非常成熟稳定的数据库管理系统，通常具备的功能包括面向磁盘的存储和索引结构、多线程访问、基于锁的同步访问机制、基于日志记录的恢复机制和事务机制等。

但是，随着 Web 2.0 应用的不断发展，传统的关系数据库已经无法满足 Web 2.0 的需求，无论在数据高并发方面，还是在高可扩展性和高可用性方面，传统的关系数据库都显得力不从心，关系数据库的关键特性——完善的事务机制和高效的查询机制，在 Web 2.0 时代也成为"鸡肋"。包括 HBase 在内的非关系型数据库的出现，有效弥补了传统关系数据库的缺陷，在 Web 2.0 应用中得到了大量使用。

HBase 与传统的关系数据库的区别主要体现在以下几个方面。

1）数据类型。关系数据库采用关系模型，具有丰富的数据类型和存储方式。HBase 则采用了更加简单的数据模型，它把数据存储为未经解释的字符串，用户可以把不同格式的结构化数据和非结构化数据都序列化成字符串保存到 HBase 中，用户需要自己编写程序把字符串解析成不同的数据类型。

2）数据操作。关系数据库中包含了丰富的操作，如插入、删除、更新、查询等，其中会涉及复杂的多表连接，通常是借助于多个表之间的主外键关联来实现的。HBase 操作则不存在复杂的表与表之间的关系，只有简单的插入、查询、删除、清空等，因为 HBase 在设计上就避免了复杂的表与表之间的关系，通常只采用单表的主键查询，所以它无法实现像关系数据库中那样的表与表之间的连接操作。

3）存储模式。关系数据库是基于行模式存储的，元组或行会被连续地存储在磁盘页中。在读取数据时，需要顺序扫描每个元组，然后从中筛选出查询所需要的属性。如果每个元组只有少量属性的值对于查询是有用的，那么基于行模式存储就会浪费许多磁盘空间和内存带宽。HBase 是基于列存储的，每个列族都由几个文件保存，不同列族的文件是分离的，它的优点是：可以降低 I/O 开销，支持大量并发用户查询，因为仅需要处理可以回答这些查询的列，而不需要处理与查询无关的大量数据行；同一个列族中的数据会被一起压缩，由于同一列族内的数据相似度较高，因此可以获得较高的数据压缩比。

4）数据索引。关系数据库通常可以针对不同列构建复杂的多个索引，以提高数据访问性能。与关系数据库不同的是，HBase 只有一个索引——行键，通过巧妙的设计，HBase 中的所有访问方法，或者通过行键访问，或者通过行键扫描，从而使得整个系统不会慢下来。由于 HBase 位于 Hadoop 框架之上，因此可以使用 Hadoop MapReduce 来快速、高效地生成索引表。

5）数据维护。在关系数据库中，更新操作会用最新的当前值去替换记录中原来的旧值，旧值被覆盖后就不会存在。而在 HBase 中执行更新操作时，并不会删除数据旧的版本，而是生成一个新的版本，旧的版本仍然保留。

6）可伸缩性。关系数据库很难实现横向扩展，纵向扩展的空间也比较有限。相反，HBase 和 BigTable 这些分布式数据库就是为了实现灵活的水平扩展而开发的，因此能够轻易地通过在集群中增加或者减少硬件数量来实现性能的伸缩。

但是，相对于关系数据库来说，HBase 也有自身的局限性，如 HBase 不支持事务，因此无法实现跨行的原子性。

4.2.2　HBase 访问接口

HBase 提供了 Native Java API、HBase Shell、Thrift Gateway、REST Gateway、Pig、Hive 等多种访问方式，表 4-2-2 给出了 HBase 访问接口的类型、特点和使用场合。

表 4-2-2　HBase 访问接口

类　　型	特　　点	场　　合
Native Java API	最常规和高效的访问方式	适合 Hadoop MapReduce 作业并行处理 HBase 表数据
HBase Shell	HBase 的命令行工具、最简单的接口	适合于 HBase 管理
Thrift Gateway	解除了语言限制	支持 REST 风格的 HTTP API 访问 HBase
Pig	使用 Pig Latin 流式编程语言来处理 HBase 中的数据	适合于做数据统计
Hive	简单	当需要以类似 SQL 语句的方式来访问 HBase 的时候

4.2.3　HBase 数据模型

数据模型是理解一个数据库产品的核心，本节介绍了 HBase 列族数据模型，包括列族、列限定符、单元格、时间戳等概念，并阐述了

扫码观看视频

HBase 数据库的概念视图和物理视图的差别。

1. 数据模型概述

HBase 是一个稀疏、多维度、排序的映射表，这张表的索引是行键、列族、列限定符和时间戳。每个值是一个未经解释的字符串，没有数据类型。用户在表中存储数据，每一行都有一个可排序的行键和任意多的列。表在水平方向由一个或者多个列族组成，一个列族中可以包含任意多个列，同一个列族里面的数据存储在一起。列族支持动态扩展，可以很轻松地添加一个列族或列，无须预先定义列的数量以及类型，所有列均以字符串形式存储，用户需要自行进行数据类型转换。由于同一张表里面的每一行数据都可以有截然不同的列，因此对于整个映射表的每行数据而言，有些列的值就是空的，所以说 HBase 是稀疏的。

在 HBase 中执行更新操作时，并不会删除数据旧的版本，而是生成一个新的版本，旧有的版本仍然保留，HBase 可以对允许保留的版本的数量进行设置。客户端可以选择获取距离某个时间最近的版本，或者一次获取所有版本。如果在查询的时候不提供时间戳，那么会返回距离现在最近的那一个版本的数据，因为在存储的时候，数据会按照时间戳排序。HBase 提供了两种数据版本回收方式：一是保存数据的最后 n 个版本；二是保存最近一段时间内的版本（如最近 7 天）。

2. 数据模型的相关概念

HBase 实际上就是一个稀疏、多维、持久化存储的映射表，它采用行键（Row Key）、列族（Column Family）、列限定符（Column Qualifier）和时间戳（Timestamp）进行索引，每个值都是未经解释的字节数组 byte[]。下面具体介绍 HBase 数据模型的相关概念。

（1）表

HBase 采用表来组织数据，表由行和列组成，列划分为若干个列族。

（2）行

每个 HBase 表都由若干行组成，每个行由行键（Row Key）来标识。访问表中的行只有 3 种方式：通过单个行键访问；通过一个行键的区间来访问；全表扫描。行键可以是任意字符串（最大长度是 64KB，实际应用中长度一般为 10～100 字节），在 HBase 内部，行键保存为字节数组。存储时，数据按照行键的字典序排序存储。在设计行键时，要充分考虑这个特性，将经常一起读取的行存储在一起。

（3）列族

一个 HBase 表被分组成许多"列族"的集合，它是基本的访问控制单元。列族需要在表创建时就定义好，数量不能太多（HBase 的一些缺陷使得列族数量只限于几十个），而且不要频繁修改。存储在一个列族当中的所有数据，通常都属于同一种数据类型，这通常意味着具有更高的压缩率。表中的每个列都归属于某个列族，数据可以被存放到列族的某个列下面，但是在把数据存放到这个列族的某个列下面之前，必须首先创建这个列族。在创建完成一个列族以后，就可以使用同一个列族当中的列。列名都以列族作为前缀。例如，courses:history 和 courses:math 这两个列都属于 courses 这个列族。在 HBase 中，访问控制、磁盘和内存的使用统计都是在列族层面进行的。实际应用中，可以借助列族上的控制权限帮助实现特定的目的。比如，可以允许一些应用能够向表中添加新的数据，而另一些应用则只允许浏览数据。HBase 列族还可以被配置成支持不同类型的访问模式。比如，一个列族也可以被设置成放入内存当中，以消耗内存为代价，从而换取更好的响应性能。

（4）列限定符

列族里的数据通过列限定符（或列）来定位。列限定符不用事先定义，也不需要在不同行之间保持一致。列限定符没有数据类型，总被视为字节数组 byte[]。

（5）单元格

在 HBase 表中，通过行、列族和列限定符确定一个"单元格"（Cell）。单元格中存储的数据没有数据类型，总被视为字节数组 byte[]。每个单元格中可以保存一个数据的多个版本，每个版本对应一个不同的时间戳。

（6）时间戳

每个单元格都保存着同一份数据的多个版本，这些版本采用时间戳进行索引。每次对一个单元格执行操作（新建、修改、删除）时，HBase 都会隐式地自动生成并存储一个时间戳。时间戳一般是 64 位整型，可以由用户自己赋值（自己生成唯一时间戳可以避免应用程序中出现数据版本冲突），也可以由 HBase 在数据写入时自动赋值。一个单元格的不同版本是根据时间戳降序的顺序进行存储的，这样，最新的版本可以被最先读取。

下面以一个实例来阐释 HBase 的数据模型。图 4-2-2 是一张用来存储学生信息的 HBase 表，学号作为行键来唯一标识每个学生，表中设计了列族 Info 用来保存学生相关信息，列族 Info 中包含 3 个列——name、major 和 email，分别用来保存学生的姓名、专业和电子邮件信息。学号为"201505003"的学生存在两个版本的电子邮件地址，时间戳分别为 ts1=1174184619081 和 ts2=1174184620720，时间戳较大的数据版本是最新的数据。

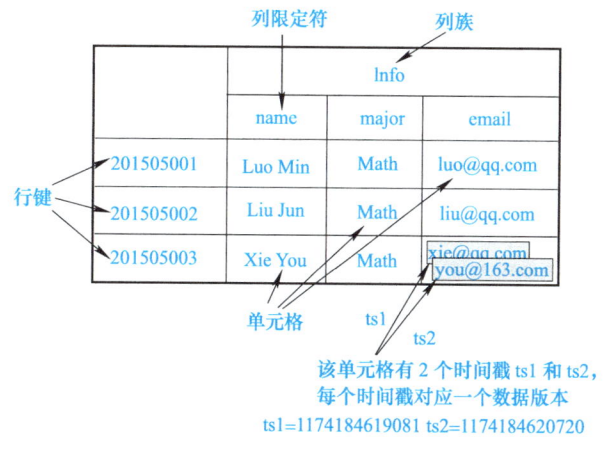

图 4-2-2　HBase 数据模型的一个实例

3．数据坐标

HBase 使用坐标来定位表中的数据，也就是说，每个值都是通过坐标来访问的。对于我们熟悉的关系数据库而言，数据定位可以理解为采用"二维坐标"，即根据行和列就可以确定表中一个具体的值。但是，HBase 中需要根据行键、列族、列限定符和时间戳来确定一个单元格，因此可以视为一个"四维坐标"，即 [行键，列族，列限定符，时间戳]。

例如，在表 4-2-3 中，由行键"201505003"、列族"Info"、列限定符"email"和时间戳"1174184619081"（ts1）这 4 个坐标值确定的单元格 ["201505003"，"Info"，"email"，"1174184619081"]，里面存储的值是"xie@qq.com"；由行键"201505003"、列族"Info"、列限定符"email"和时间戳"1174184620720"（ts2）这 4 个坐标值确定的单元格 ["201505003"，"Info"，"email"，"1174184620720"]，里面存储的值是"you@163.com"。

如果把所有坐标看成一个整体，视为"键"，把四维坐标对应的单元格中的数据视为"值"，那么，HBase 也可以看成一个键值数据库。

表 4-2-3　HBase 可以被视为一个键值数据库

键	值
["201505003"，"Info"，"email"，"1174184619081"]	"xie@qq.com"
["201505003"，"Info"，"email"，"1174184620720"]	"you@163.com"

4．概念视图

在 HBase 的概念视图中，一个表可以视为一个稀疏、多维的映射关系。表 4-2-4 就是 HBase 存储数据的概念视图，它是一个存储网页的 HBase 表的片段。行键是一个反向 URL（即 com.cnn.www），之所以这样存放，是因为 HBase 是按照行键的字典序来排序存储数据的，采用反向 URL 的方式，可以让来自同一个网站的数据内容都保存在相邻的位置，在按照行键的值进行水平分区时，就可以尽量把来自同一个网站的数据划分到同一个分区（Region）中。contents 列族用来存储网页内容；anchor 列族包含了任何引用这个页面的锚链接文本。CNN 的主页被 Sports Illustrated 和 MY-look 主页同时引用，因此，这里的行包含了名称为"anchor:cnnsi.com"和"anchor:my.look.ca"的列。可以采用"四维坐标"来定位单元格中的数据，比如在这个实例表中，四维坐标 ["com.cnn.www"，"anchor"，"anchor:cnnsi.com"，t5] 对应的单元格里面存储的数据是"CNN"，四维坐标 ["com.cnn.www"，"anchor"，"anchor:my.look.ca"，t4] 对应的单元格里面存储的数据是"CNN.com"，四维坐标 ["com.cnn.www"，"contents"，"html"，t3] 对应的单元格里面存储的数据是网页内容。可以看出，在一个 HBase 表的概念视图中，每个行都包含相同的列族，尽管行不需要在每个列族里存储数据，比如表 4-2-4 中，前 2 行数据中，列族 contents 的内容就为空，后 3 行数据中，列族 anchor 的内容为空，从这个角度来说，HBase 表是一个稀疏的映射关系，即里面存在很多空的单元格。

表 4-2-4　HBase 数据的概念视图

行　　键	时　间　戳	列族 contents	列族 anchor
"com.cnn.www"	t5		anchor:cnnsi.com=" CNN"
	t4		anchor:my.look.ca=" CNN.com"
"com.cnn.www"	t3	contents:html=" <html>…"	
	t2	contents:html=" <html>…"	
	t1	contents:html=" <html>…"	

5．物理视图

从概念视图层面，HBase 中的每个表是由许多行组成的，但是在物理存储层面，它是采用了基于列的存储方式，而不是像传统关系数据库那样采用基于行的存储方式，这也是 HBase 和传统关系数据库的重要区别。表 4-2-4 的概念视图在物理存储的时候，会存成表 4-2-5 中的两个小片段，也就是说，这个 HBase 表会按照 contents 和 anchor 这两个列族分别存放，属于同一个列族的数据保存在一起，同时，和每个列族一起存放的还包括行键和时间戳。

表 4-2-5　HBase 数据的物理视图

列族 contents

行　　键	时　间　戳	列族 contents
"com.cnn.www"	t3	contents:html=" <html>…"
	t2	contents:html=" <html>…"
	t1	contents:html=" <html>…"

列族 anchor

行　　键	时　间　戳	列族 anchor
"com.cnn.www"	t5	anchor:cnnsi.com=" CNN"
	t4	anchor:my.look.ca=" CNN.com"

在表 4-2-4 的概念视图中，可以看到，有些列是空的，即这些列上面不存在值。在物理视图中，这些空的列不会被存储成 null，而是根本就不会被存储，当请求这些空白的单元格的时候，会返回 null 值。

6．面向列的存储

通过前面的论述，已经知道 HBase 是面向列的存储，也就是说，HBase 是一个"列式数据库"。而传统的关系数据库采用的是面向行的存储，被称为"行式数据库"。为了加深对这个问题的认识，下面对面向行的存储（行式数据库）和面向列的存储（列式数据库）做一个简单介绍。

简单地说，行式数据库使用 NSM（N-ary Storage Model）存储模型，一个元组（或行）会被连续地存储在磁盘页中，如图 4-2-3 所示，也就是说，数据是一行一行被存储的，第一行写入磁盘页后，再继续写入第二行，依次类推。在从磁盘中读取数据时，需要从磁盘中顺序扫描每个元组的完整内容，然后从每个元组中筛选出查询所需要的属性。如果每个元组只有少量属性的值对于查询是有用的，那么 NSM 就会浪费许多磁盘空间和内存带宽。

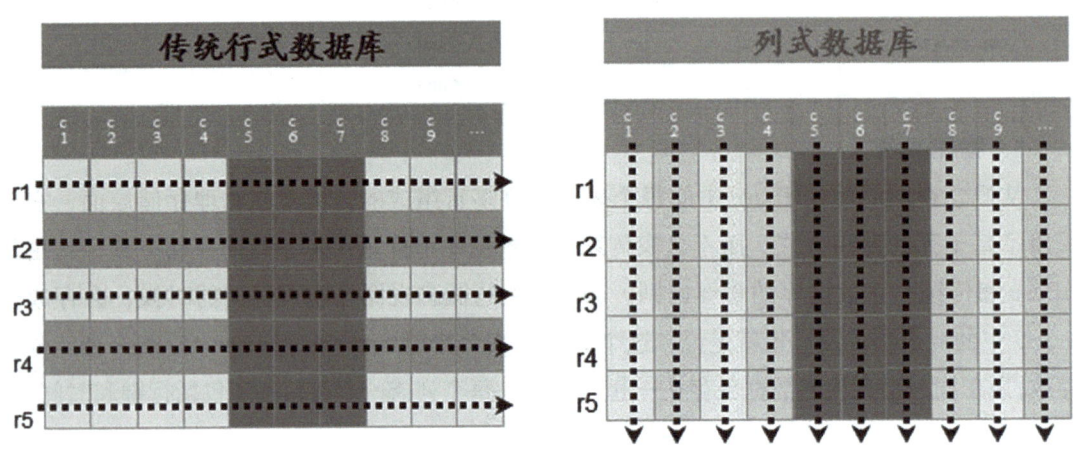

图 4-2-3　行式数据库和列式数据库示意

列式数据库采用 DSM（Decomposition Storage Model）存储模型，它是在 1985 年提出来的，目的是最小化无用的 I/O。DSM 采用了不同于 NSM 的思路，对于采用 DSM 存储模型的关系数据库而言，DSM 会对关系进行垂直分解，并为每个属性分配一个子关系。因此，一个具有 n 个属性的关系会被分解成 n 个子关系，每个子关系单独存储，每个子关系只有当其相应的属性被请求时才会被访问。也就是说，DSM 是以关系数据库中的属性或列为单位进行存储，关系中多个元组的同一属性值（或同一列值）会被存储在一起，而一个元组中不同属性值则通常会被分别存放于不同的磁盘页中。

图 4-2-4 是一个关于行式存储结构和列式存储结构的实例，从中可以看出两种存储方式的具体差别。行式数据库主要适合于小批量的数据处理，如联机事务型数据处理，大家平时熟悉的 Oracle 和 MySQL 等关系数据库都属于行式数据库。列式数据库主要适合于批量数据处理和即席查询（Ad-Hoc Query）。它的优点是：可以降低 I/O 开销，支持大量并发用户查询，其数据处理速度比传统方法快 100 倍，因为仅需要处理可以回答这些查询的列，而不是分类整理与特定查询无关的数据行；具有较高的数据压缩比，较传统的行式数据库更加有效，甚至能达到 5 倍的效果。列式数据库主要用于数据挖掘、决策支持和地理信息系统等查询密集型系统中，因为一次查询就可以得出结果，而不必每次都要遍历所有的数据库。所以，列式数据库大多都是应用在人口统计调查、医疗分析等行业中，这种行业需要处理大量的数据统计分析，假如采用行式数据库，势必导致消耗的时间会无限放大。

图 4-2-4　行式存储结构和列式存储结构

在过去的很多年里,数据库主要应用于联机事务型数据处理。因此,在很长一段时间里,主流商业数据库大都采用了 NSM 存储模型而不是 DSM 存储模型。但是,随着市场需求的变化,分析型应用开始发挥着越来越重要的作用,企业需要分析各种经营数据帮助企业制定决策,而对于分析型应用而言,一般数据被存储后不会发生修改(如数据仓库),因此不会涉及昂贵的元组重构代价。所以,从近些年开始,DSM 模型开始受到青睐,并且出现了一些采用 DSM 模型的商业产品和学术研究原型系统,如 Sybase IQ、ParAccel、Sand/DNA Analytics、Vertica、InfiniDB、INFOBright、MonetDB 和 LucidDB。类似 Sybase IQ 和 Vertica 这些商业化的列式数据库,已经可以很好地满足数据仓库等分析型应用的需求,并且可以获得较高的性能。鉴于 DSM 存储模型的许多优良特性,HBase 等非关系型数据库(或称为 NoSQL 数据库)也吸收借鉴了这种面向列的存储格式。

可以看出,如果严格从关系数据库的角度来看,HBase 并不是一个列式存储的数据库,毕竟 HBase 是以列族为单位进行分解(列族当中可以包含多个列),而不是每个列都单独存储,但是 HBase 借鉴和利用了磁盘上的这种列存储格式,所以,从这个角度来说,HBase 可以被视为列式数据库。

4.2.4　HBase 的实现原理

本节介绍 HBase 的实现原理,包括 HBase 的功能组件、表和 Region 以及 Region 的定位机制。

扫码观看视频

1．HBase 的功能组件

HBase 的实现包括 3 个主要的功能组件:库函数,链接到每个客户端;一个 Master 主服务器；许多个 Region 服务器。Region 服务器负责存储和维护分配给自己的 Region，处理来自客户端的读写请求。主服务器 Master 负责管理和维护 HBase 表的分区信息，比如，一个表被分成了哪些 Region，每个 Region 被存放在哪台 Region 服务器上，同时也负责维护 Region 服务器列表。因此，如果 Master 主服务器死机，那么整个系统都会无效。Master 会实时监测集群中的 Region 服务器，把特定的 Region 分配到可用的 Region 服务器上，并确保整个集群内部不同 Region 服务器之间的负载均衡，当某个 Region 服务器因出现故障而失效时，Master 会把该故障服务器上存储的 Region 重新分配给其他可用的 Region 服务器。除此以外，Master 还处理模式变化，如表和列族的创建。

客户端并不是直接从 Master 主服务器上读取数据，而是在获得 Region 的存储位置信息后，直接从 Region 服务器上读取数据。尤其需要指出的是，HBase 客户端并不依赖于 Master 而是借助于 ZooKeeper 来获得 Region 的位置信息，所以大多数客户端从来不和主服务器 Master 通信，这种设计方式使 Master 的负载很小。

2．表和 Region

在一个 HBase 中，存储了许多表。对于每个 HBase 表而言，表中的行是根据行键的值的字典序进行维护的，表中包含的行的数量可能非常庞大，无法存储在一台机器上，需要分布存储到多台机器上。因此，需要根据行键的值对表中的行进行分区，如图 4-2-5 所示，每个行区间构成一个分区，被称为"Region"，包含了位于某个值域区间内的所有数据，它是负载均衡和数据分发的基本单位，这些 Region 会被分发到不同的 Region 服务器上。

初始时，每个表只包含一个 Region，随着数据的不断插入，Region 会持续增大，当一个 Region 中包含的行数量达到一个阈值时，就会被自动等分成两个新的 Region，如图 4-2-6 所示。随着表中行的数量继续增加，就会分裂出越来越多的 Region。

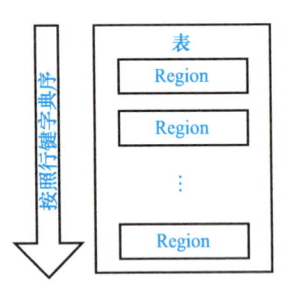
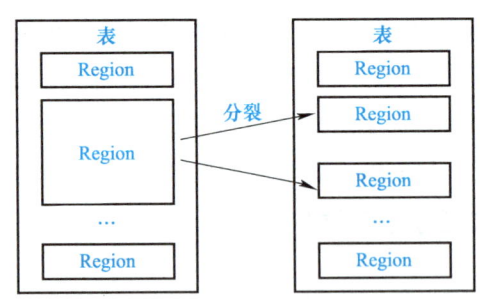

图 4-2-5 一个 HBase 表被划分成多个 Region　　图 4-2-6 一个 Region 会分裂成多个新的 Region

每个 Region 的默认大小是 100～200 MB，是 HBase 中负载均衡和数据分发的基本单位。Master 主服务器会把不同的 Region 分配到不同的 Region 服务器上，如图 4-2-7 所示，但是同一个 Region 是不会被拆分到多个 Region 服务器上的。每个 Region 服务器负责管理一个 Region 集合，通常在每个 Region 服务器上会放置 10～1000 个 Region。

第 4 章 大数据存储技术

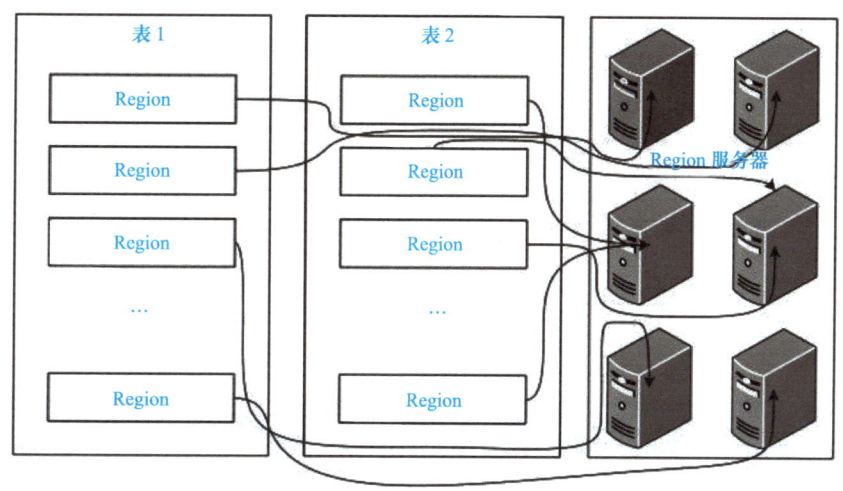

图 4-2-7 不同的 Region 可以分布在不同的 Region 服务器上

3．Region 的定位机制

一个 HBase 的表可能非常庞大，会被分裂成很多个 Region，这些 Region 被分发到不同的 Region 服务器上。因此，必须设计相应的 Region 定位机制，保证客户端知道到哪里可以找到自己所需要的数据。

每个 Region 都有一个 RegionID 来标识它的唯一性，这样，一个 Region 标识符就可以表示成"表名 + 开始主键 +RegionID"。

有了 Region 标识符，就可以唯一标识每个 Region。为了定位每个 Region 所在的位置，就可以构建一张映射表，映射表的每个条目（或每行）包含两项内容，一个是 Region 标识符，另一个是 Region 服务器标识，这个条目就表示 Region 和 Region 服务器之间的对应关系，从而就可以知道某个 Region 被保存在哪个 Region 服务器中。这个映射表包含了关于 Region 的元数据（即 Region 和 Region 服务器之间的对应关系），因此也被称为"元数据表"，又称为".META.表"。

当一个 HBase 表中的 Region 数量非常庞大的时候，".META.表"的条目就会非常多，一个服务器保存不下，也需要分区存储到不同的服务器上，因此".META.表"也会被分裂成多个 Region，这时，为了定位这些 Region，就需要再构建一个新的映射表，记录所有元数据的具体位置，这个新的映射表就是"根数据表"，又名"-ROOT-表"。"-ROOT-"表是不能被分割的，永远只存在一个 Region 用于存放"-ROOT-表"，因此这个用来存放"-ROOT-表"的唯一一个 Region，它的名字是在程序中被写死的，Master 主服务器永远知道它的位置。

综上所述，HBase 使用类似图 4-2-8 所示的 B+ 树的三层结构来保存 Region 位置信息，表 4-2-6 给出了 HBase 三层结构中每个层次的名称及其具体作用。

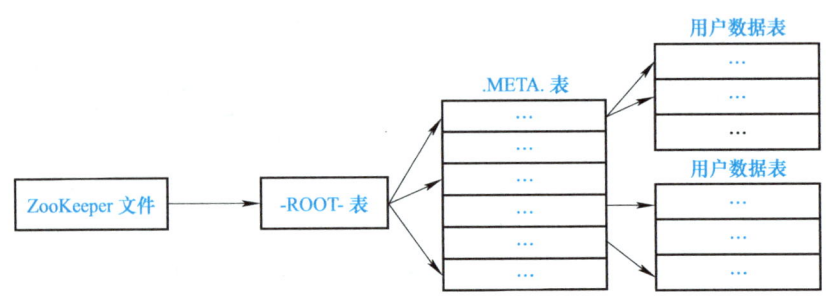

图 4-2-8　HBase 的三层结构

表 4-2-6　HBase 的三层结构中各层次的名称和作用

层　次	名　称	作　用
第一层	ZooKeeper 文件	记录了"-ROOT- 表"的位置信息
第二层	-ROOT- 表	记录了".META. 表"的 Region 位置信息，"-ROOT- 表"只能有一个 Region。通过"-ROOT- 表"就可以访问".META. 表"中的数据
第三层	.META. 表	记录了用户数据表的 Region 位置信息，".META. 表"可以有多个 Region，保存了 HBase 中所有用户数据表的 Region 位置信息

客户端访问用户数据之前，需要首先访问 ZooKeeper，获取"-ROOT- 表"的位置信息，然后访问"-ROOT- 表"，获得".META. 表"的信息，接着访问".META. 表"，找到所需的 Region 具体位于哪个 Region 服务器，最后才会到该 Region 服务器读取数据。该过程需要多次网络操作，为了加速寻址过程，一般会在客户端做缓存，把查询过的位置信息缓存起来，这样以后访问相同的数据时，就可以直接从客户端缓存中获取 Region 的位置信息，而不需要每次都经历一个"三级寻址"过程。需要注意的是，随着 HBase 中表的不断更新，Region 的位置信息可能会发生变化，但是客户端缓存并不会自己检测 Region 位置信息是否失效，而是在需要访问数据时，从缓存中获取 Region 位置信息却发现不存在的时候，才会判断出缓存失效，这时，就需要再次经历上述的"三级寻址"过程，重新获取最新的 Region 位置信息去访问数据，并用最新的 Region 位置信息替换缓存中失效的信息。

当一个客户端从 ZooKeeper 服务器上拿到"-ROOT- 表"的地址以后，就可以通过"三级寻址"找到用户数据表所在的 Region 服务器，并直接访问该 Region 服务器获得数据，没有必要再连接主服务器 Master。因此，主服务器的负载相对就小了很多。

4.2.5　HBase 运行机制

本节介绍 HBase 的运行机制，包括 HBase 系统架构以及 Region 服务器、Store 和 HLog 这 3 者的工作原理。

扫码观看视频

1．HBase 系统架构

HBase 的系统架构如图 4-2-9 所示，包括客户端、ZooKeeper 服务器、Master 主服务器、

Region 服务器。需要说明的是，HBase 一般采用 HDFS 作为底层数据存储，因此图 4-2-9 中加入了 HDFS 和 Hadoop。

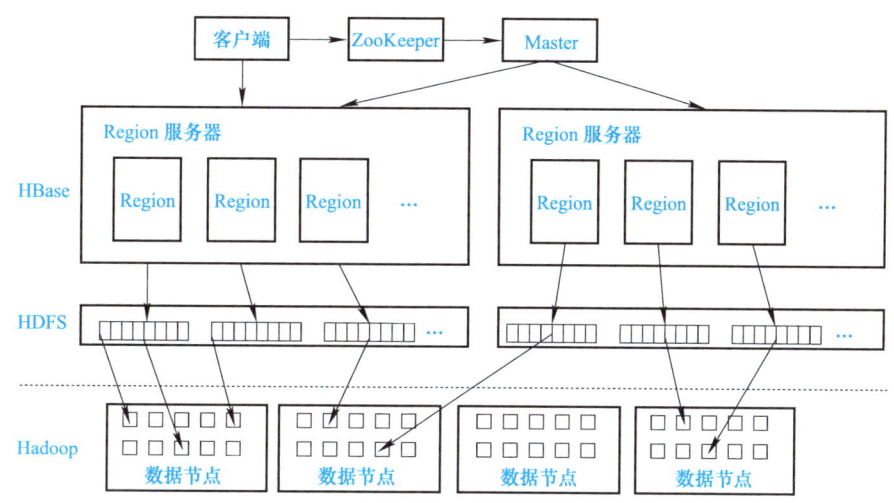

图 4-2-9　HBase 的系统架构

（1）客户端

客户端包含访问 HBase 的接口，同时在缓存中维护着已经访问过的 Region 位置信息，用来加快后续数据访问过程。HBase 客户端使用 HBase 的 RPC 机制与 Master 和 Region 服务器进行通信。其中，对于管理类操作，客户端与 Master 进行 RPC；而对于数据读写类操作，客户端则会与 Region 服务器进行 RPC。

（2）ZooKeeper 服务器

ZooKeeper 服务器并非一台单一的机器，可能是由多台机器构成的集群来提供稳定可靠的协同服务。ZooKeeper 能够很容易地实现集群管理的功能，如果有多台服务器组成一个服务器集群，那么必须有一个"总管"知道当前集群中每台机器的服务状态，一旦某台机器不能提供服务，集群中其他机器必须知道，从而做出调整重新分配服务策略。同样，当增加集群的服务能力时，就会增加一台或多台服务器，同样也必须让"总管"知道。

在 HBase 服务器集群中，包含了一个 Master 和多个 Region 服务器，Master 就是这个 HBase 集群的"总管"，它必须知道 Region 服务器的状态。ZooKeeper 就可以轻松做到这一点，每个 Region 服务器都需要到 ZooKeeper 中进行注册，ZooKeeper 会实时监控每个 Region 服务器的状态并通知给 Master，这样，Master 就可以通过 ZooKeeper 随时感知到各个 Region 服务器的工作状态。

ZooKeeper 不仅能够帮助维护当前的集群中机器的服务状态，而且能够帮助选出一个"总管"，让这个总管来管理集群。HBase 中可以启动多个 Master，但是 ZooKeeper 可以帮助选举出一个 Master 作为集群的总管，并保证在任何时刻总有唯一一个 Master 在运行，这就避免了 Master 的"单点失效"问题。

ZooKeeper 中保存了"-ROOT- 表"的地址和 Master 的地址，客户端可以通过访问 ZooKeeper 获得"-ROOT- 表"的地址，并最终通过"三级寻址"找到所需的数据。ZooKeeper 中还存储了 HBase 的模式，包括有哪些表，每个表有哪些列族。

（3）Master

主服务器 Master 主要负责表和 Region 的管理工作。

1）管理用户对表的增加、删除、修改、查询等操作。

2）实现不同 Region 服务器之间的负载均衡。

3）在 Region 分裂或合并后，负责重新调整 Region 的分布。

4）对发生故障失效的 Region 服务器上的 Region 进行迁移。

客户端访问 HBase 上数据的过程并不需要 Master 的参与，客户端可以访问 ZooKeeper 获取"-ROOT- 表"的地址，并最终到达相应的 Region 服务器进行数据读写，Master 仅维护着表和 Region 的元数据信息，因此负载很低。

任何时刻，一个 Region 只能分配给一个 Region 服务器。Master 维护了当前可用的 Region 服务器列表，以及当前哪些 Region 分配给了哪些 Region 服务器，哪些 Region 还未被分配。当存在未被分配的 Region，并且有一个 Region 服务器上有可用空间时，Master 就给这个 Region 服务器发送一个请求，把该 Region 分配给它。Region 服务器接受请求并完成数据加载后，就开始负责管理该 Region 对象，并对外提供服务。

（4）Region 服务器

Region 服务器是 HBase 中最核心的模块，负责维护分配给自己的 Region，并响应用户的读写请求。HBase 一般采用 HDFS 作为底层存储文件系统，因此 Region 服务器需要向 HDFS 文件系统中读写数据。采用 HDFS 作为底层存储，可以为 HBase 提供可靠稳定的数据存储，HBase 自身并不具备数据复制和维护数据副本的功能，而 HDFS 可以为 HBase 提供这些支持。当然，HBase 也可以不采用 HDFS，而是使用其他任何支持 Hadoop 接口的文件系统作为底层存储，比如本地文件系统或云计算环境中的 Amazon S3。

2．Region 服务器的工作原理

Region 服务器是 HBase 中最核心的模块，图 4-2-10 描述了 Region 服务器向 HDFS 文件系统中读写数据的基本原理，从图中可以看出，Region 服务器内部管理了一系列 Region 对象和一个 HLog 文件，其中 HLog 是磁盘上面的记录文件，它记录着所有的更新操作。每个 Region 对象又是由多个 Store 组成的，每个 Store 对应了表中的一个列族的存储。每个 Store 又包含了一个 MemStore 和若干个 StoreFile，其中，MemStore 是在内存中的缓存，保存最近更新的数据；StoreFile 是磁盘中的文件，这些文件都是 B 树结构的，方便快速读取。StoreFile 在底层的实现方式是 HDFS 文件系统的 HFile，HFile 的数据块通常采用压缩方式存储，压缩之后可以大大减少网络 I/O 和磁盘 I/O。

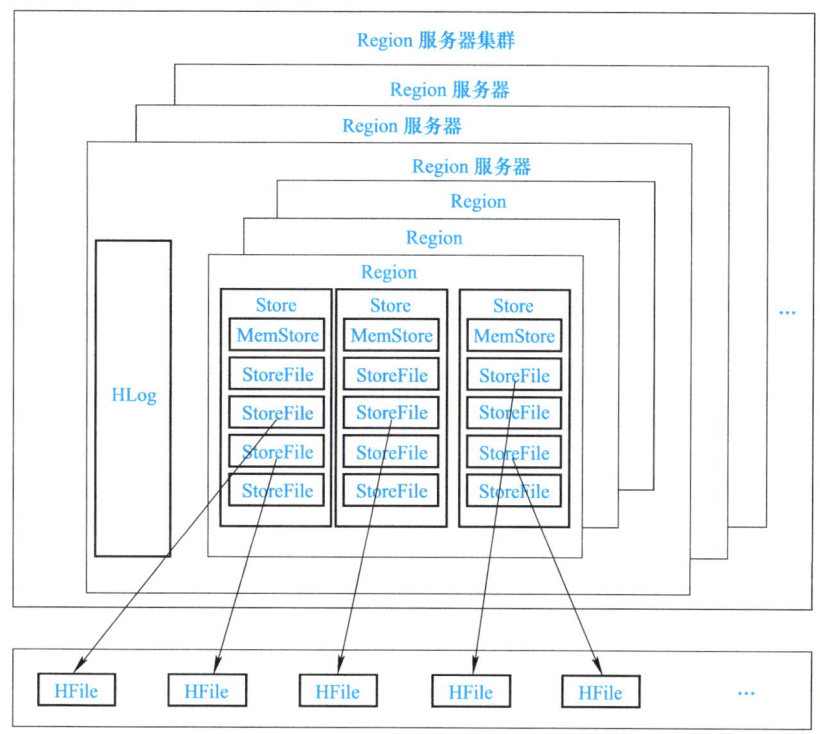

图 4-2-10 Region 服务器向 HDFS 文件系统中读写数据

(1) 用户读写数据的过程

当用户写入数据时,会被分配到相应的 Region 服务器去执行操作。用户数据首先被写入 MemStore 和 HLog 中,当操作写入 HLog 之后,commit() 调用才会将其返回给客户端。

当用户读取数据时,Region 服务器会首先访问 MemStore 缓存,如果数据不在缓存中,才会到磁盘上面的 StoreFile 中去寻找。

(2) 缓存的刷新

MemStore 缓存的容量有限,系统会周期性地调用 Region.flushcache(),把 MemStore 缓存里面的内容写到磁盘的 StoreFile 文件中,清空缓存,并在 HLog 文件中写入一个标记,用来表示缓存中的内容已经被写入 StoreFile 文件中。每次缓存刷新操作都会在磁盘上生成一个新的 StoreFile 文件,因此每个 Store 会包含多个 StoreFile 文件。

每个 Region 服务器都有一个自己的 HLog 文件,在启动的时候,每个 Region 服务器都会检查自己的 HLog 文件,确认最近一次执行缓存刷新操作之后是否发生新的写入操作。如果没有更新,说明所有数据已经被永久保存到磁盘的 StoreFile 文件中;如果发现更新,就先把这些更新写入 MemStore,然后刷新缓存,写入磁盘的 StoreFile 文件中。最后,删除旧的 HLog 文件,并开始为用户提供数据访问服务。

（3）StoreFile 的合并

每次 MemStore 缓存的刷新操作都会在磁盘上生成一个新的 StoreFile 文件，这样，系统中的每个 Store 就会存在多个 StoreFile 文件。当需要访问某个 Store 中的某个值时，必须查找所有这些 StoreFile 文件，非常耗费时间。因此，为了减少查找时间，系统一般会调用 Store.compact()，把多个 StoreFile 文件合并成一个大文件。由于合并操作比较耗费资源，因此只会在 StoreFile 文件的数量达到一个阈值的时候才会触发合并操作。

3．Store 的工作原理

Region 服务器是 HBase 的核心模块，而 Store 则是 Region 服务器的核心。每个 Store 对应了表中的一个列族的存储。每个 Store 包含一个 MemStore 缓存和若干个 StoreFile 文件。

MemStore 是排序的内存缓冲区，当用户写入数据时，系统首先把数据放入 MemStore 缓存，当 MemStore 缓存满时，就会刷新到磁盘中的一个 StoreFile 文件中。随着 StoreFile 文件数量的不断增加，当达到事先设定的数量时，就会触发文件合并操作，多个 StoreFile 文件会被合并成一个大的 StoreFile 文件。多个 StoreFile 文件合并后，会逐步形成越来越大的 StoreFile 文件，当单个 StoreFile 文件大小超过一定阈值时，就会触发文件分裂操作。同时，当前的 1 个父 Region 会被分裂成 2 个子 Region，父 Region 会下线，新分裂出的 2 个子 Region 会被 Master 分配到相应的 Region 服务器上。StoreFile 合并和分裂的过程如图 4-2-11 所示。

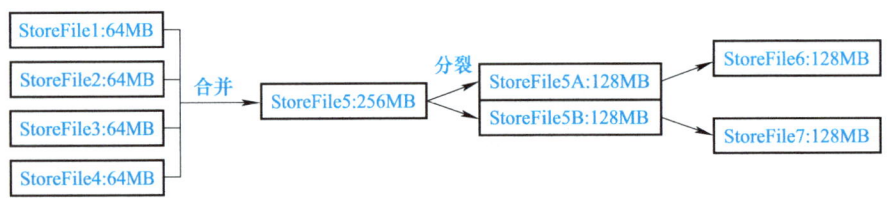

图 4-2-11　StoreFile 的合并和分裂过程

4．HLog 的工作原理

在分布式环境下，必须要考虑到系统出错的情形，比如当 Region 服务器发生故障时，MemStore 缓存中的数据（还没有被写入文件）会全部丢失。因此，HBase 采用 HLog 来保证系统发生故障时能够恢复到正常的状态。

HBase 系统为每个 Region 服务器配置了一个 HLog 文件，它是一种预写式日志，也就是说，用户更新数据必须首先被记入日志后才能写入 MemStore 缓存，并且直到 MemStore 缓存内容对应的日志已经被写入磁盘之后，该缓存内容才会被刷新写入磁盘。

ZooKeeper 会实时监测每个 Region 服务器的状态，当某个 Region 服务器发生故障时，ZooKeeper 会通知 Master。Master 首先会处理该故障 Region 服务器上遗留的 HLog 文件，由于一个 Region 服务器可能会维护着多个 Region 对象，这些 Region 对象共用一个 HLog 文件，因此这个遗留的 HLog 文件中包含了来自多个 Region 对象的日志记录。系统会根据每条日志记录所属的 Region 对象对 HLog 数据进行拆分，分别放到相应 Region 对象的目录下，然后再将失效的 Region 重新分配到可用的 Region 服务器中，并把与该 Region 对象相关的 HLog 日志记录也发送给相应的 Region 服务器。Region 服务器领取到分配给自己的 Region 对象以及与之相关的 HLog 日志记录以后，会重新做一遍日志记录中的各种操作，把日志记录中的数据写入 MemStore 缓存，然后刷新到磁盘的 StoreFile 文件中，完成数据恢复。

需要特别指出的是，HBase 系统中，每个 Region 服务器只需要维护一个 HLog 文件，所有 Region 对象共用一个 HLog，而不是每个 Region 使用一个 HLog。在这种 Region 对象共用一个 HLog 的方式中，多个 Region 对象的更新操作所发生的日志修改，只需要不断把日志记录追加到单个日志文件中，而不需要同时打开、写入多个日志文件中，因此可以减少磁盘寻址次数，提高对表的写操作性能。这种方式的缺点是，如果一个 Region 服务器发生故障，为了恢复其上的 Region 对象，需要将 Region 服务器上的 HLog 按照其所属的 Region 对象进行拆分，然后分发到其他 Region 服务器上执行恢复操作。

4.3 NoSQL 数据库

在大数据时代，数据类型繁多，包括结构化数据和各种非结构化数据，其中非结构化数据的比例更是高达 90% 以上。关系数据库由于数据模型不灵活、水平扩展能力较差等局限性，已经无法满足各种类型的非结构化数据的大规模存储需求。不仅如此，关系数据库引以为傲的一些关键特性，如事务机制和支持复杂查询，在 Web 2.0 时代的很多应用中都成为"鸡肋"。因此，在新的应用需求驱动下，各种新型的 NoSQL 数据库不断涌现，并逐渐获得市场的青睐。

4.3.1 NoSQL 简介

NoSQL 是一种不同于关系数据库的数据库管理系统设计方式，是对非关系型数据库的统称，它所采用的数据模型并非传统关系数据库的关系模型，而是类似键/值、列族、文档等非关系模型。NoSQL 数据库没有固定的表结构，通常也不存在连接操作，也没有严格遵守 ACID 约束。因此，与关系数据库相比，NoSQL 具有灵活的水平可扩展性，可以支持海量数据存储。此外，NoSQL 数据库支持 MapReduce 风格的编程，可以较好地应用于大数据时代的各种数据管理。NoSQL 数据库的出现，一方面弥补了关系数据库在当前商业应用中存在的各种缺陷，另一方面也撼动了关系数据库的传统垄断地位。

当应用场合需要简单的数据模型、灵活性的 IT 系统、较高的数据库性能和较低的数据库一致性时，NoSQL 数据库是一个很好的选择。通常 NoSQL 数据库具有以下 3 个特点。

1. 灵活的可扩展性

传统的关系型数据库由于自身设计机理的原因，通常很难实现"横向扩展"，在面对数据库负载大规模增加时，往往需要通过升级硬件来实现"纵向扩展"。但是，当前的计算机硬件制造工艺已经达到一个限度，性能提升的速度开始趋缓，已经远远赶不上数据库系统负载的增加速度，而且配置高端的高性能服务器价格不菲，因此寄希望于通过"纵向扩展"满足实际业务需求，已经变得越来越不现实。相反，"横向扩展"仅需要非常普通廉价的标准化刀片服务器，不仅具有较高的性价比，也提供了理论上近乎无限的扩展空间。NoSQL 数据库在设计之初就是为了满足"横向扩展"的需求，因此天生具备良好的水平扩展能力。

2. 灵活的数据模型

关系模型是关系数据库的基石，它以完备的关系代数理论为基础，具有规范的定义，遵守各种严格的约束条件。这种做法虽然保证了业务系统对数据一致性的需求，但是数据模型过于死板，也意味着无法满足各种新兴的业务需求。相反，NoSQL 数据库天生就旨在摆脱关系数据库的各种束缚条件，摈弃了流行多年的关系数据模型，转而采用键/值、列族等非关系模型，允许在一个数据元素里存储不同类型的数据。

3. 与云计算紧密融合

云计算具有很好的水平扩展能力，可以根据资源使用情况进行自由伸缩，各种资源可以动态加入或退出，NoSQL 数据库可以凭借自身良好的横向扩展能力，充分自由利用云计算基础设施，很好地融入云计算环境中，构建基于 NoSQL 的云数据库服务。

关系数据库凭借自身的独特优势，很好地满足了传统企业的数据管理需求，在数据库这个"江湖"独领风骚 40 余年，但是随着 Web 2.0 时代的到来，各类网站的数据管理需求已经与传统企业大不相同，在这种新的应用背景下，纵使关系数据库使尽浑身解数，也难以满足新时期的需求，于是 NoSQL 数据库应运而生，它的出现可以说是 IT 发展的必然。

4.3.2 NoSQL 与关系数据库的比较

表 4-3-1 给出了 NoSQL 和关系数据库的简单比较，对比指标包括数据库原理、数据规模、数据库模式、查询效率、一致性、数据完整性、扩展性、可用性、标准化、技术支持和可维护性等方面。从表中可以看出，关系数据库的突出优势在于，以完善的关系代数理论作为基础，有严格的标准，支持事务 ACID 四性，借助索引机制可以实现高效的查询，技术成熟，有专业公司的技术支持；其劣势在于，可扩展性较差，无法较好地支持海量数据存储，数据模型过于死板，无法较好地支持 Web 2.0 应用，事务机制影响了系统的整体性能等。

NoSQL 数据库的明显优势在于，可以支持超大规模数据存储，灵活的数据模型可以很好地支持 Web 2.0 应用，具有强大的横向扩展能力等；其劣势在于，缺乏数学理论基础，复杂查询性能不高，一般都不能实现事务强一致性，很难实现数据完整性，技术尚不成熟，缺乏专业团队的技术支持，维护较困难等。

表 4-3-1 NoSQL 和关系数据库的简单比较

比较标准	关系数据库	NoSQL	备注
数据库原理	完全支持	部分支持	关系数据库有关系代数理论作为基础，NoSQL 没有统一的理论基础
数据规模	大	超大	关系数据很难实现横向扩展，纵向扩展的空间也比较有限，性能会随着数据规模的增大而降低，NoSQL 可以很容易通过添加更多设备来支持更大规模的数据
数据库模式	固定	灵活	关系数据库需要定义数据库模式，严格遵守数据定义和相关约束条件 NoSQL 不存在数据库模式，可以自由、灵活地定义并存储各种不同类型的数据
查询效率	快	可以实现高效的简单查询，但是不具备高度结构化查询等特性，复杂查询的性能不尽人意	关系数据库借助于索引机制可以实现快速查询（包括记录查询和范围查询）很多 NoSQL 数据库没有面向复杂查询的索引，虽然 NoSQL 可以使用 MapReduce 来加速查询，但是在复杂查询方面的性能仍然不如关系数据库
一致性	强一致性	弱一致性	关系数据库严格遵守事务 ACID 模型，可以保证事务强一致性，很多 NoSQL 数据库放松了对事务 ACID 四性的要求，而是遵守 BASE 模型，只能保证最终一致性
数据完整性	容易实现	很难实现	任何一个关系数据库都可以很容易实现数据完整性，如通过主键或者非空约束来实现实体完整性，通过主键、外键来实现参照完整性，通过约束或者触发器来实现用户自定义完整性，但是 NoSQL 数据库却无法实现
扩展性	一般	好	关系数据库很难实现横向扩展，纵向扩展的空间也比较有限 NoSQL 在设计之初就充分考虑了横向扩展的需求，可以很容易通过添加廉价设备实现扩展
可用性	好	很好	关系数据库在任何时候都以保证数据一致性为优先目标，其次才是优化系统性能，随着数据规模的增大，关系数据库为了保证严格的一致性，只能提供相对较弱的可用性；大多数 NoSQL 都能提供较高的可用性
标准化	是	否	关系数据库已经标准化（SQL） NoSQL 还没有行业标准，不同的 NoSQL 数据库都有自己的查询语言，很难规范化应用程序接口
技术支持	高	低	关系数据库经过几十年的发展，已经非常成熟，Oracle 等大型厂商可以提供很好的技术支持 NoSQL 在技术支持方面仍然处于起步阶段，还不成熟，缺乏有力的技术支持
可维护性	复杂	复杂	关系数据库需要专门的数据库管理员（DBA）维护 NoSQL 数据库虽然没有关系数据库复杂，但也难以维护

分布式数据库公司 VoltDB 的首席技术官 Ingres 和 PostgreSQL 数据库的总设计师 Michael Stonebraker 认为，当今大多数商业数据库软件已经在市场上存在 30 年或更长时间，它们的设计并没有围绕自动化以及事务性环境，同时在这几十年中不断发展出的新功能并没有想象中的那么好，许多新兴 NoSQL 数据库的普及，如 MongoDB 和 Cassandra，很好地弥补了传统数据库系统的局限性，但是 NoSQL 没有一个统一的查询语言，这将拖慢 NoSQL 的发展。

通过上述对 NoSQL 数据库和关系数据库的一系列比较可以看出，二者各有优势，也都存在不同层面的缺陷。因此，在实际应用中，二者都可以有各自的目标用户群体和市场空间，不存在一个完全取代另一个的问题。对于关系数据库而言，在一些特定应用领域，其地位和作用仍然无法被取代，银行、超市等领域的业务系统仍然需要高度依赖关系数据库来保证数据的一致性。此外，对于一些复杂查询分析型应用而言，基于关系数据库的数据仓库产品，仍然可以比 NoSQL 数据库获得更好的性能，比如，有研究人员利用基准测试数据集 TPC-H 和 YCSB（Yahoo! Cloud Serving Benchmark），对微软公司基于 SQL Server 的并行数据仓库产品 PDW（Parallel Data Warehouse）和 Hadoop 平台上的数据仓库产品 Hive（属于 NoSQL）进行了实验比较，实验结果表明 PDW 要比 Hive 性能快 9 倍。对于 NoSQL 数据库而言，Web 2.0 领域是其未来的主战场，Web 2.0 网站系统对于数据一致性要求不高，但是对数据量和并发读写要求较高，NoSQL 数据库可以很好地满足这些应用的需求。在实际应用中，一些公司也会采用混合的方式构建数据库应用，比如亚马逊公司就使用不同类型的数据库来支撑它的电子商务应用。对于"购物篮"这种临时性数据，采用键值存储会更加高效，而当前的产品和订单信息则适合存放在关系数据库中，大量的历史订单信息则适合保存在类似 MongoDB 的文档数据库中。

4.3.3　NoSQL 的四大类型

扫码观看视频

近些年，NoSQL 数据库发展势头非常迅猛。在短短四五年时间内，NoSQL 领域就爆炸性地产生了 50～150 个新的数据库（http://nosql-database.org/）。据一项网络调查显示，行业中最需要的开发人员技能前十名依次是 HTML5、MongoDB、iOS、Android、Mobile Apps、Puppet、Hadoop、jQuery、PaaS 和 Social Media。其中，MongoDB（一种文档数据库，属于 NoSQL）的热度甚至位于 iOS 之前，足以看出 NoSQL 的受欢迎程度。感兴趣的读者可以参考相关资料，学习 Riak、Apache HBase、MongoDB、Apache CouchDB、Neo4j 和 Redis 等 NoSQL 数据库的使用方法。

NoSQL 数据库虽然数量众多，但是归结起来，典型的 NoSQL 数据库通常包括键值数据库、列族数据库、文档数据库和图数据库，如图 4-3-1 所示。

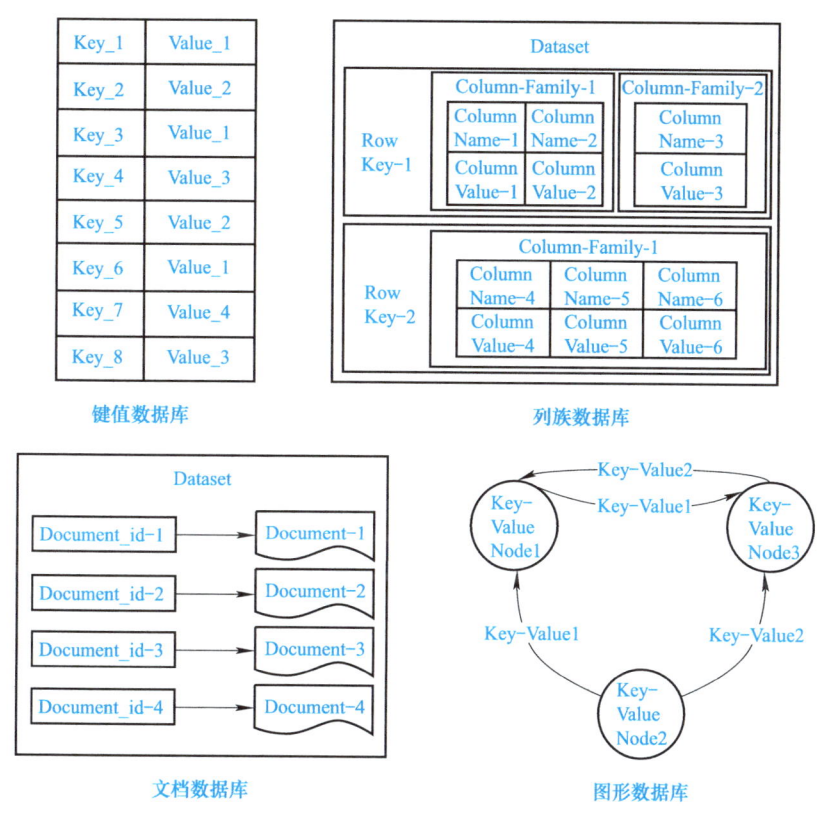

图 4-3-1　不同类型的 NoSQL 数据库

1. 键值数据库

键值数据库（Key-Value Database）会使用一个哈希表，这个表中有一个特定的 Key 和一个指针指向特定的 Value。Key 可以用来定位 Value，即存储和检索具体的 Value。Value 对数据库而言是透明不可见的，不能对 Value 进行索引和查询，只能通过 Key 进行查询。Value 可以用来存储任意类型的数据，包括整型、字符型、数组、对象等。在存在大量写操作的情况下，键值数据库比关系数据库性能更好。因为，关系数据库需要建立索引来加速查询，当存在大量写操作时，索引会发生频繁更新，由此会产生高昂的索引维护代价。关系数据库通常很难水平扩展，但是键值数据库天生具有良好的伸缩性，理论上几乎可以实现数据量的无限扩容。键值数据库可以进一步划分为内存键值数据库和持久化（Persistent）键值数据库。内存键值数据库把数据保存在内存中，如 Memcached 和 Redis；持久化键值数据库把数据保存在磁盘中，如 BerkeleyDB、Voldmort 和 Riak。

当然，键值数据库也有自身的局限性，条件查询就是键值数据库的弱项。因此，如果只对部分值进行查询或更新，效率就会比较低。在使用键值数据库时，应该尽量避免多表关联查询，可以采用双向冗余存储关系来代替表关联，把操作分解成单表操作。

2．列族数据库

列族数据库一般采用列族数据模型，数据库由多个行构成，每行数据包含多个列族，不同的行可以具有不同数量的列族，属于同一列族的数据会被存放在一起。每行数据通过行键进行定位，与这个行键对应的是一个列族，从这个角度来说，列族数据库也可以被视为一个键值数据库。列族可以被配置成支持不同类型的访问模式，一个列族也可以被设置成放入内存当中，以消耗内存为代价来换取更好的响应性能。

3．文档数据库

在文档数据库中，文档是数据库的最小单位。虽然每一种文档数据库的部署都有所不同，但是大都假定文档以某种标准化格式封装并对数据进行加密，同时用多种格式进行解码，包括 XML、YAML、JSON 和 BSON 等。或者也可以使用二进制格式（如 PDF、微软 Office 文档等）。文档数据库通过键来定位一个文档，因此可以看成是键值数据库的一个衍生品，而且前者比后者具有更高的查询效率。对于那些可以把输入数据表示成文档的应用而言，文档数据库是非常合适的。一个文档可以包含非常复杂的数据结构，如嵌套对象，并且不需要采用特定的数据模式，每个文档可能具有完全不同的结构。文档数据库既可以根据键（Key）来构建索引，也可以基于文档内容来构建索引。尤其是基于文档内容的索引和查询，是文档数据库不同于键值数据库的地方，因为在键值数据库中，值（Value）对数据库是透明不可见的，不能根据值来构建索引。文档数据库主要用于存储并检索文档数据，当需要考虑很多关系和标准化约束以及需要事务支持时，传统的关系数据库是更好的选择。

4．图数据库

图数据库以图论为基础，一个图是一个数学概念，用来表示一个对象集合，包括顶点以及连接顶点的边。图数据库使用图作为数据模型来存储数据，完全不同于键值、列族和文档数据模型，可以高效地存储不同顶点之间的关系。图数据库专门用于处理具有高度相互关联关系的数据，可以高效地处理实体之间的关系，比较适合于社交网络、模式识别、依赖分析、推荐系统以及路径寻找等问题。有些图数据库（如 Neo4J）完全兼容 ACID。但是，除了在处理图和关系这些应用领域具有很好的性能以外，在其他领域，图数据库的性能不如其他 NoSQL 数据库。

4.3.4　NoSQL 的三大基石

NoSQL 的三大基石包括 CAP、BASE 和最终一致性。

扫码观看视频

1．CAP

2000 年，美国著名科学家、伯克利大学的 Eric Brewer 教授指出了著名的 CAP 理论，后来美国麻省理工学院（MIT）的两位科学家 Seth Gilbert 和 Nancy lynch 证明了 CAP 理论的正确性。

C（Consistency）：一致性。它是指任何一个读操作总是能够读到之前完成的写操作的结果，也就是在分布式环境中，多点的数据是一致的。

A（Availability）：可用性。它是指快速获取数据，可以在确定的时间内返回操作结果。

P（Partition Tolerance）：分区容错性。它是指当出现网络分区的情况时（即系统中的一部分节点无法和其他节点进行通信），分离的系统也能够正常运行。

CAP 理论（见图 4-3-2）告诉人们，一个分布式系统不可能同时满足一致性、可用性和分区容错性这 3 个需求，最多只能同时满足其中 2 个。如果追求一致性，那么就要牺牲可用性，需要处理因为系统不可用而导致的写操作失败的情况；如果要追求可用性，那么就要预估到可能发生数据不一致的情况，比如，系统的读操作可能不能精确地读取到写操作写入的最新值。

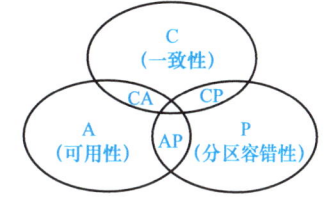

图 4-3-2 CAP 理论

下面给出一个牺牲一致性来换取可用性的实例。假设分布式环境下存在两个节点 M_1 和 M_2，一个数据 V 的两个副本 V_1 和 V_2 分别保存在 M_1 和 M_2 上，两个副本的值都是 val_0，现在假设有两个进程 P_1 和 P_2 分别对两个副本进行操作，进程 P_1 向节点 M_1 中的副本 V_1 写入新值 val_1，进程 P_2 从节点 M_2 中读取 V 的副本 V_2 的值。

当整个过程完全正常执行时，会按照图 4-3-3 所示的过程进行。

1）进程 P_1 向节点 M_1 的副本 V_1 写入新值 val_1。

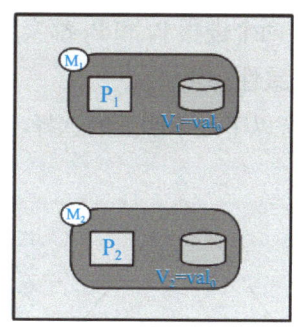

a)

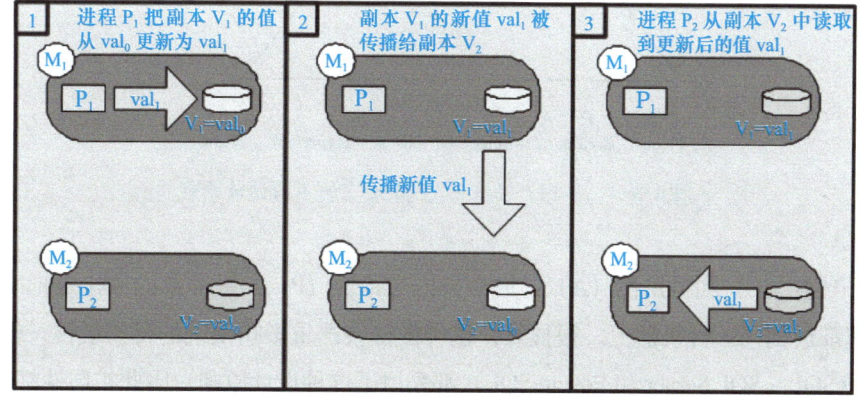

b)

图 4-3-3 一个牺牲一致性来换取可用性的实例

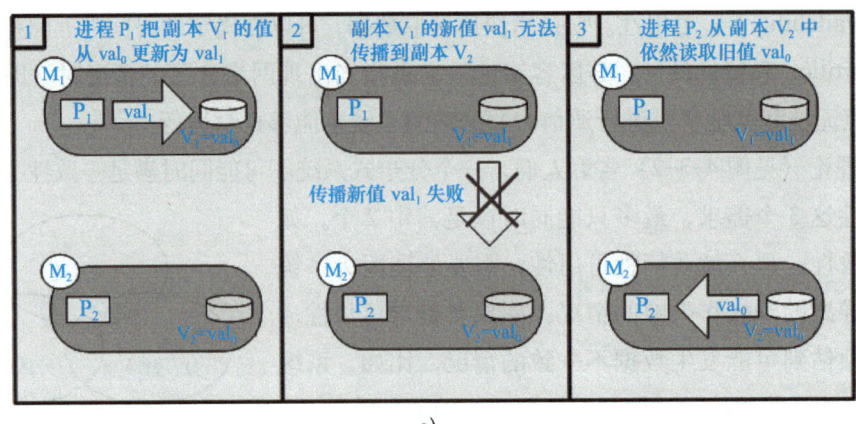

图 4-3-3 一个牺牲一致性来换取可用性的实例（续）

a）初始状态　b）正常执行状态　c）更新传播失败时的执行状态

2）节点 M_1 向节点 M_2 发送消息 MSG 以更新副本 V_2 值，把副本 V_2 值更新为 val_1。

3）进程 P_2 在节点 M_2 中读取副本 V_2 的新值 val_1。

但是当网络发生故障时，可能导致节点 M_1 中的消息 MSG 无法发送到节点 M_2，这时，进程 P_2 在节点 M_2 中读取到的副本 V_2 的值仍然是旧值 val_0。由此产生了不一致性问题。

从这个实例可以看出，当希望两个进程 P_1 和 P_2 都实现高可用性，也就是能够快速访问到需要的数据时，就会牺牲数据一致性。

当处理 CAP 的问题时，可以有以下几个明显的选择，如图 4-3-4 所示。

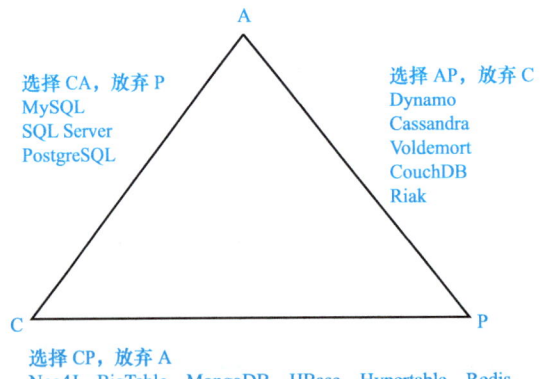

图 4-3-4 不同产品在 CAP 理论下的不同设计原则

(1) CA

强调一致性（C）和可用性（A），放弃分区容错性（P），最简单的做法是把所有与事务相关的内容都放到同一台机器上。很显然，这种做法会严重影响系统的可扩展性。传统的关系数据库（MySQL、SQL Server 和 PostgreSQL）都采用了这种设计原则，因此扩展性都比较差。

(2) CP

强调一致性（C）和分区容错性（P），放弃可用性（A），当出现网络分区的情况时，受影响的服务需要等待数据一致，因此在等待期间就无法对外提供服务。Neo4J、BigTable 和 HBase 等 NoSQL 数据库都采用了 CP 设计原则。

（3）AP

强调可用性（A）和分区容错性（P），放弃一致性（C），允许系统返回不一致的数据。这对于许多 Web 2.0 网站而言是可行的，这些网站的用户首先关注的是网站服务是否可用，当用户需要发布一条微博时，必须能够立即发布，否则，用户就会放弃使用，但是这条微博发布后什么时候能够被其他用户读取到，则不是非常重要的问题，不会影响到用户体验。因此，对于 Web 2.0 网站而言，可用性与分区容错性优先级要高于数据一致性，网站一般会尽量朝着 AP 的方向设计。当然，在采用 AP 设计时，也可以不完全放弃一致性，转而采用最终一致性。Dynamo、Riak、CouchDB、Cassandra 等 NoSQL 数据库就采用了 AP 设计原则。

2．BASE

说起 BASE（Basically Available Soft-state Eventual consistency），不得不谈到 ACID。一个数据库事务具有 ACID 四性。

A（Atomicity）：原子性。它是指事务必须是原子工作单元，对于其数据修改，要么全都执行，要么全都不执行。

C（Consistency）：一致性。它是指事务在完成时，必须使所有的数据都保持一致状态。

I（Isolation）：隔离性。它是指由并发事务所做的修改必须与任何其他并发事务所做的修改隔离。

D（Durability）：持久性。指事务完成之后，对于系统的影响是永久性的，该修改即使出现致命的系统故障也将一直保持。

关系数据库系统中设计了复杂的事务管理机制来保证事务在执行过程中严格满足 ACID 四性要求。关系数据库的事务机制较好地满足了银行等领域对数据一致性的要求，因此得到了广泛的商业应用。但是，NoSQL 数据库通常应用于 Web 2.0 网站等场景中，对数据一致性的要求并不是很高，而是强调系统的高可用性，因此为了获得系统的高可用性，可以考虑适当牺牲一致性或分区容忍性。BASE 的基本思想就是在这个基础上发展起来的，它完全不同于 ACID 模型，BASE 牺牲了高一致性，从而获得可用性或可靠性，Cassandra 系统就是一个很好的实例。有意思的是，单从名字上就可以看出二者有点"水火不容"，BASE 的英文含义是碱，而 ACID 的英文含义是酸。

BASE 的基本含义是基本可用（Basically Available）、软状态（Soft-state）和最终一致性（Eventual consistency）。

（1）基本可用

基本可用是指一个分布式系统的一部分发生问题变得不可用时，其他部分仍然可以正常使用，也就是允许分区失败的情形出现。比如，一个分布式数据存储系统由 10 个节点组成，当其中 1 个节点损坏不可用时，其他 9 个节点仍然可以正常提供数据访问，那么，就只有 10%的数据是不可用的,其余 90%的数据都是可用的,这时就可以认为这个分布式数据存储系统"基本可用"。

(2) 软状态

"软状态(Soft-state)"是与"硬状态(Hard-state)"相对应的一种提法。数据库保存的数据是"硬状态"时,可以保证数据一致性,即保证数据一直是正确的。"软状态"是指状态可以有一段时间不同步,具有一定的滞后性。假设某个银行中的一个用户 A 转移资金给另外一个用户 B,假设这个操作通过消息队列来实现解耦,即用户 A 向发送队列中放入资金,资金到达接收队列后通知用户 B 取走资金。由于消息传输的延迟,这个过程可能会存在一个短时的不一致性,即用户 A 已经在队列中放入资金,但是资金还没有到达接收队列,用户 B 还没拿到资金,这就会出现数据不一致状态,即用户 A 的钱已经减少了,但是用户 B 的钱并没有相应增加,也就是说,在转账的开始和结束状态之间存在一个滞后时间,在这个滞后时间内,两个用户的资金似乎都消失了,出现了短时的不一致状态。虽然这对用户来说有一个滞后,但是这种滞后是用户可以容忍的,甚至用户根本感知不到,因为两边用户实际上都不知道资金何时到达。当经过短暂延迟后,资金到达接收队列时,就可以通知用户 B 取走资金,状态最终一致。

(3) 最终一致性

一致性的类型包括强一致性和弱一致性,二者的主要区别在于高并发的数据访问操作下,后续操作是否能够获取最新的数据。对于强一致性而言,当执行完一次更新操作后,后续的其他读操作就可以保证读到更新后的最新数据;反之,如果不能保证后续访问读到的都是更新后的最新数据,那么就是弱一致性。而最终一致性只不过是弱一致性的一种特例,允许后续的访问操作可以暂时读不到更新后的数据,但是经过一段时间之后,必须最终读到更新后的数据。最终一致性也是 ACID 的最终目的,只要最终数据是一致的就可以了,而不是每时每刻都保持实时一致。

3. 最终一致性

讨论一致性的时候,需要从客户端和服务端两个角度来考虑。从服务端来看,一致性是指更新如何复制分布到整个系统,以保证数据最终一致。从客户端来看,一致性主要指的是高并发的数据访问操作下,后续操作是否能够获取最新的数据。关系数据库通常实现强一致性,也就是一旦一个更新完成,后续的访问操作都可以立即读取到更新过的数据。而对于弱一致性而言,则无法保证后续访问都能够读到更新后的数据。

最终一致性的要求更低,只要经过一段时间后能够访问到更新后的数据即可。也就是说,如果一个操作 OP 往分布式存储系统中写入了一个值,遵循最终一致性的系统可以保证,如果后续访问发生之前没有其他写操作去更新这个值,那么最终所有后续的访问都可以读取到操作 OP 写入的最新值。从 OP 操作完成到后续访问可以最终读取到 OP 写入的最新值,这之间的时间间隔称为"不一致性窗口",如果没有发生系统失败,则这个窗口的大小依赖于交互延迟、系统负载和副本个数等因素。

4.3.5 从 NoSQL 到 NewSQL 数据库

NoSQL 数据库可以提供良好的扩展性和灵活性，很好地弥补了传统关系数据库的缺陷，较好地满足了 Web 2.0 应用的需求。但是，NoSQL 数据库也存在自己的天生不足之处。由于采用非关系数据模型，因此它不具备高度结构化查询等特性，查询效率尤其是复杂查询方面不如关系数据库，而且不支持事务 ACID 四性。

在这个背景下，近几年，NewSQL 数据库开始逐渐升温。NewSQL 是对各种新的可扩展、高性能数据库的简称，这类数据库不仅具有 NoSQL 对海量数据的存储管理能力，还保持了传统数据库支持 ACID 和 SQL 等特性。不同的 NewSQL 数据库的内部结构差异很大，但是它们有两个显著的共同特点：都支持关系数据模型；都使用 SQL 作为其主要的接口。

目前，具有代表性的 NewSQL 数据库主要包括 Spanner、Clustrix、GenieDB、ScalArc、Schooner、VoltDB、RethinkDB、ScaleDB、Akiban、CodeFutures、ScaleBase、Translattice、NimbusDB、Drizzle、Tokutek、JustOne DB 等。此外，还有一些在云端提供的 NewSQL 数据库，包括 Amazon RDS、Microsoft SQL Azure、Database.com、Xeround 和 FathomDB 等。在众多 NewSQL 数据库中，Spanner 备受瞩目，它是一个可扩展、多版本、全球分布式并且支持同步复制的数据库，是 Google 的第一个可以全球扩展并且支持外部一致性的数据库。Spanner 能做到这些，离不开一个用 GPS 和原子钟实现的时间 API。这个 API 能将数据中心之间的时间同步精确到 10 ms 以内。因此，Spanner 有几个良好的特性：无锁读事务、原子模式修改、读历史数据无阻塞。

一些 NewSQL 数据库比传统的关系数据库具有明显的性能优势。比如，VoltDB 系统使用了 NewSQL 创新的体系架构，释放了主内存运行的数据库中消耗系统资源的缓冲池，在执行交易时比传统关系数据库快 45 倍。VoltDB 可扩展服务器数量为 39 个，并可以每秒处理 160 万个交易（300 个 CPU 核心），而具备同样处理能力的 Hadoop 则需要更多的服务器。

综合来看，大数据时代的到来引发了数据处理架构的变革。以前，业界和学术界追求的方向是一种架构支持多类应用（One Size Fits All），如图 4-3-5 所示，包括事务型应用（OLTP 系统）、分析型应用（OLAP、数据仓库）和互联网应用（Web 2.0）。但是，实践证明，这种理想愿景是不可能实现的，不同应用场景的数据管理需求截然不同，一种数据库架构根本无法满足所有场景。因此，到了大数据时代，数据库架构开始向着多元化方向发展，并形成了传统关系数据库（OldSQL）、NoSQL 数据库和 NewSQL 数据库 3 个阵营，三者各有应用场景和发展空间。尤其是传统关系数据库，并没有就此被其他两者完全取代，在基本架构不变的基础上，许多关系数据库产品开始引入内存计算和一体机技术以提升处理性能。在未来一段时期内，3 个阵营共存共荣的局面还将持续，不过有一点是肯定的，那就是传统关系数据库的辉煌时期已经过去了。

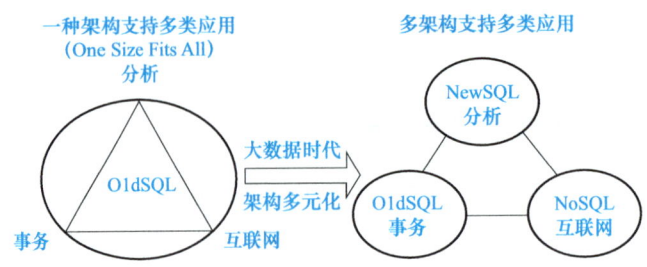

图 4-3-5　大数据引发数据处理架构变革

为了更加清晰地认识传统关系数据库、NoSQL 和 NewSQL 数据库的相关产品，图 4-3-6 给出了 3 种数据库相关产品的分类情况。

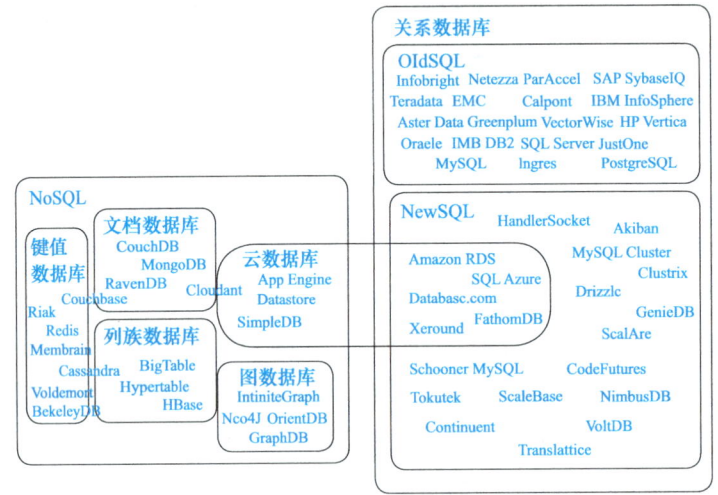

图 4-3-6　关系数据库、NoSQL 和 NewSQL 数据库产品分类

4.4 云数据库

研究机构 IDC 预测，大数据将按照每年 60%的速度增加，其中包含结构化和非结构化数据。如何方便、快捷、低成本地存储这些海量数据，是许多企业和机构面临的一个严峻挑战。云数据库就是一个非常好的解决方案。目前云服务提供商正通过云技术推出更多可在公有云中托管数据库的方法，将用户从烦琐的数据库硬件定制中解放出来，同时让用户拥有强大的数据库扩展能力，满足海量数据的存储需求。此外，云数据库还能够很好地满足企业动态变化的数据存储需求和中小企业的低成本数据存储需求。可以说，在大数据时代，云数据库将成为许多企业数据的目的地。

4.4.1 云数据库概述

云计算的发展推动了云数据库的兴起，本节介绍云数据库的概念、特性以及云数据库与其他数据库的关系。

扫码观看视频

1. 云计算是云数据库兴起的基础

云计算是分布式计算、并行计算、效用计算、网络存储、虚拟化、负载均衡等计算机和网络技术发展融合的产物。云计算是由一系列可以动态升级和被虚拟化的资源组成的，用户无须掌握云计算技术，只要通过网络就可以访问这些资源。

云计算主要包括 3 种类型，即 IaaS（Infrastructure as a Service）、PaaS（Platform as a Service）和 SaaS（Software as a Service）。以 SaaS 为例，它极大地改变了用户使用软件的方式，用户不再需要购买软件安装到本地计算机上，只要通过网络就可以使用各种软件。SaaS 厂商将应用软件统一部署在自己的服务器上，用户可以在线购买、在线使用、按需付费。成立于 1999 年的 Salesforce 公司，是 SaaS 厂商的先驱，提供 SaaS 云服务，并提出了"终结软件"的口号。在该公司的带动下，其他 SaaS 厂商如雨后春笋般大量涌现。

与传统的软件使用方式相比，云计算这种模式具有明显的优势，见表 4-4-1。

表 4-4-1 传统的软件使用方式和云计算方式的比较

项 目	传 统 方 式	云 计 算 方 式
获得软件的方式	自己投资建设机房，搭建硬件平台，购买软件在本地安装	直接购买云计算厂商的软件服务
使用方式	本地安装，本地使用	软件运行在云计算厂商服务器上，用户在任何有网络接入的地方都可以通过网络使用软件服务
付费方式	需要一次性支付较大的初期投入成本，包括建设机房、配置软件、购买各种软件（操作系统、杀毒、业务软件）	零成本投入就可以立即获得所需的 IT 资源，只需要为所使用的资源付费，多用多付，少用少付，极其廉价
维护成本	需要自己花钱聘请专业技术人员维护	零成本，所有维护工作由云计算厂商负责
获得 IT 资源的速度	需要耗费较长时间建设机房、购买和安装调试设备系统	随时可用，购买服务后立即可用
共享方式	自己建设，自给自足	云计算厂商建设好云计算服务平台后，同时为众多用户提供服务
维修速度	出现病毒、系统崩溃等问题时，需要自己聘请 IT 人员维护，很多普通企业的 IT 人员技术能力有限，碰到一些问题甚至需要寻找外援，通常不能立即解决	出现任何系统问题时，云计算厂商都会凭借其专业化团队给出及时响应，确保云服务的正常使用
资源利用率	利用率较低，投入大量资金建设的 IT 系统，往往只提供给企业自己使用，当企业不需要那么多 IT 资源时，就会产生资源浪费	利用率较高，每天都可以为大量用户提供服务；当存在闲置资源时，云计算管理系统会自动关闭和退出多余资源；当需要增加资源时，又会自动启动和加入相关资源
资源可拓展性	企业自己建设的 IT 基础设施的服务能力通常有上限，当企业业务量突然增加时，现有的 IT 基础设施无法立即满足需求，就需要花费时间和金钱购买和安装新设备；当业务高峰过去时，多余的设备就会闲置，造成资源浪费	云计算厂商可以为企业提供近乎无限的 IT 资源（存储和计算等资源），用户想用多少都可以立即获得，当用户不使用时，只需要退订多余资源，不存在任何资源闲置问题

2. 云数据库的概念

云数据库是部署和虚拟化在云计算环境中的数据库。云数据库是在云计算的大背景下发展起来的一种新兴的共享基础架构的方法，它极大地增强了数据库的存储能力，消除了人员、硬件、软件的重复配置，让软硬件升级变得更加容易，同时也虚拟化了许多后端功能。云数据库具有高可扩展性、高可用性、采用多租形式和支持资源有效分发等特点。

在云数据库中，所有数据库功能都是在云端提供的，客户端可以通过网络远程使用云数据库提供的服务，如图 4-4-1 所示。客户端不需要了解云数据库的底层细节，所有的底层硬件都已经被虚拟化，对客户端而言是透明的，就像在使用一个运行在单一服务器上的数据库一样，非常方便容易，同时又可以获得理论上近乎无限的存储和处理能力。

云计算 IaaS、PaaS 和 SaaS 这 3 个层次之间的界限有些时候也不是非常明晰。对于云数据库而言，最重要的方面就是它允许用户以服务的方式通过网络获得云端的数据库功能。

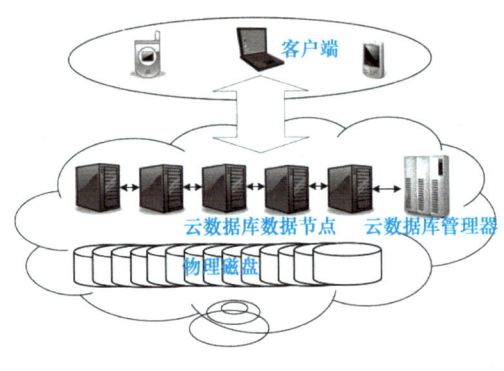

图 4-4-1　云数据库示意

3．云数据库的特性

（1）动态可扩展

理论上，云数据库具有无限可扩展性，可以满足不断增加的数据存储需求。在面对不断变化的条件时，云数据库可以表现出很好的弹性。例如，对于一个从事产品零售的电子商务公司，会存在季节性或突发性的产品需求变化，或者对于类似 Animoto 的网络社区站点，可能会经历一个指数级的用户增长阶段，这时，就可以分配额外的数据库存储资源来处理增加的需求，这个过程只需要几分钟。一旦需求过去，就可以立即释放这些资源。

（2）高可用性

不存在单点失效问题。如果一个节点失效了，剩余的节点就会接管未完成的事务。而且，在云数据库中，数据通常是冗余存储的，在地理上也是广泛分布的。诸如 Google、Amazon 和 IBM 等大型云计算供应商，具有分布在世界范围内的数据中心，通过在不同地理区间内进行数据复制，可以提供高水平的容错能力。例如，Amazon SimpleDB 会在不同的区域内进行数据复制，因此，即使某个区域内的云设施失效，也可以保证数据继续可用。

（3）较低的使用代价

通常采用多租户（Multi-tenancy）的形式，同时为多个用户提供服务，这种共享资源的形式对于用户而言可以节省开销，而且用户采用"按需付费"的方式使用云计算环境中的各种软、硬件资源，不会产生不必要的资源浪费。另外，云数据库底层存储通常采用大量廉价的商业服务器，这也大大降低了用户开销。腾讯云数据库官方公布的资料显示，当实现类似的数据库性能时，如果采用自己投资自建 MySQL 的方式，则单价为每台每天 50.6 元，实现双机容灾需要 2 台，即 101.2 元 / 天，平均存储成本是每 GB 每天 0.25 元，平均 1 元可获得的 QPS（Query Per Second）为 24 次 / 秒；而如果采用腾讯云数据库产品，企业不需要投入任何初期建设成本，成本仅为 72 元 / 天，平均存储成本为 0.18 元每 GB 每天，平均 1 元可获得的 QPS 为 83 次 / 秒，相对于自建，云数据库平均 1 元获得的 QPS 提高为原来的 346%，具有极高的性价比。

（4）易用性

使用云数据库的用户不用控制运行原始数据库的机器，也不必了解它身在何处。用户只需要一个有效的连接字符串（URL）就可以开始使用云数据库，而且就像使用本地数据库一样。许多基于 MySQL 的云数据库产品（如腾讯云数据库、阿里云 RDS 等），完全兼容 MySQL 协议，用户可通过基于 MySQL 协议的客户端或者 API 访问实例。用户可无缝地将原有 MySQL 应用迁移到云存储平台，无须进行任何代码改造。

（5）高性能

采用大型分布式存储服务集群，支撑海量数据访问，多机房自动冗余备份，自动读写分离。

（6）免维护

用户不需要关注后端机器及数据库的稳定性、网络问题、机房灾难、单库压力等各种风险，云数据库服务商提供 7×24h 的专业服务，扩容和迁移对用户透明且不影响服务，并且可以提供全方位、全天候立体式监控，用户无须半夜去处理数据库故障。

（7）安全

提供数据隔离，不同应用的数据会存在于不同的数据库中而不会相互影响；提供安全性检查，可以及时发现并拒绝恶意攻击性访问；数据提供多点备份，确保不会发生数据丢失。

以腾讯云数据库为例，开发者可快速在腾讯云中申请云服务器实例资源，通过 IP/PORT 直接访问 MySQL 实例，完全无须再安装 MySQL 实例，可以一键迁移原有 SQL 应用到腾讯云平台，大大节省了人力成本；同时，该云数据库完全兼容 MySQL 协议，可通过基于 MySQL 协议的客户端或 API 便捷地访问实例。此外，还采用了大型分布式存储服务集群，支撑海量数据访问，7×24h 的专业存储服务，可以提供高达 99.99%服务可用性的 MySQL 集群服务，并且数据可靠性超过 99.999%。腾讯云数据库和自建数据库的比较见表 4-4-2。

大数据导论

表 4-4-2 腾讯云数据库和自建数据库的比较

项　目	自建数据库	腾讯云数据库
数据安全性	开发者自行解决，成本高昂	15 种类型备份数据，保证数据安全
服务可用性		99.99%，高可靠
数据备份		零花费，系统自动多时间点数据备份
维护成本		零成本，专业团队 7×24h 帮助维护
实例扩容		一键式直接扩容，安全可靠
资源利用率		按需申请，资源利用率高达 99.9%
技术支持		专业团队一对一指导、QQ 远程协助开发者

4．云数据库是个性化数据存储需求的理想选择

在大数据时代，每个企业几乎每天都在不断产生大量的数据。企业类型不同，对于存储的需求也千差万别，而云数据库可以很好地满足不同企业的个性化存储需求。

首先，云数据库可以满足大企业的海量数据存储需求。云数据库在大数据时代具有广阔的应用前景。根据 IDC 的研究报告，企业对结构化数据的存储需求每年会增加 20% 左右，而对非结构化数据的存储需求每年将会增加 60% 左右。传统的关系数据库难以水平扩展，根本无法存储如此海量的数据。因此，具有高可扩展性的云数据库就成为企业海量数据存储管理的很好选择。

其次，云数据库可以满足中小企业的低成本数据存储需求。中小企业在 IT 基础设施方面的投入比较有限，非常渴望从第三方方便、快捷、廉价地获得数据库服务。云数据库采用多租户方式同时为多个用户提供服务，降低了单个用户的使用成本，而且用户使用云数据库服务通常按需付费，不会浪费资源造成额外支出。因此，云数据库使用成本很低，对于中小企业而言可以大大降低企业的信息化门槛，让企业在付出较低成本的同时，获得优质的专业级数据库服务，从而有效提升企业信息化水平。

另外，云数据库可以满足企业动态变化的数据存储需求。企业在不同时期需要存储的数据量是不断变化的，有时增加，有时减少。在小规模应用的情况下，系统负载的变化可以由系统空闲的多余资源来处理，但是在大规模应用的情况下，传统的关系数据库由于其伸缩性较差，不仅无法满足应用需求，而且会给企业带来高昂的存储成本和管理开销。而云数据库的良好伸缩性，可以让企业在需求增加时立即获得数据库能力的提升，在需求减少时立即释放多余的数据库能力，较好地满足企业的动态数据存储需求。

当然，并不是说云数据库可以满足不同类型的个性化存储需求，就意味着企业一定要把数据存放到云数据库中。到底选择自建数据库还是选择云数据库，取决于企业自身的具体需求。对于一些大型企业，目前通常采用自建数据库，一方面是由于企业财力比较雄厚，有内部的 IT 团队负责数据库维护，另一方面数据是现代企业的核心资产，涉及很多高级商业机密，企业出于数据安全考虑，不愿意把内部数据保存在公有云的云数据库中，尽管云数据库供应商也会一直强调数据的安全性，但是这依然不能打消企业的顾虑。对于一些财力有限的中小企业而言，IT 预算比较有限，不可能投入大量资金建设和维护数据库，企业数据并非特别敏感，因此云数据库这种前期零投入、后期免维护的数据库服务，可以很好地满足他们的需求。

5．云数据库与其他数据库的关系

关系数据库采用关系数据模型，NoSQL 数据库采用非关系数据模型，二者属于不同的数据库技术。从数据模型的角度来说，云数据库并非一种全新的数据库技术，而只是以服务的方式提供数据库功能。云数据库并没有专属于自己的数据模型，云数据库所采用的数据模型可以是关系数据库所使用的关系模型（如微软的 SQL Azure 云数据库、阿里云 RDS 都采用了关系模型），也可以是 NoSQL 数据库所使用的非关系模型（如 Amazon Dynamo 云数据库采用的是"键/值"存储）。同一个公司也可能提供采用不同数据模型的多种云数据库服务，如百度云数据库提供了 3 种数据库服务，即分布式关系型数据库服务（基于关系数据库 MySQL）、分布式非关系型数据库服务（基于文档数据库 MongoDB）、键/值型非关系数据库服务（基于键/值数据库 Redis）。实际上，许多公司在开发云数据库时，后端数据库都是直接使用现有的各种关系数据库或 NoSQL 数据库产品。比如，腾讯云数据库采用 MySQL 作为后端数据库，微软的 SQL Azure 云数据库采用 SQL Server 作为后端数据库。从市场的整体应用情况来看，由于 NoSQL 应用对开发者要求较高，而 MySQL 拥有成熟的中间件、运维工具，已经形成一个良性的生态圈等，因此从现阶段来看，云数据库的后端数据库主要是以 MySQL 为主、NoSQL 为辅。

在云数据库这种 IT 服务模式出现之前，企业要使用数据库，就需要自建关系数据库或 NoSQL 数据库，它们被称为"自建数据库"。云数据库与这些"自建数据库"最本质的区别在于，云数据库是部署在云端的数据库，采用 SaaS 服务模式，用户可以通过网络租赁使用数据库服务，只要有网络的地方都可以使用，不需要前期投入和后期维护，使用价格也比较低廉，云数据库对用户而言是完全透明的，用户根本不知道自己的数据被保存在哪里。云数据库通常采用多租户模式，即多个租户共用一个实例，租户的数据既有隔离又有共享，从而解决了数据存储的问题，同时也降低了用户使用数据库的成本。而自建的关系数据库和 NoSQL 数据库本身都没有采用 SaaS 服务模式，需要用户自己搭建 IT 基础设施和配置数据库，成本相对而言比较昂贵，而且需要自己进行机房维护和数据库故障处理。

4.4.2 云数据库产品

本节首先概要论述了当前市场上的主流云数据库厂商，然后分别介绍了 Amazon、Google、Microsoft 等代表性公司的云数据库产品。

1．云数据库厂商概述

云数据库供应商主要分为 3 类。

1）传统的数据库厂商，如 Teradata、Oracle、IBM DB2 和 Microsoft SQL Server 等。
2）涉足数据库市场的云供应商，如 Amazon、Google、Yahoo!、阿里、百度、腾讯等。
3）新兴厂商，如 Vertica、LongJump 和 EnterpriseDB 等。

市场上常见的云数据库产品见表 4-4-3。

表 4-4-3 云数据库产品

企　业	产　品
Amazon	Dynamo、SimpleDB、RDS
Google	Google Cloud SQL
Microsoft	Microsoft SQL Azure
Oracle	Oracle Cloud
Yahoo！	PNUTS
Vertica	Analytic Database v3.0 for the Cloud
EnterpriseDB	Postgres Plus in the Cloud
阿里	阿里云 RDS
百度	百度云数据库
腾讯	腾讯云数据库

2．Amazon 云数据库产品

Amazon 是云数据库市场的先行者。Amazon 除了提供著名的 S3 存储服务和 EC2 计算服务以外，还提供基于云的数据库服务 SimpleDB 和 Dynamo。

SimpleDB 是 Amazon 公司开发的一个可供查询的分布式数据存储系统，AWS（Amazon Web Service）上的第一个 NoSQL 数据库服务，集合了 Amazon 的大量 AWS 基础设施。顾名思义，SimpleDB 的目的是作为一个简单的数据库来使用，它的存储元素（属性和值）是由一个 id 字段来确定行的位置。这种结构可以满足用户基本的读、写和查询功能。SimpleDB 提供易用的 API 来快速地存储和访问数据。但是，SimpleDB 不是一个关系型数据库，传统的关系型数据库采用行存储，而 SimpleDB 采用了"键/值"存储，它主要是服务于那些不需要关系数据库的 Web 开发者。但是，SimpleDB 存在一些明显缺陷，如存在单表限制、性能不稳定、只能支持最终一致性等。

Dynamo 吸收了 SimpleDB 以及其他 NoSQL 数据库设计思想的精华，旨在为要求更高的应用设计，这些应用要求可扩展的数据存储以及更高级的数据管理功能。Dynamo 采用"键/值"存储，其所存储的数据是非结构化数据，不识别任何结构化数据，需要用户自己完成对值的解析。Dynamo 系统中的键（key）不是以字符串的方式进行存储的，而是采用 md5_key（通过 md5 算法转换后得到）的方式进行存储，因此它只能根据 key 去访问，不支持查询。Dynamo 使用固态硬盘，实现恒定、低延迟的读写时间，旨在扩展大容量同时维持一致的性能，虽然这种性能伴随着更为严格的查询模型。

Amazon RDS（Amazon Relational Database Service）是 Amazon 开发的一种 Web 服务，它可以让用户在云环境中建立、操作关系型数据库（可以支持 MySQL 和 Oracle 等数据库）。用

户只需要关注应用和业务层面的内容，而不需要在烦琐的数据库管理工作上耗费过多的时间。

此外，Amazon 和其他数据库厂商开展了很好的合作，Amazon EC2 应用托管服务已经可以部署很多种数据库产品，包括 SQL Server、Oracle 11g、MySQL 和 IBM DB2 等主流数据库平台，以及其他一些数据库产品，比如 EnterpriseDB。作为一种可扩展的托管环境，开发者可以在 EC2 环境中开发并托管自己的数据库应用。

3．Google 的云数据库产品

Google Cloud SQL 是谷歌公司推出的基于 MySQL 的云数据库，使用 Cloud SQL 的好处显而易见，所有的事务都在云中，并由谷歌管理，用户不需要配置或者排查错误，仅仅依靠它来开展工作即可。由于数据在谷歌多个数据中心中复制，因此它永远是可用的。谷歌还将提供导入或导出服务，方便用户将数据库带进或带出云。谷歌使用用户非常熟悉的 MySQL，带有 JDBC 支持（适用于基于 Java 的 App Engine 应用）和 DB-API 支持（适用于基于 Python 的 App Engine 应用）的传统 MySQL 数据库环境，因此多数应用程序不需过多调试即可运行，数据格式对于大多数开发者和管理员来说也是非常熟悉的。Google Cloud SQL 还有一个好处就是与 Google App Engine 集成。

4．微软的云数据库产品

2008 年 3 月，微软通过 SQL Data Service（SDS）提供 SQL Server 的关系数据库功能，这使得微软成为云数据库市场上的第一个大型数据库厂商。此后，微软对 SDS 功能进行了扩充，并且重新命名为 SQL Azure。微软的 Azure 平台提供了一个 Web 服务集合，可以允许用户通过网络在云中创建、查询和使用 SQL Server 数据库，云中的 SQL Server 服务器的位置对于用户而言是透明的。对于云计算而言，这是一个重要的里程碑。SQL Azure 具有以下特性。

1）属于关系型数据库。支持使用 TSQL（Transact Structured Query Language）来管理、创建和操作云数据库。

2）支持存储过程。它的数据类型、存储过程和传统的 SQL Server 具有很大的相似性，因此应用可以在本地进行开发，然后部署到云平台上。

3）支持大量数据类型。包含了几乎所有典型的 SQL Server 2008 的数据类型。

4）支持云中的事务。支持局部事务，但是不支持分布式事务。

SQL Azure 的体系架构中包含了一个虚拟机簇，可以根据工作负载的变化，动态增加或减少虚拟机的数量，如图 4-4-2 所示。每台虚拟机 SQL Server VM（Virtual Machine）安装了 SQL Server 2008 数据库管理系统，以关系模型存储数据。通常，一个数据库会被分散存储到 3～5 台 SQL Server VM 中。每台 SQL Server VM 同时安装了 SQL Azure Fabric 和 SQL Azure 管理服务，后者负责数据库的数据复写工作，以保障 SQL Azure 的基本高可用性要求。不同 SQL Server VM 内的 SQL Azure Fabric 和管理服务之间会彼此交换监控信息，以保证整体服务的可监控性。

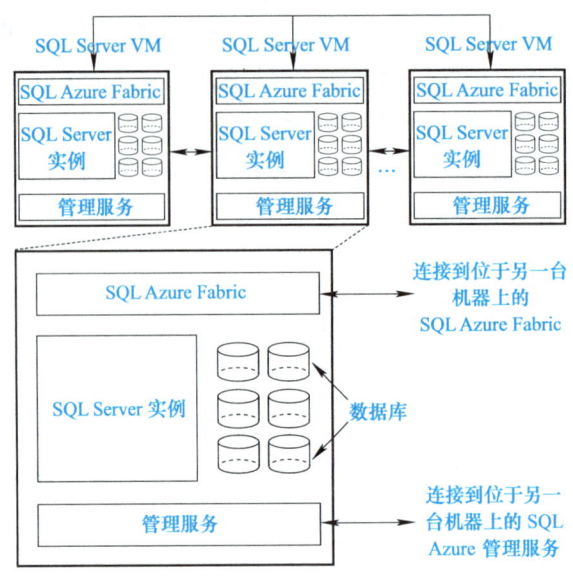

图 4-4-2　SQL Azure 的体系架构

5．其他云数据库产品

Yahoo! PNUTS 是一个为网页应用开发、大规模并行、地理分布式的数据库系统，它是 Yahoo! 云计算平台的重要组成部分。Vertica Systems 在 2008 年发布了云数据库。10Gen 公司的 Mongo、AppJet 公司的 AppJet 数据库也都提供了相应的云数据库版本。IBM 投资的 EnterpriseDB 也提供了一个运行在 Amazon EC2 上的云数据库。LongJump 是一个与 Salesforce 竞争的新公司，它推出了基于开源数据库 PostgreSQL 的云数据库产品。Intuit QuickBase 也提供了自己的云数据库系列产品。麻省理工学院研制的 Relational Cloud 可以自动区分负载的类型，并把类型近似的负载分配到同一个数据节点上，而且采用了基于图的数据分区策略，对于复杂的事务型负载也具有很好的可扩展性，此外，它还支持在加密的数据上运行 SQL 查询。阿里云 RDS 是阿里云提供的关系型数据库服务，将直接运行于物理服务器上的数据库实例租给用户。百度云数据库可以支持分布式的关系型数据库服务（基于 MySQL）、分布式非关系数据库存储服务（基于 MongoDB）、键 / 值型非关系数据库服务（基于 Redis）。

4.4.3　云数据库系统架构

不同的云数据库产品采用的系统架构存在很大差异，下面以阿里集团核心系统数据库团队开发的 UMP（Unified MySQL Platform）系统为例进行介绍。

1．UMP 系统概述

UMP 系统是低成本和高性能的 MySQL 云数据库方案，关键模块采用 Erlang 语言实现。开发者通过网络从平台上申请 MySQL 实例资源，由平台提供的单一入口来访问数据。UMP 系统把各种服务器资源划分为资源池，并以资源池为单位把资源分配给 MySQL 实例。系统中包含了一系列组件，这些组件协同工作，以对用户透明的形式提供主从热备、数据备份、迁移、容灾、读写分离、分库分表等一系列服务。系统内部划分为3种规格的用户，分别是数据量和流量比较小的用户、中等规模用户以及需要分库分表的用户。多个小规模用户可以共享同一个MySQL实例，中等规模用户独占一个MySQL实例，需要分库分表的用户的多个MySQL实例共享同一个物理机，通过这些方式实现了资源的虚拟化，降低了整体成本。UMP通过"用Cgroup限制MySQL进程资源"和"在Proxy服务器端限制QPS（Query Per Second）"两种方式，实现了资源隔离、按需分配以及限制CPU、内存和I/O资源；同时，还支持在不影响提供数据服务的前提下根据用户业务的发展进行动态扩容和缩容。系统还综合运用了SSL数据库连接、数据访问IP白名单、记录用户操作日志、SQL拦截等技术，来有效保护用户的数据安全。

总的来说，UMP系统架构设计遵循了以下原则。

1）保持单一的系统对外入口，并且为系统内部维护单一的资源池。
2）消除单点故障，保证服务的高可用性。
3）保证系统具有良好的可伸缩性，能够动态地增加、删减计算与存储节点。
4）保证分配给用户的资源也是弹性可伸缩的，资源之间相互隔离，确保应用和数据的安全。

2．UMP系统架构

UMP系统架构如图4-4-3所示，UMP系统中的角色包括Controller服务器、Proxy服务器、Agent服务器、Web控制台、日志分析服务器、信息统计服务器、愚公系统；依赖的开源组件包括Mnesia、LVS、RabbitMQ和ZooKeeper。

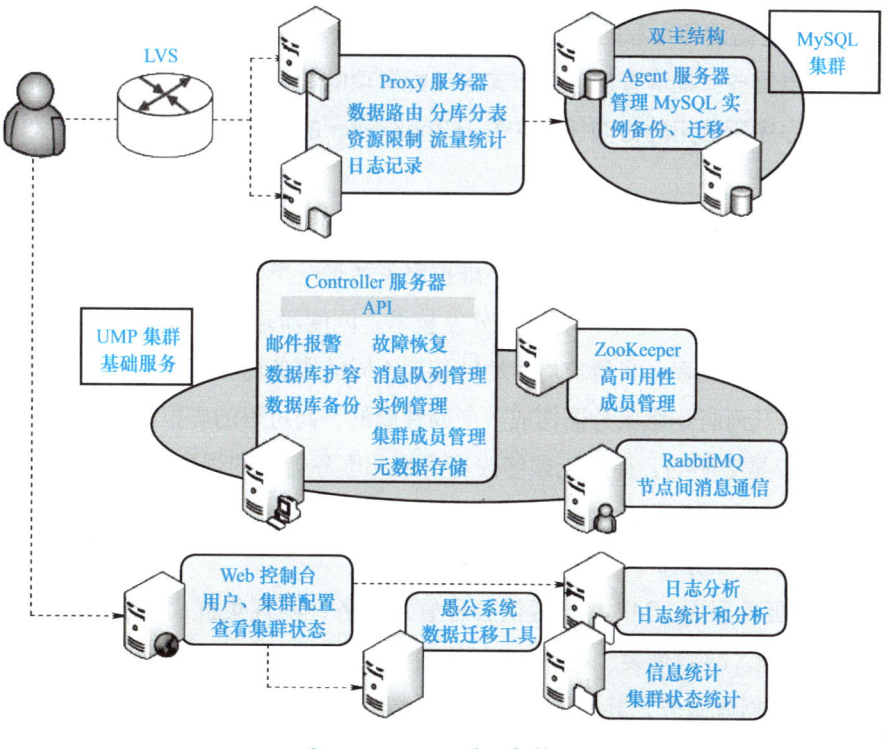

图4-4-3　UMP系统架构

(1) Mnesia

Mnesia 是一个分布式数据库管理系统,适合于电信及其他需要持续运行和具备软实时特性的 Erlang 应用,是构建电信应用的控制系统平台——开放式电信平台(Open Telecom Platform,OTP)的一部分。Erlang 是一个结构化、动态类型编程语言,内建并行计算支持,非常适合构建分布式、软实时并行计算系统。使用 Erlang 编写出的应用在运行时通常由成千上万个轻量级进程组成,并通过消息传递相互通信,Erlang 的进程间上下文切换要比 C 程序高效得多。Mnesia 与 Erlang 编程语言是紧耦合的,其最大的好处是在操作数据时,不会发生由于数据库与编程语言所用的数据格式不同而带来阻抗失配问题。Mnesia 支持事务,支持透明的数据分片,利用两阶段锁实现分布式事务,可以线性扩展到至少 50 个节点。Mnesia 的数据库模式(schema)可在运行时动态重配置,表能被迁移或复制到多个节点来改进容错性。Mnesia 的这些特性,使其在开发云数据库时被用来提供分布式数据库服务。

(2) RabbitMQ

RabbitMQ 是一个用 Erlang 开发的工业级的消息队列产品(功能类似于 IBM 公司的消息队列产品 IBM WEBSPHERE MQ),作为消息传输中间件来使用,可以实现可靠的消息传送。UMP 集群中各个节点之间的通信不需要建立专门的连接,都是通过读写队列消息来实现的。

(3) ZooKeeper

ZooKeeper 是高效和可靠的协同工作系统,提供分布式锁之类的基本服务(如统一命名服务、状态同步服务、集群管理、分布式应用配置项的管理等),用于构建分布式应用,减轻分布式应用程序所承担的协调任务(关于 ZooKeeper 的工作原理可以参考相关书籍或网络资料)。

(4) LVS

LVS(Linux Virtual Server)即 Linux 虚拟服务器是一个虚拟的服务器集群系统。LVS 集群采用 IP 负载均衡技术和基于内容请求分发技术。调度器是 LVS 集群系统的唯一入口点,调度器具有很好的吞吐率,将请求均衡地转移到不同的服务器上执行,且调度器自动屏蔽掉服务器的故障,从而将一组服务器构成一个高性能的、高可用的虚拟服务器。整个服务器集群的结构对客户是透明的,而且无须修改客户端和服务器端的程序。UMP 系统借助于 LVS 来实现集群内部的负载均衡。

(5) Controller 服务器

Controller 服务器向 UMP 集群提供各种管理服务,实现集群成员管理、元数据存储、MySQL 实例管理、故障恢复、备份、迁移、扩容等功能。Controller 服务器上运行了一组 Mnesia 分布式数据库服务,其中存储了各种系统元数据,主要包括集群成员、用户的配置和状态信息,以及用户名到后端 MySQL 实例地址的映射关系(或称为"路由表")等。

当其他服务器组件需要获取用户数据时，可以向 Controller 服务器发送请求获取数据。为了避免单点故障，保证系统的高可用性，UMP 系统中部署了多台 Controller 服务器，然后由 ZooKeeper 的分布式锁功能来帮助选出一个"总管"，负责各种系统任务的调度和监控。

（6）Web 控制台

Web 控制台向用户提供系统管理界面。

（7）Proxy 服务器

Proxy 服务器向用户提供访问 MySQL 数据库的服务，它完全实现了 MySQL 协议，用户可以使用已有的 MySQL 客户端连接到 Proxy 服务器，Proxy 服务器通过用户名获取到用户的认证信息、资源配额的限制［如 QPS、IOPS（I/O Per Second）、最大连接数等］，以及后台 MySQL 实例的地址，然后用户的 SQL 查询请求会被转发到相应的 MySQL 实例上。除了数据路由的基本功能外，Proxy 服务器中还实现了很多重要的功能，主要包括屏蔽 MySQL 实例故障、读写分离、分库分表、资源隔离、记录用户访问日志等。

（8）Agent 服务器

Agent 服务器部署在运行 MySQL 进程的机器上，用来管理每台物理机上的 MySQL 实例，执行主从切换、创建、删除、备份、迁移等操作，同时还负责收集和分析 MySQL 进程的统计信息、慢查询日志（Slow Query Log）和 bin-log。

（9）日志分析服务器

日志分析服务器存储和分析 Proxy 服务器传入的用户访问日志，并支持实时查询一段时间内的慢日志和统计报表。

（10）信息统计服务器

信息统计服务器定期将采集到的用户的连接数、QPS 数值以及 MySQL 实例的进程状态用 RRDtool 进行统计，可以在 Web 界面上可视化展示统计结果，也可以把统计结果作为今后实现弹性的资源分配和自动化的 MySQL 实例迁移的依据。

（11）愚公系统

愚公系统是一个全量复制结合 bin-log 分析进行增量复制的工具，可以实现在不停机的情况下动态扩容、缩容和迁移。

3．UMP 系统功能

UMP 系统是构建在一个大的集群之上的，通过多个组件的协同作业，整个系统实现了对用户透明的容灾、读写分离、分库分表、资源管理、资源调度、资源隔离和数据安全功能。

（1）容灾

云数据库必须向用户提供一直可用的数据库连接，当 MySQL 实例发生故障时，系统必须自动执行故障恢复，所有故障处理过程对于用户而言是透明的，用户不会感知到后台发生的一切。

为了实现容灾，UMP 系统会为每个用户创建两个 MySQL 实例，一个是主库，一个是从库，而且这两个 MySQL 实例之间互相把对方设置为备份机，任意一个 MySQL 实例上发生的更新都会复制到对方。同时，Proxy 服务器可以保证只向主库写入数据。

主库和从库的状态是由 ZooKeeper 负责维护的，ZooKeeper 可以实时监听各个 MySQL 实例的状态，一旦主库死机，ZooKeeper 可以立即感知到，并通知给 Controller 服务器。Controller 服务器会启动主从切换操作，在路由表中修改用户名到后端 MySQL 实例地址的映射关系，并把主库标记为不可用，同时，借助于消息队列中间件 RabbitMQ 通知所有 Proxy 服务器修改用户名到后端 MySQL 实例地址的映射关系。通过这一系列操作后，主从切换完成，用户名就会被赋予一个新的可以正常使用的 MySQL 实例，而这一切对于用户自己而言是完全透明的。

死机后的主库在进行恢复处理后需要再次上线。在主库死机和故障恢复期间，从库可能已经发生过多次更新。因此，在主库恢复时，会把从库中的这些更新都复制给自己，当主库的数据库状态快要达到和从库一致的状态时，Controller 服务器就会命令从库停止更新，进入不可写状态，禁止用户写入数据，这个时候用户可能感受到短时间的不可写。等到主库更新到和从库完全一致的状态时，Controller 服务器就会发起主从切换操作，并在路由表中把主库标记为可用状态，然后通知 Proxy 服务器把写操作切回主库上，用户写操作可以继续执行，之后再把从库修改为可写状态。

（2）读写分离

由于每个用户都有两个 MySQL 实例，即主库和从库，因此可以充分利用主从库实现用户读写操作的分离，实现负载均衡。UMP 系统实现了对于用户透明的读写分离功能，当整个功能被开启时，负责向用户提供访问 MySQL 数据库服务的 Proxy 服务器就会对用户发起的 SQL 语句进行解析，如果属于写操作，就直接发送到主库，如果是读操作，就会被均衡地发送到主库和从库上执行。但是，有可能发生一种情况，那就是，用户刚刚写入数据到主库，数据还没有被复制到从库之前，用户就去从库读这个数据，导致用户要么读不到数据，要么读到数据的旧版本。为了避免这种情况的发生，UMP 系统在每次用户写操作发生后都会开启一个计时器，如果用户在计时器开启的 300ms 内读数据，不管是读刚写入的这些数据还是其他数据，都会被强行分发到主库上去执行读操作。当然，在实际应用中，UMP 系统允许修改 300ms 这个设定值，但是一般而言，300ms 已经可以保证数据在写入主库后被复制到从库中。

（3）分库分表

UMP 支持对用户透明的分库分表（Shard / Horizontal Partition），但是用户在创建账号的时候需要指定类型为多实例，并且设置实例的个数，系统会根据用户设置来创建多组 MySQL 实例。除此以外，用户还需要自己设定分库分表规则，如需要确定分区字段，也就是根据哪个字段进行分库分表，还要确定分区字段里的值如何映射到不同的 MySQL 实例上。

当采用分库分表时，系统处理用户查询的过程如下：首先，Proxy 服务器解析用户 SQL 语句，提取出重写和分发 SQL 语句所需要的信息；其次，对 SQL 语句进行重写，得到多个针对相应 MySQL 实例的子语句，然后把子语句分发到对应的 MySQL 实例上执行；最后，接收来自各个 MySQL 实例的 SQL 语句执行结果，合并得到最终结果。

（4）资源管理

UMP 系统采用资源池机制来管理数据库服务器上的 CPU、内存、磁盘等计算资源，所有的计算资源都放在资源池内进行统一分配，资源池是为 MySQL 实例分配资源的基本单位。整个集群中的所有服务器会根据其机型、所在机房等因素被划分为多个资源池，每台服务器会被加入相应的资源池中。对于每个具体 MySQL 实例，管理员会根据应用部署在哪些机房、需要哪些计算资源等因素，为该 MySQL 实例具体指定主库和从库所在的资源池，然后系统的实例管理服务会本着负载均衡的原则，从资源池中选择负载较轻的服务器来创建 MySQL 实例。在资源池划分的基础上，UMP 还在每台服务器内部采用 Cgroup 将资源进一步细化，从而可以限制每个进程组使用资源的上限，同时保证进程组之间相互隔离。

（5）资源调度

UMP 系统中有 3 种规格的用户，分别是数据量和流量比较小的用户、中等规模用户以及需要分库分表的用户。多个小规模用户可以共享同一个 MySQL 实例。对于中等规模的用户，每个用户独占一个 MySQL 实例。用户可以根据自己的需求来调整内存空间和磁盘空间，如果用户需要更多的资源，就可以迁移到资源有空闲或者具有更高配置的服务器上。对于分库分表的用户，会占有多个独立的 MySQL 实例，这些实例既可以共存在同一台物理机上，也可以每个实例独占一台物理机。

UMP 通过 MySQL 实例的迁移来实现资源调度。借助于阿里集团中间件团队开发的愚公系统，UMP 可以实现在不停机的情况下动态扩容、缩容和迁移。

（6）资源隔离

当多个用户共享同一个 MySQL 实例或者多个 MySQL 实例共存在同一个物理机上时，为了保护用户应用和数据的安全，必须实现资源隔离，否则，某个用户过多消耗系统资源会严重影响到其他用户的操作性能。UMP 系统采用表 4-4-4 中的两种资源隔离方式。

表 4-4-4　UMP 系统采用的两种资源隔离方式

资源隔离方式	应用场合	实现方式
用 Cgroup 限制 MySQL 进程资源	适用于多个 MySQL 实例共享同一个物理机的情况	可以对用户的 MySQL 进程最大可以使用的 CPU 使用率、内存和 IOPS 等进行限制
在 Proxy 服务器端限制 QPS	适用于多个用户共享同一个 MySQL 实例的情况	Controller 服务器监测用户的 MySQL 实例的资源消耗情况，如果明显超出配额，就通知 Proxy 服务器通过增加延迟的方法去限制用户的 QPS，以减少用户对系统资源的消耗

4．数据安全

数据安全是让用户放心使用云数据库产品的关键，尤其是企业用户，数据库中存放了很多业务数据，有些属于商业机密，一旦泄露，会给企业造成损失。UMP 系统设计了多种机制来保证数据安全。

1）SSL 数据库连接。SSL（Secure Sockets Layer，安全套接字协议）是为网络通信提供安全及数据完整性的一种安全协议，它在传输层对网络连接进行加密。Proxy 服务器实现了完整的 MySQL 客户端/服务器协议，可以与客户端之间建立 SSL 数据库连接。

2）数据访问 IP 白名单。可以把允许访问云数据库的 IP 地址放入"白名单"，只有白名单内的 IP 地址才能访问，其他 IP 地址的访问都会被拒绝，从而进一步保证账户安全。

3）记录用户操作日志。用户的所有操作记录都会被记录到日志分析服务器，通过检查用户操作记录，可以发现隐藏的安全漏洞。

4）SQL 拦截。Proxy 服务器可以根据要求拦截多种类型的 SQL 语句，比如全表扫描语句"select *"。

本章小结

本章首先简要介绍 HDFS 的体系结构，HDFS 的命名空间管理、通信协议、客户端，指出 HDFS 体系结构的局限性；其次介绍了 HBase 的由来及其与关系数据库的区别，HBase 访问接口、数据模型、实现原理和运行机制，HBase 编程实践方面的知识；最后介绍 NoSQL 兴起的原因，比较 NoSQL 数据库与传统关系数据库的差异，介绍 NoSQL 数据库的四大类型以及 NoSQL 数据库的三大基石，简要介绍与 NoSQL 数据库同样受到关注的 NewSQL 数据库；介绍云数据库的概念、特性及其与其他数据库的关系，介绍云数据库的代表性产品和厂商。

本章习题

1．不定项选择题，可能有多个选项符合题目要求

1）下面对 HBase 的描述哪些是正确的？

  A．不是开源的   B．是面向列的

  C．是分布式的   D．是一种 NoSQL 数据库

2）HBase 依靠（　　）存储底层数据。

  A．HDFS   B．Hadoop

  C．Memory   D．MapReduce

3）HBase 依赖（　　）提供消息通信机制。

　　A．ZooKeeper　　　　　　　　B．Chubby

　　C．RPC　　　　　　　　　　　D．Socket

4）HBase 依赖（　　）提供强大的计算能力。

　　A．ZooKeeper　　　　　　　　B．Chubby

　　C．RPC　　　　　　　　　　　D．MapReduce

5）MapReduce 与 HBase 的关系，哪些描述是正确的？

　　A．两者不可或缺，MapReduce 是 HBase 可以正常运行的保证

　　B．两者不是强关联关系，没有 MapReduce，HBase 可以正常运行

　　C．MapReduce 可以直接访问 HBase

　　D．它们之间没有任何关系

6）下面哪些选项正确描述了 HBase 的特性？

　　A．高可靠性　　B．高性能　　C．面向列　　D．可伸缩

7）下面与 ZooKeeper 类似的框架是？

　　A．Protobuf　　B．Java　　C．Kafka　　D．Chubby

8）下面与 HDFS 类似的框架是？

　　A．NTFS　　B．FAT32　　C．GFS　　D．EXT3

9）下面哪些概念是 HBase 框架中使用的？

　　A．HDFS　　B．GridFS　　C．ZooKeeper　　D．EXT3

10）HBase 中的批量加载底层使用（　　）实现。

　　A．MapReduce　　　　　　　　B．Hive

　　C．Coprocessor　　　　　　　　D．Bloom Filter

11）HBase 性能优化包含下面的哪些选项？

　　A．读优化　　　　　　　　　　B．写优化

　　C．配置优化　　　　　　　　　D．JVM 优化

12）HBase 官方版本可以安装在什么操作系统上？

　　A．CentOS　　　　　　　　　　B．Ubuntu

　　C．RedHat　　　　　　　　　　D．Windows

13）HBase 虚拟分布式模式需要（　　）个节点？

　　A．1　　B．2　　C．3　　D．最少 3 个

14）HBase 分布式模式需要几个节点？（　　）

　　A．1　　B．2　　C．3　　D．最少 3 个

15）下列哪些选项是安装 HBase 前所必须安装的？

  A．操作系统   B．JDK

  C．Shell Script   D．Java Code

16）解压 .tar.gz 结尾的 HBase 压缩包使用的 Linux 命令是？

  A．tar -zxvf   B．tar -zx   C．tar -s   D．tar -nf

2．简答题

1）HDFS 和传统的分布式文件系统相比较有哪些特性？

2）为什么 HDFS 的块如此之大？

3）HDFS 中数据副本的存放策略是什么？

4）负载均衡作为一个独立的进程与 NameNode 分开执行，HDFS 负载均衡的处理步骤是什么？

5）NameNode 和 DataNode 的功能分别是什么？

Chapter 5

第5章
大数据处理与分析

引言

当人们将气象大数据准备好并且存储在某个媒介上之后,就要考虑如何对气象数据进行处理和分析,并作出雾霾天气预测。

大数据包括静态数据和动态数据(流数据),静态数据适合采用批处理方式,动态数据需要进行实时计算。分布式并行编程框架MapReduce可以大幅提高程序性能,实现高效的批量数据处理。基于内存的分布式计算框架Spark是一个可应用于大规模数据处理的快速、通用引擎,是Apache软件基金会下的顶级开源项目之一,正以其结构一体化、功能多元化的优势逐渐成为当今大数据领域最热门的大数据计算平台。流计算框架Storm是一个低延迟、可扩展、高可靠的处理引擎,可以有效解决流数据的实时计算问题。大数据中包括很多图结构数据,但是MapReduce不适合用来解决大规模图计算问题,因此新的图计算框架应运而生,Pregel就是其中一种具有代表性的产品。

学习目标

1. 掌握分布式并行编程框架MapReduce
2. 掌握基于内存的分布式计算框架Spark
3. 理解MapReduce的工作流程、Spark运行原理
4. 熟悉机器学习概念

第 5 章
大数据处理与分析

5.1 MapReduce

大数据时代除了需要解决大规模数据的高效存储问题，还需要解决大规模数据的高效处理问题。分布式并行编程可以大幅提高程序性能，实现高效的批量数据处理。分布式程序运行在大规模计算机集群上，集群中包括大量廉价服务器，可以并行执行大规模数据处理任务，从而获得海量的计算能力。

扫码观看视频

MapReduce 是一种并行编程模型，用于大规模数据集（大于 1TB）的并行运算，它将复杂的、运行于大规模集群上的并行计算过程高度抽象到两个函数：Map 和 Reduce。MapReduce 极大地方便了分布式编程工作，编程人员在不会分布式并行编程的情况下，也可以很容易将自己的程序运行在分布式系统上，完成海量数据集的计算。

5.1.1 分布式并行编程

在过去很长一段时间里，CPU 的性能都会遵循"摩尔定律"，大约每隔 18 个月性能翻一番。这意味着不需要对程序做任何改变，仅通过使用更高级的 CPU，程序就可以享受免费的性能提升。但是，大规模集成电路的制作工艺已经达到一个极限，从 2005 年开始摩尔定律逐渐失效。为了提升程序的运行性能，就不能再把希望过多地寄托在性能更高的 CPU 身上。于是，人们开始借助于分布式并行编程来提高程序的性能。分布式程序运行在大规模计算机集群上，集群中包括大量廉价服务器，可以并行执行大规模数据处理任务，从而获得海量的计算能力。

分布式并行编程与传统的程序开发方式有很大的区别。传统的程序都是以单指令、单数据流的方式顺序执行，虽然这种方式比较符合人类的思维习惯，但是这种程序的性能受到单台机器性能的限制，可扩展性较差。分布式并行程序可以运行在由大量计算机构成的集群上，从而可以充分利用集群的并行处理能力，同时通过向集群中增加新的计算节点，就可以很容易地实现集群计算能力的扩充。

谷歌公司最先提出了分布式并行编程模型 MapReduce。谷歌的 MapReduce 运行在分布式文件系统 GFS 上，与谷歌类似，Hadoop MapReduce 运行在分布式文件系统 HDFS 上。相对而言，Hadoop MapReduce 要比谷歌 MapReduce 的使用门槛低很多，程序员即使没有任何分布式程序开发经验，也可以很轻松地开发出分布式程序并部署到计算机集群中。

5.1.2 MapReduce 模型简介

谷歌在 2003 年～2006 年连续发表了 3 篇很有影响力的文章，分别阐述了 GFS、MapReduce 和 BigTable 的核心思想。其中，MapReduce 是谷歌公司的核心计算模型。MapReduce 将复杂的、运行于大规模集群上的并行计算过程高度抽象成两个函数：Map 和 Reduce，这两个函数及其核心思想都源自函数式编程语言。

— 149 —

在 MapReduce 中，一个存储在分布式文件系统中的大规模数据集会被切分成许多独立的小数据块，这些小数据块可以被多个 Map 任务并行处理。MapReduce 框架会为每个 Map 任务输入一个数据子集，Map 任务生成的结果会继续作为 Reduce 任务的输入，最终由 Reduce 任务输出结果，并写入分布式文件系统。特别需要注意的是，适合用 MapReduce 处理的数据集需要满足一个前提条件：待处理的数据集可以分解成许多小的数据集，而且每一个小数据集都可以完全并行地进行处理。

MapReduce 设计的一个理念就是"计算向数据靠拢"，而不是"数据向计算靠拢"，因为移动数据需要大量的网络传输开销，尤其是在大规模数据环境下，这种开销尤为惊人，所以，移动计算要比移动数据更加经济。本着这个理念，在一个集群中，只要有可能，MapReduce 框架就会将 Map 程序就近地在 HDFS 数据所在的节点运行，即将计算节点和存储节点放在一起运行，从而减少了节点间的数据移动开销。

Hadoop 框架是用 Java 实现的，但是 MapReduce 应用程序不一定要用 Java 来写。

5.1.3 Map 函数和 Reduce 函数

MapReduce 模型的核心是 Map 函数和 Reduce 函数，二者都是由应用程序开发者负责具体实现的。MapReduce 编程之所以比较容易，是因为程序员只要关注如何实现 Map 函数和 Reduce 函数，而不需要处理并行编程中的其他各种复杂问题，如分布式存储、工作调度、负载均衡、容错处理、网络通信等，这些问题都会由 MapReduce 框架负责处理。

Map 函数和 Reduce 函数都是以 <key,value> 作为输入，按一定的映射规则转换成另一个或一批 <key,value> 进行输出，见表 5-1-1。

表 5-1-1 Map 和 Reduce

函数	输入	输出	说明
Map	<k1,v1>	List(<k2,v2>)	（1）将小数据集进一步解析成一批 <key,value> 对，输入 Map 函数中进行处理 （2）每一个输入的 <k1,v1> 会输出一批 <k2,v2>，<k2,v2> 是计算的中间结果
Reduce	<k2,List(v2)>	<k3,v3>	输入的中间结果 <k2,List(v2)> 中的 List(v2) 表示是一批属于同一个 k2 的 value

Map 函数的输入来自于分布式文件系统的文件块，这些文件块的格式是任意的，可以是文档，也可以是二进制格式的。文件块是一系列元素的集合，这些元素也是任意类型的，同一个元素不能跨文件块存储。Map 函数将输入的元素转换成 <key,value> 形式的键值对，键和值的类型也是任意的，其中键不同于一般的标志属性，即键没有唯一性，不能作为输出的身份标识，即使是同一输入元素，也可通过一个 Map 任务生成具有相同键的多个

<key,value>。

Reduce 函数的任务就是将输入的一系列具有相同键的键值对以某种方式组合起来，输出处理后的键值对，输出结果会合并成一个文件。用户可以指定 Reduce 任务的个数（如 n 个），并通知实现系统，然后主控进程通常会选择一个 Hash 函数，Map 任务输出的每个键都会经过 Hash 函数计算，并根据哈希结果将该键值对输入相应的 Reduce 任务来处理。对于处理键为 k 的 Reduce 任务的输入形式为 <k,<v1,v2,…,vn>>，输出为 <k,V>。

下面给出一个简单实例。比如，想编写一个 MapReduce 程序来统计一个文本文件中每个单词出现的次数，对于表 5-1-1 中的 Map 函数的输入 <k1,v1> 而言，其具体数据就是 <某一行文本在文件中的偏移位置,该行文本的内容>。用户可以自己编写 Map 函数处理过程，把文件中的一行读取后解析出每个单词，生成一批中间结果 < 单词,出现次数 >，然后把这些中间结果作为 Reduce 函数的输入，Reduce 函数的具体处理过程也是由用户自己编写的，用户可以将相同单词的出现次数进行累加，得到每个单词出现的总次数。

5.1.4 MapReduce 的工作流程

理解 MapReduce 的工作流程，是开展 MapReduce 编程的前提。本节首先给出工作流程概述，并阐述 MapReduce 的各个执行阶段，最后对 MapReduce 的核心环节——Shuffle 过程进行详细剖析。

1．工作流程

大规模数据集的处理包括分布式存储和分布式计算两个核心环节。谷歌公司用分布式文件系统 GFS 实现分布式数据存储，用 MapReduce 实现分布式计算；而 Hadoop 则使用分布式文件系统 HDFS 实现分布式数据存储，用 Hadoop MapReduce 实现分布式计算。MapReduce 的输入和输出都需要借助于分布式文件系统进行存储，这些文件被分布存储到集群中的多个节点上。

MapReduce 的核心思想可以用"分而治之"来描述，如图 5-1-1 所示，也就是把一个大的数据集拆分成多个小数据块在多台机器上并行处理，也就是说，一个大的 MapReduce 作业首先会被拆分成许多个 Map 任务在多台机器上并行执行，每个 Map 任务通常运行在数据存储的节点上，这样，计算和数据就可以放在一起运行，不需要额外的数据传输开销。当 Map 任务结束后，会生成以 <key,value> 形式表示的许多中间结果。然后，这些中间结果会被分发到多个 Reduce 任务在多台机器上并行执行，具有相同 key 的 <key,value> 会被发送到同一个 Reduce 任务那里，Reduce 任务会对中间结果进行汇总计算得到最后结果，并输出到分布式文件系统中。

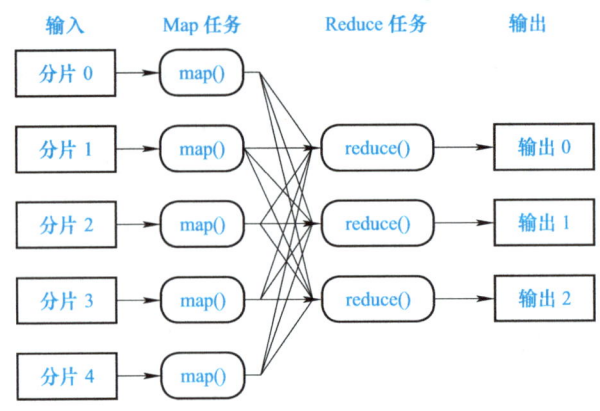

图 5-1-1　MapReduce 的工作流程

在 MapReduce 的整个执行过程中，Map 任务的输入文件、Reduce 任务的处理结果都是保存在分布式文件系统中的，而 Map 任务处理得到的中间结果则保存在本地存储中（如磁盘）。另外，只有当 Map 处理全部结束后，Reduce 过程才能开始；只有 Map 需要考虑数据局部性，实现"计算向数据靠拢"，而 Reduce 无需考虑数据局部性。

2．MapReduce 的各个执行阶段

下面是一个 MapReduce 算法的执行过程。

1）MapReduce 框架使用 InputFormat 模块做 Map 前的预处理，比如验证输入的格式是否符合输入定义；然后，将输入文件切分为逻辑上的多个 InputSplit。InputSplit 是 MapReduce 对文件进行处理和运算的输入单位，只是一个逻辑概念，每个 InputSplit 并没有对文件进行实际切割，只是记录了要处理的数据的位置和长度。

2）因为 InputSplit 是逻辑切分而非物理切分，所以还需要通过 RecordReader（RR）根据 InputSplit 中的信息来处理 InputSplit 中的具体记录，加载数据并转换为适合 Map 任务读取的键值对，输入给 Map 任务。

3）Map 任务会根据用户自定义的映射规则，输出一系列的 <key,value> 作为中间结果。

4）为了让 Reduce 可以并行处理 Map 的结果，需要对 Map 的输出进行一定的分区（Partition）、排序（Sort）、合并（Combine）、归并（Merge）等操作，得到 <key, value-list> 形式的中间结果，再交给对应的 Reduce 进行处理，这个过程称为 Shuffle。从无序的 <key, value> 到有序的 <key,value-list>，这个过程用 Shuffle（洗牌）来称呼是非常形象的。

5）Reduce 以一系列 <key,value-list> 中间结果作为输入，执行用户定义的逻辑，输出结果给 OutputFormat 模块。

6）OutputFormat 模块会验证输出目录是否已经存在以及输出结果类型是否符合配置文件中的配置类型，如果都满足，就输出 Reduce 的结果到分布式文件系统。

MapReduce 工作流程中的各个执行阶段，具体如图 5-1-2 所示。

第 5 章 大数据处理与分析

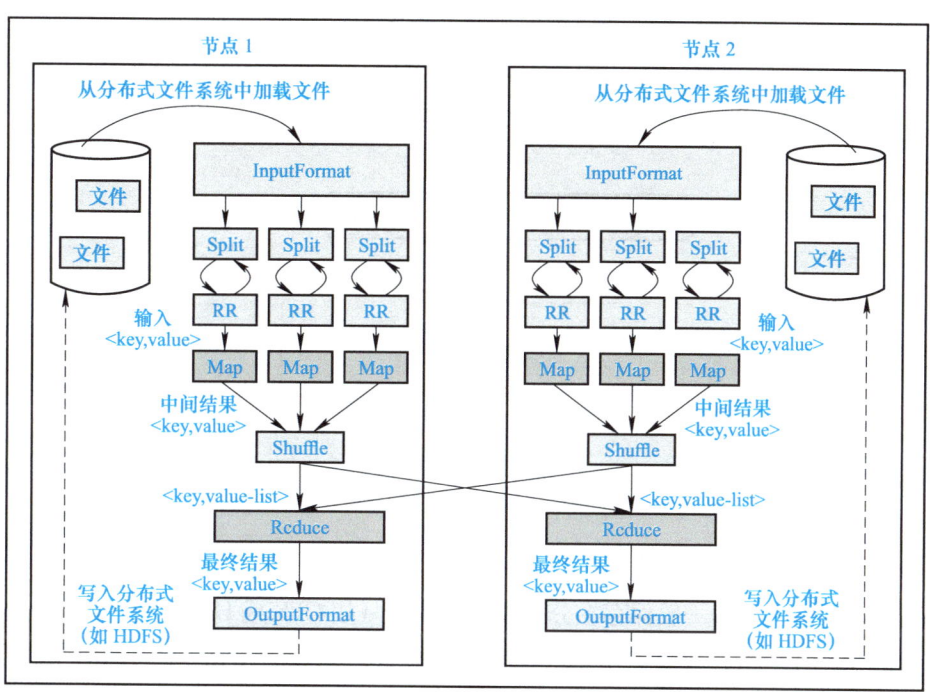

图 5-1-2 MapReduce 工作流程中的各个执行阶段

3．Shuffle 过程详解

Shuffle 过程是 MapReduce 整个工作流程的核心环节，理解 Shuffle 过程的基本原理对于理解 MapReduce 流程至关重要。

（1）Shuffle 过程简介

所谓 Shuffle 是指对 Map 输出结果进行分区、排序、合并等处理并交给 Reduce 的过程。因此，Shuffle 过程分为 Map 端的操作和 Reduce 端的操作，如图 5-1-3 所示。

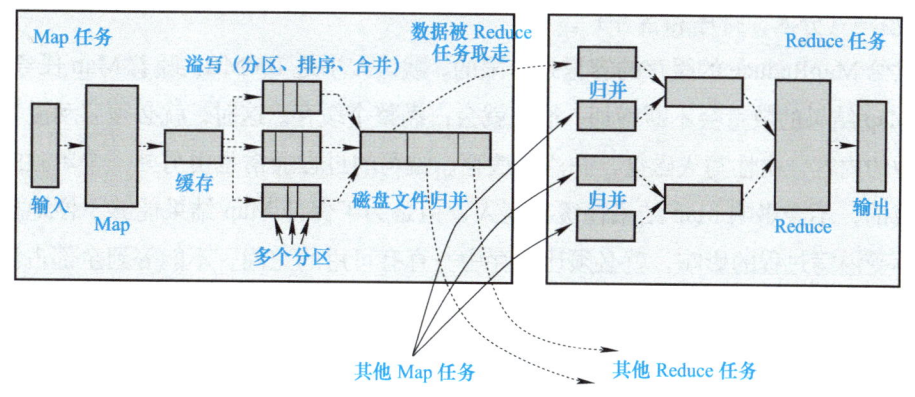

图 5-1-3 Shuffle 过程

（2）Map 端的 Shuffle 过程

Map 端的 Shuffle 过程包括 4 个步骤，如图 5-1-4 所示。

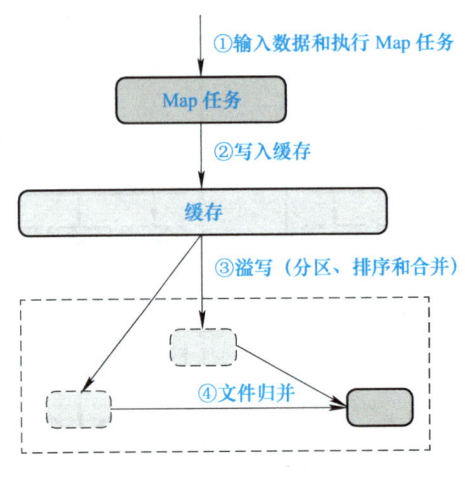

图 5-1-4　Map 端的 Shuffle 过程

1）输入数据和执行 Map 任务。

Map 任务的输入数据一般保存在分布式文件系统（如 GFS 或 HDFS）的文件块中，这些文件块的格式是任意的，可以是文档，也可以是二进制格式的。Map 任务接受 <key, value> 作为输入后，按一定的映射规则转换成一批 <key，value> 进行输出。

2）写入缓存。

每个 Map 任务都会被分配一个缓存，Map 的输出结果不是立即写入磁盘，而是首先写入缓存。在缓存中积累一定数量的 Map 输出结果以后，再一次性批量写入磁盘，这样可以大大减少对磁盘 I/O 的影响。因为，磁盘包含机械部件，它是通过磁头移动和盘片的转动来寻址定位数据的，每次寻址的开销很大，如果每个 Map 输出结果都直接写入磁盘，会引入很多次寻址开销，而一次性批量写入，就只需要一次寻址、连续写入，大大降低了开销。需要注意的是，在写入缓存之前，key 与 value 值都会被序列化成字节数组。

3）溢写（分区、排序和合并）。

提供给 MapReduce 的缓存的容量是有限的，默认大小是 100MB。随着 Map 任务的执行，缓存中 Map 结果的数量会不断增加，很快就会占满整个缓存。这时，就必须启动溢写操作，把缓存中的内容一次性写入磁盘，并清空缓存。溢写的过程通常是由另外一个单独的后台线程来完成的，不会影响 Map 结果往缓存写入，但是为了保证 Map 结果能够不停地持续写入缓存，不受溢写过程的影响，就必须让缓存中一直有可用的空间，不能等到全部占满才启动溢写过程，所以一般会设置一个溢写比例，如 0.8。也就是说，当 100MB 大小的缓存被填满 80MB 数据时，就启动溢写过程，把已经写入的 80MB 数据写入磁盘，剩余 20MB 空间供 Map 结果继续写入。

但是，在溢写到磁盘之前，缓存中的数据首先会被分区。缓存中的数据是 <key, value> 形式的键值对，这些键值对最终需要交给不同的 Reduce 任务进行并行处理。MapReduce 通过 Partitioner 接口对这些键值对进行分区，默认采用的分区方式是采用 Hash 函数对 key

进行哈希后再用 Reduce 任务的数量进行取模,可以表示成 hash(key)mod R,其中 R 表示 Reduce 任务的数量,这样,就可以把 Map 输出结果均匀地分配给这 R 个 Reduce 任务去并行处理了。当然,MapReduce 也允许用户通过重载 Partitioner 接口来自定义分区方式。

对于每个分区内的所有键值对,后台线程会根据 key 对它们进行内存排序(Sort),排序是 MapReduce 的默认操作。排序结束后,还包含一个可选的合并(Combine)操作。如果用户事先没有定义 Combiner 函数,就不用进行合并操作。如果用户事先定义了 Combiner 函数,则这个时候会执行合并操作,从而减少需要溢写到磁盘的数据量。

所谓"合并",是指将那些具有相同 key 的 <key, value> 的 value 加起来。比如,有两个键值对 <"xmu"1> 和 <"xmu"1>,经过合并操作以后就可以得到一个键值对 <"xmu"2>,减少了键值对的数量。这里需要注意,Map 端的这种合并操作,其实和 Reduce 的功能相似,但是由于这个操作发生在 Map 端,所以只能称之为"合并",从而有别于 Reduce。不过,并非所有场合都可以使用 Combiner,因为 Combiner 的输出是 Reduce 任务的输入,Combiner 绝不能改变 Reduce 任务最终的计算结果,一般而言,累加、最大值等场景可以使用合并操作。

经过分区、排序以及可能发生的合并操作之后,这些缓存中的键值对就可以被写入磁盘,并清空缓存。每次溢写操作都会在磁盘中生成一个新的溢写文件,写入溢写文件中的所有键值对都是经过分区和排序的。

4)文件归并。

每次溢写操作都会在磁盘中生成一个新的溢写文件,随着 MapReduce 任务的进行,磁盘中的溢写文件数量会越来越多。当然,如果 Map 输出结果很少,磁盘上只会存在一个溢写文件,但是通常都会存在多个溢写文件。最终,在 Map 任务全部结束之前,系统会对所有溢写文件中的数据进行归并,生成一个大的溢写文件,这个大的溢写文件中的所有键值对也是经过分区和排序的。

所谓"归并",是指对于具有相同 key 的键值对会被归并成一个新的键值对。具体而言,对于若干个具有相同 key 的键值对 <k1,v1>、<k1,v2>……<k1,vn> 会被归并成一个新的键值对 <k1,<v1,v2,...,vn>>。

另外,进行文件归并时,如果磁盘中已经生成的溢写文件的数量超过参数 min.num. spills.for.combine 的值时(默认值是 3,用户可以修改这个值),那么,就可以再次运行 Combiner,对数据进行合并操作,从而减少写入磁盘的数据量。但是,如果磁盘中只有一两个溢写文件时,执行合并操作就会"得不偿失",因为执行合并操作本身也需要代价,因此不会运行 Combiner。

经过上述 4 个步骤以后,Map 端的 Shuffle 过程全部完成,最终生成的一个大文件会被存放在本地磁盘上。这个大文件中的数据是被分区的,不同的分区会被发送到不同的 Reduce 任务进行并行处理。JobTracker 会一直监测 Map 任务的执行,当监测到一个 Map 任务完成后,就会立即通知相关的 Reduce 任务来"领取"数据，然后开始 Reduce 端的 Shuffle 过程。

（3）Reduce 端的 Shuffle 过程

相对于 Map 端而言，Reduce 端的 Shuffle 过程非常简单，只需要从 Map 端读取 Map 结果，然后执行归并操作，最后输送给 Reduce 任务进行处理。具体而言，Reduce 端的 Shuffle 过程包括 3 个步骤，如图 5-1-5 所示。

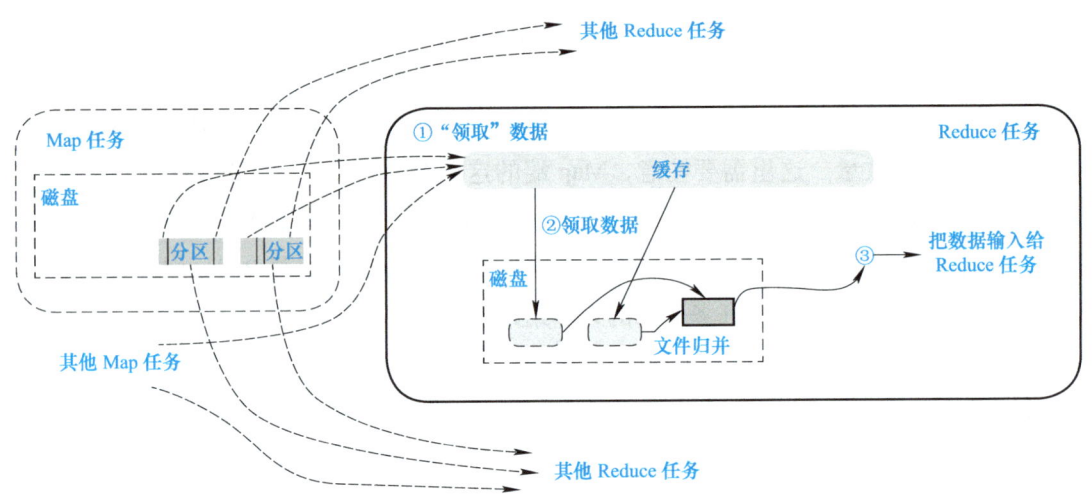

图 5-1-5　Reduce 端的 Shuffle 过程

1）"领取"数据。

Map 端的 Shuffle 过程结束后，所有 Map 输出结果都保存在 Map 机器的本地磁盘上，Reduce 任务需要把这些数据"领取"（Fetch）回来存放到自己所在机器的本地磁盘上。因此，在每个 Reduce 任务真正开始之前，它大部分时间都在从 Map 端把属于自己处理的那些分区的数据"领取"过来。每个 Reduce 任务会不断地通过 RPC 向 JobTracker 询问 Map 任务是否已经完成；JobTracker 监测到一个 Map 任务完成后，就会通知相关的 Reduce 任务来"领取"数据；一旦一个 Reduce 任务收到 JobTracker 的通知，它就会到该 Map 任务所在机器上把属于自己处理的分区数据领取到本地磁盘中。一般系统中会存在多个 Map 机器，因此 Reduce 任务会使用多个线程同时从多个 Map 机器领回数据。

2）归并数据。

从 Map 端领回的数据会首先被存放在 Reduce 任务所在机器的缓存中，如果缓存被占满，就会像 Map 端一样被溢写到磁盘中。由于在 Shuffle 阶段 Reduce 任务还没有真正开始执行，因此，这时可以把内存的大部分空间分配给 Shuffle 过程作为缓存。需要注意的是，系统中一般存在多个 Map 机器，Reduce 任务会从多个 Map 机器领回属于自己处理的那些分区的数据，因此缓存中的数据是来自不同的 Map 机器的，一般会存在很多可以合并（Combine）的键值对。当溢写过程启动时，具有相同 key 的键值对会被归并（Merge），如果用户定义了 Combiner，则归并后的数据还可以执行合并操作，减少写入磁盘的数据量。每个溢写过程结束后，都会在磁盘中生成一个溢写文件，因此磁盘上会存在多个溢写文件。最终，当所有的 Map 端数据都已经被领回时，和 Map 端类似，多个溢写文件会被归并成一个大文件，归并的时候还会对键值对进行排序，从而使得最终大文件中的键值对都是有序的。当然，在数据很少的情形下，缓存可以存储所有数据，就不需要把数据溢写到磁盘，而是直接在内存中执行归并操作，然后直接输出给 Reduce 任务。需要说明的是，把磁盘上的多个溢写文件归并成一个大文件可能需要执行多轮归并操作。每轮归并操作可以归并的文件数量是由参数 io.sort.factor 的值来控制的（默认值是 10，可以修改）。假设磁盘中生成了 50 个溢写文件，每轮可以归并 10 个溢写文件，则需要经过 5 轮归并，得到 5 个归并后的大文件。

3）把数据输入给 Reduce 任务。

磁盘中经过多轮归并后得到的若干个大文件，不会继续归并成一个新的大文件，而是直接输入给 Reduce 任务，这样可以减少磁盘读写开销。由此，整个 Shuffle 过程顺利结束。接下来，Reduce 任务会执行 Reduce 函数中定义的各种映射，输出最终结果，并保存到分布式文件系统中（比如 GFS 或 HDFS）。

5.1.5 实例分析：WordCount

下面给出一个 WordCount 实例来阐述采用 MapReduce 解决实际问题的基本思路和具体实现过程。

1．WordCount 的程序任务

在编程语言的学习过程中，都会以"HelloWorld"程序作为入门范例，WordCount 就是类似"HelloWorld"的 MapReduce 入门程序，见表 5-1-2。表 5-1-3 给出了一个 WordCount 的输入和输出实例。

表 5-1-2 WordCount 程序任务

项　目	描　　述
程序	WordCount
输入	一个包含大量单词的文本文件
输出	文件中每个单词及其出现次数（频数），并按照单词字母顺序排序，每个单词和其频数占一行，单词和频数之间有间隔

大数据导论

表 5-1-3 一个 WordCount 的输入和输出实例

输　　入	输　　出
Hello World	Hadoop 1
Hello Hadoop	Hello 3
Hello MapReduce	MapReduce 1
	World 1

2．WordCount 的设计思路

首先，需要检查 WordCount 程序任务是否可以采用 MapReduce 来实现。在前文曾经提到，适合用 MapReduce 来处理的数据集需要满足一个前提条件：待处理的数据集可以分解成许多小的数据集，而且每一个小数据集都可以完全并行地进行处理。在 WordCount 程序任务中，不同单词之间的频数不存在相关性，彼此独立，可以把不同的单词分发给不同的机器进行并行处理，因此可以采用 MapReduce 来实现词频统计任务。

其次，确定 MapReduce 程序的设计思路。思路很简单，把文件内容解析成许多个单词，然后把所有相同的单词聚集到一起，最后计算出每个单词出现的次数进行输出。

最后，确定 MapReduce 程序的执行过程。把一个大文件切分成许多个分片，每个分片输入给不同机器上的 Map 任务，并行执行完成"从文件中解析出所有单词"的任务。Map 的输入采用 Hadoop 默认的 <key, value> 输入方式，即文件的行号作为 key，文件的一行作为 value；Map 的输出以单词作为 key，1 作为 value，即 < 单词，1> 表示单词出现了 1 次。Map 阶段完成后，会输出一系列 < 单词，1> 这种形式的中间结果，然后 Shuffle 阶段会对这些中间结果进行排序、分区，得到 <key, value-list> 的形式（比如 <hadoop, <1,1,1,1,1>>），分发给不同的 Reduce 任务。Reduce 任务接收到所有分配给自己的中间结果（一系列键值对）以后，就开始执行汇总计算工作，计算得到每个单词的频数并把结果输出到分布式文件系统。

3．WordCount 的具体执行过程

对于 WordCount 程序任务，整个 MapReduce 过程实际的执行顺序如下。

1）执行 WordCount 的用户程序（采用 MapReduce 编写）会被系统分发部署到集群中的多台机器上，其中一个机器作为 Master，负责协调调度作业的执行，其余机器作为 Worker，可以执行 Map 或 Reduce 任务。

2）系统分配一部分 Worker 执行 Map 任务，一部分 Worker 执行 Reduce 任务；MapReduce 将输入文件切分成 M 个分片，Master 将 M 个分片分给处于空闲状态的 N 个 Worker 来处理。

3）执行 Map 任务的 Worker 读取输入数据，执行 Map 操作，生成一系列 <key,value> 形式的中间结果，并将中间结果保存在内存的缓冲区中。

4）缓冲区中的中间结果会被定期刷写到本地磁盘上，并被划分为 R 个分区，这 R 个分区会被分发给 R 个执行 Reduce 任务的 Worker 进行处理；Master 会记录这 R 个分区在磁盘上的存储位置，并通知 R 个执行 Reduce 任务的 Worker 来"领取"属于自己处理的那些分区的数据。

5）执行 Reduce 任务的 Worker 收到 Master 的通知后，就到相应的 Map 机器上"领回"属于自己处理的分区。需要注意的是，正如之前在 Shuffle 过程阐述的那样，可能会有多个 Map 机器通知某个 Reduce 机器来领取数据，因此一个执行 Reduce 任务的 Worker，可能会从多个 Map 机器上领取数据。当位于所有 Map 机器上的、属于自己处理的数据都已经领取回来以后，这个执行 Reduce 任务的 Worker 会对领取到的键值对进行排序（如果内存中放不下需要用到外部排序），使得具有相同 key 的键值对聚集在一起，然后就可以开始执行具体的 Reduce 操作了。

6）执行 Reduce 任务的 Worker 遍历中间数据，对每一个唯一 key 执行 Reduce 函数，结果写入到输出文件中；执行完毕后，唤醒用户程序，返回结果。

WordCount 的执行过程，具体如图 5-1-6 所示。

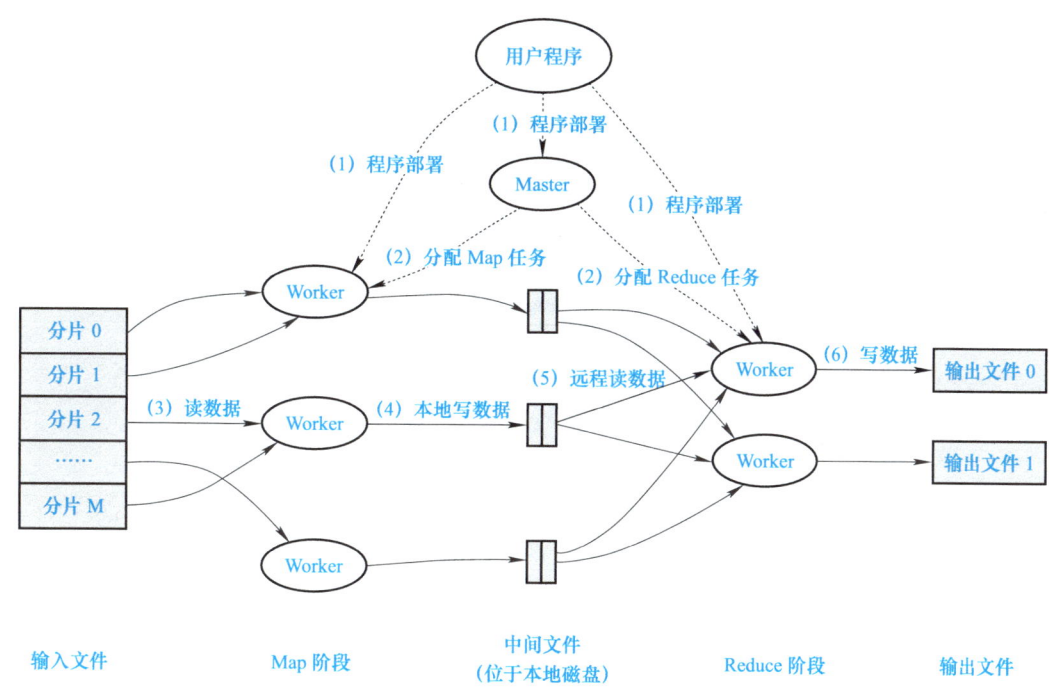

图 5-1-6　WordCount 的执行过程

4．一个 WordCount 执行过程的实例

假设执行单词统计任务的 MapReduce 作业中，有 3 个执行 Map 任务的 Worker 和 1 个执行 Reduce 任务的 Worker。一个文档包含 3 行内容，每行分配给一个 Map 任务来处理。Map 操作的输入是 <key, value> 形式，其中，key 是文档中某行的行号，value 是该行的内容。Map 操作会将输入文档中每一个单词以 <key, value> 的形式作为中间结果进行输出，如图 5-1-7 所示。

图 5-1-7　Map 过程示意

在 Map 端的 Shuffle 过程中，如果用户没有定义 Combiner 函数，则 Shuffle 过程会把具有相同 key 的键值对归并（Merge）成一个键值对，如图 5-1-8 所示。具体而言，对于若干个具有相同 key 的键值对 <k1,v1>、<k1,v2>...<k1,vn> 会被归并成一个新的键值对 <k1,<v1,v2,...,vn>>。比如，在图 5-1-7 最上面的 Map 任务输出结果中，存在 key 都是 "World" 的两个键值对 <"World",1>，经过 Map 端的 Shuffle 过程以后，这两个键值对会被归并得到一个键值对 <"World", <1,1>>，这里不再给出 Reduce 端的 Shuffle 结果。这些归并后的键值对会作为 Reduce 任务的输入，由 Reduce 任务为每个单词计算出总的出现次数。最后，输出排序后的最终结果就会是：<"Bye", 3>、<"Hadoop", 4>、<"Hello", 3>、<"World", 2>。

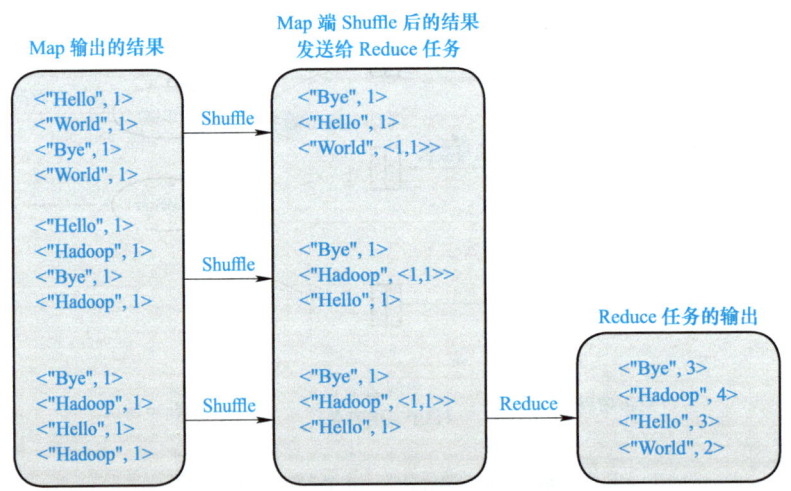

图 5-1-8　用户没有定义 Combiner 时的 Reduce 过程示意

在实际应用中，每个输入文件被 Map 函数解析后，都可能会生成大量类似 <"the", 1> 这样的中间结果，很显然，这会大大增加网络传输开销。在前面介绍 Shuffle 过程时曾经提到过，对于这种情形，MapReduce 支持用户提供 Combiner 函数来对中间结果进行合并后再发送给 Reduce 任务，从而大大减少网络传输的数据量。对于图 5-1-7 中的 Map 输出结果，如果存在用户自定义的 Combiner 函数，则 Reduce 过程如图 5-1-9 所示。

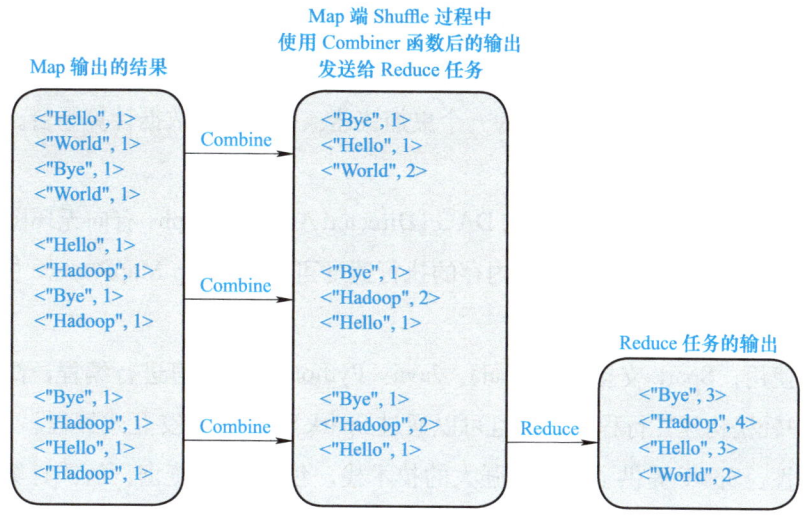

图 5-1-9　用户定义 Combiner 时的 Reduce 过程示意

5.2　Spark

虽然 Hadoop 已成为大数据的事实标准，但是 MapReduce 分布式计算模型仍存在诸多缺陷，而 Spark 不仅具备了 Hadoop MapReduce 的优点，而且解决了 Hadoop MapReduce 的缺陷。Spark 以其结构一体化、功能多元化的优势逐渐成为当今大数据领域最热门的大数据计算平台。

扫码观看视频

5.2.1　Spark 概述

Spark 最初诞生于美国加州大学伯克利分校的 APM 实验室，是一个可应用于大规模数据处理的快速、通用引擎，如今是 Apache 软件基金会下的顶级开源项目之一。Spark 最初的设计目标是使数据分析更快——不仅运行速度快，也要能快速、容易地编写程序。为了使程序运行更快，Spark 提供了内存计算，减少了迭代计算时的 I/O 开销；而为了使编写程序更为容易，Spark 使用简练、优雅的 Scala 语言编写，基于 Scala 提供了交互式的编程体验。

本节简要介绍大数据处理框架 Spark 和多范式编程语言 Scala，并对 Spark 和 Hadoop 做对比分析。

1．Spark 简介

Spark 是基于内存计算的大数据并行计算框架，可用于构建大型的、低延迟的数据分析应用程序。Spark 在诞生之初属于研究性项目，其诸多核心理念均源自学术研究论文。2013 年，Spark 加入 Apache 孵化器项目后，开始获得迅猛的发展，如今已成为 Apache 软件基金会最重要的三大分布式计算系统开源项目之一（即 Hadoop、Spark、Storm）。

Spark 作为大数据计算平台的后起之秀，在 2014 年打破了 Hadoop 保持的基准排序（Sort Benchmark）纪录，使用 206 个节点在 23min 的时间里完成了 100TB 数据的排序，而

Hadoop 则是使用 2 000 个节点在 72min 的时间里才完成同样数据的排序。也就是说，Spark 仅使用了 1/10 的计算资源，获得了比 Hadoop 快 3 倍的速度。新纪录的诞生，使得 Spark 获得多方追捧，也表明了 Spark 可以作为一个更加快速、高效的大数据计算平台。

Spark 具有如下 4 个主要特点。

1）运行速度快。Spark 使用先进的 DAG（Directed Acyclic Graph，有向无环图）执行引擎，以支持循环数据流与内存计算，基于内存的执行速度可比 Hadoop MapReduce 快上百倍，基于磁盘的执行速度也能快十倍。

2）容易使用。Spark 支持使用 Scala、Java、Python 和 R 语言进行编程，简洁的 API 设计有助于用户轻松构建并行程序，并且可以通过 Spark Shell 进行交互式编程。

3）通用性。Spark 提供了完整而强大的技术栈，包括 SQL 查询、流式计算、机器学习和图算法组件，这些组件可以无缝整合在同一个应用中，足以应对复杂的计算。

4）运行模式多样。Spark 可运行于独立的集群模式中或者运行于 Hadoop 中，也可运行于 Amazon EC2 等云环境中，并且可以访问 HDFS、Cassandra、HBase、Hive 等多种数据源。

Spark 源码托管在 Github 中，截至 2016 年 3 月，共有超过 800 名来自 200 多家不同公司的开发人员贡献了 15 000 次代码提交，可见 Spark 的受欢迎程度。Spark 与 Hadoop 的搜索趋势对比如图 5-2-1 所示。从图 5-2-1 中也可以看出，2013 ～ 2016 年，Spark 搜索趋势逐渐增加，Hadoop 则相对变化不大。

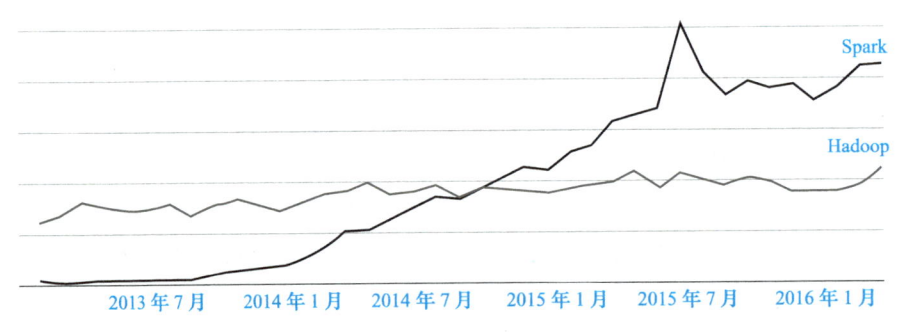

图 5-2-1　谷歌趋势：Spark 与 Hadoop 对比

此外，每年举办的全球 Spark 顶尖技术人员峰会 Spark Summit，吸引了使用 Spark 的一线技术公司及专家会聚一堂，共同探讨目前 Spark 在企业的落地情况及未来 Spark 的发展方向和挑战。Spark Summit 的参会人数从 2014 年的不到 500 人暴涨到 2015 年的 2000 多人，足以反映 Spark 社区的旺盛人气。

Spark 如今已吸引了国内外各大公司的注意，如腾讯、淘宝、百度、亚马逊等公司均不同程度地使用了 Spark 来构建大数据分析应用，并应用到实际的生产环境中。相信在将来，Spark 会在更多的应用场景中发挥重要作用。

2．Scala 简介

Scala 是一门现代的多范式编程语言，平滑地集成了面向对象和函数式语言的特性，旨在以简练、优雅的方式来表达常用编程模式。Scala 语言的名称来自于"可扩展的语言（A Scalable Language）"，从写小脚本到建立大系统的编程任务均可胜任。Scala 运行于 JVM（Java 虚拟机）上，并兼容现有的 Java 程序。

Spark 的设计目的之一就是使程序编写更快更容易，这也是 Spark 选择 Scala 的原因所在。总体而言，Scala 具有以下突出的优点。

1）Scala 具备强大的并发性，支持函数式编程，可以更好地支持分布式系统。

2）Scala 语法简洁，能提供优雅的 API。

3）Scala 兼容 Java，运行速度快，且能融合到 Hadoop 生态圈中。

实际上，AMP 实验室的大部分核心产品都是使用 Scala 开发的。Scala 近年来也吸引了不少开发者的眼球，如知名社交网站 Twitter 已将代码从 Ruby 转到了 Scala。

Scala 是 Spark 的主要编程语言，但 Spark 还支持 Java、Python、R 作为编程语言。因此，若仅仅是编写 Spark 程序，并非一定要用 Scala。Scala 的优势是提供了 REPL（Read-Eval-Print Loop，交互式解释器），因此在 Spark Shell 中可进行交互式编程（即表达式计算完成就会输出结果，而不必等到整个程序运行完毕，因此可即时查看中间结果，并对程序进行修改），这样可以在很大程度上提升开发效率。

3．Spark 与 Hadoop 的对比

Hadoop 最主要的缺陷是其 MapReduce 计算模型延迟过高，无法满足实时、快速计算的需求，因而只适用于离线批处理的应用场景。回顾 Hadoop 的工作流程，可以发现 Hadoop 存在以下缺点。

1）表达能力有限。计算都必须要转化成 Map 和 Reduce 两个操作，但这并不适合所有的情况，难以描述复杂的数据处理过程。

2）磁盘 I/O 开销大。每次执行时都需要从磁盘读取数据，并且在计算完成后需要将中间结果写入磁盘中，I/O 开销较大。

3）延迟高。一次计算可能需要分解成一系列按顺序执行的 MapReduce 任务，任务之间的衔接由于涉及到 I/O 开销，会产生较高延迟。而且，在前一个任务执行完成之前，其他任务无法开始，因此难以胜任复杂、多阶段的计算任务。

Spark 在借鉴 Hadoop MapReduce 优点的同时，很好地解决了 MapReduce 所面临的问题。相比于 MapReduce，Spark 主要具有如下优点。

1）Spark 的计算模式也属于 MapReduce，但不局限于 Map 和 Reduce 操作，还提供了多种数据集操作类型，编程模型比 MapReduce 更灵活。

2）Spark 提供了内存计算，中间结果直接放到内存中，带来了更高的迭代运算效率。

3）Spark 基于 DAG 的任务调度执行机制，要优于 MapReduce 的迭代执行机制。

Hadoop 与 Spark 的执行流程对比如图 5-2-2 所示，由图 5-2-2 可以看到，Spark 最大的特点就是将计算数据、中间结果都存储在内存中，大大减少了 I/O 开销，因而 Spark 更适合于迭代运算比较多的数据挖掘与机器学习运算。

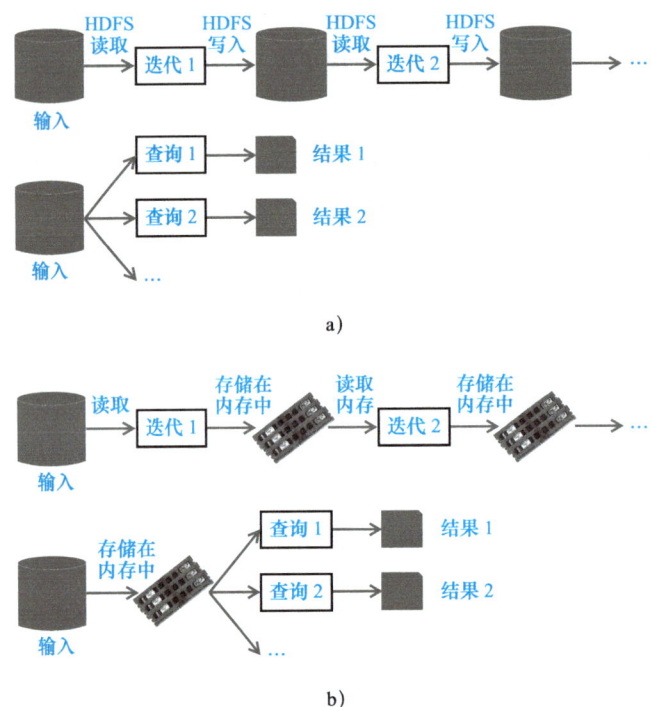

图 5-2-2　Hadoop MapReduce 与 Spark 的执行流程对比

a）Hadoop MapReduce 执行流程　b）Spark 执行流程

使用 Hadoop 进行迭代计算非常耗资源，因为每次迭代都需要从磁盘中写入、读取中间数据，I/O 开销大。而 Spark 将数据载入内存后，之后的迭代计算都可以直接使用内存中的中间结果作运算，避免了从磁盘中频繁读取数据。如图 5-2-3 所示，Hadoop 与 Spark 在执行逻辑回归时所需的时间相差巨大。

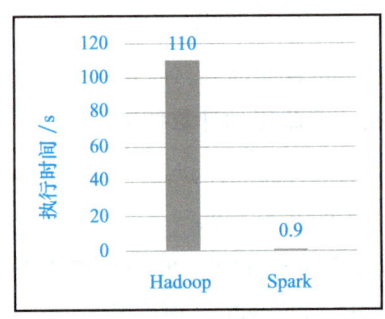

图 5-2-3　Hadoop 与 Spark 执行逻辑回归的时间对比

在实际进行开发时，使用 Hadoop 需要编写不少相对底层的代码，不够高效。相对而言，Spark 提供了多种高层次、简洁的 API。通常情况下，对于实现相同功能的应用程序，Hadoop 的代码量要比 Spark 多 2～5 倍。更重要的是，Spark 提供了实时交互式编程反馈，可以方便地验证、调整算法。

尽管 Spark 相对于 Hadoop 而言具有较大优势，但 Spark 并不能完全替代 Hadoop，主要用于替代 Hadoop 中的 MapReduce 计算模型。实际上，Spark 已经很好地融入了 Hadoop 生态圈，并成为其中的重要一员，它可以借助于 YARN 实现资源调度管理，借助于 HDFS 实现分布式存储。此外，Hadoop 可以使用廉价的、异构的机器来做分布式存储与计算，但是 Spark 对硬件的要求稍高一些，对内存与 CPU 有一定的要求。

5.2.2 Spark 生态系统

在实际应用中，大数据处理主要包括以下 3 个类型。
1）复杂的批量数据处理：时间跨度通常在数十分钟到数小时之间。
2）基于历史数据的交互式查询：时间跨度通常在数十秒到数分钟之间。
3）基于实时数据流的数据处理：时间跨度通常在数百毫秒到数秒之间。

目前，已有很多相对成熟的开源软件用于处理以上 3 种情景。比如，可以利用 Hadoop MapReduce 来进行批量数据处理，可以用 Impala 来进行交互式查询（Impala 与 Hive 相似，但底层引擎不同，提供了实时交互式 SQL 查询），对于流式数据处理可以采用开源流计算框架 Storm。一些企业可能只会涉及其中部分应用场景，只需部署相应软件即可满足业务需求，但是对于互联网公司而言，通常会同时存在以上 3 种场景，就需要同时部署 3 种不同的软件，这样做难免会带来一些问题。
1）不同场景之间的输入输出数据无法做到无缝共享，通常需要进行数据格式的转换。
2）不同的软件需要不同的开发和维护团队，带来了较高的使用成本。
3）比较难以对同一个集群中的各个系统进行统一的资源协调和分配。

Spark 的设计遵循"一个软件栈满足不同应用场景"的理念，逐渐形成了一套完整的生态系统，既能够提供内存计算框架，也可以支持 SQL 即席查询、实时流式计算、机器学习和图计算等。Spark 可以部署在资源管理器 YARN 之上，提供一站式的大数据解决方案。因此，Spark 所提供的生态系统足以应对上述 3 种场景，即同时支持批处理、交互式查询和流数据处理。

现在，Spark 生态系统已经成为伯克利数据分析软件栈 BDAS（Berkeley Data Analytics Stack）的重要组成部分。BDAS 的架构如图 5-2-4 所示，从图 5-2-4 中可以看出，Spark 专注于数据的处理分析，而数据的存储还是要借助于 Hadoop 分布式文件系统 HDFS、Amazon S3 等来实现的。因此，Spark 生态系统可以很好地实现与

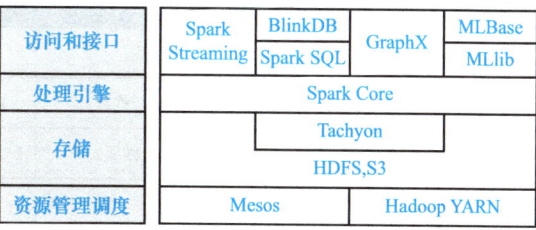

图 5-2-4　BDAS 架构

Hadoop 生态系统的兼容，使得现有 Hadoop 应用程序可以非常容易地迁移到 Spark 系统中。

Spark 生态系统主要包含了 Spark Core、Spark SQL、Spark Streaming、MLlib 和 GraphX 等组件，各个组件的具体功能如下。

（1）Spark Core

Spark Core 包含 Spark 的基本功能，如内存计算、任务调度、部署模式、故障恢复、存储管理等，主要面向批数据处理。Spark 建立在统一的抽象 RDD 之上，使其可以以基本一致的方式应对不同的大数据处理场景。

（2）Spark SQL

Spark SQL 允许开发人员直接处理 RDD，同时也可查询 Hive、HBase 等外部数据源。Spark SQL 的一个重要特点是其能够统一处理关系表和 RDD，开发人员不需要自己编写 Spark 应用程序，可以轻松地使用 SQL 命令进行查询，并进行更复杂的数据分析。

（3）Spark Streaming

Spark Streaming 支持高吞吐量、可容错处理的实时流数据处理，其核心思路是将流数据分解成一系列短小的批处理作业，每个短小的批处理作业都可以使用 Spark Core 进行快速处理。Spark Streaming 支持多种数据输入源，如 Kafka、Flume 和 TCP 套接字等。

（4）MLlib（机器学习）

MLlib 提供了常用机器学习算法的实现，包括聚类、分类、回归、协同过滤等，降低了机器学习的门槛，开发人员只要具备一定的理论知识就能进行机器学习的工作。

（5）GraphX（图计算）

GraphX 是 Spark 中用于图计算的 API，可认为是 Pregel 在 Spark 上的重写及优化，GraphX 性能良好，拥有丰富的功能和运算符，能在海量数据上自如地运行复杂的图算法。

需要说明的是，无论是 Spark SQL、Spark Streaming、MLlib 还是 GraphX，都可以使用 Spark Core 的 API 处理问题，它们的方法几乎是通用的，处理的数据也可以共享，不同应用之间的数据可以无缝集成。

在不同的应用场景下，可以选用的 Spark 生态系统中的组件和其他框架见表 5-2-1。

表 5-2-1　Spark 的应用场景

应用场景	时间跨度	其他框架	Spark 生态系统中的组件
复杂的批量数据处理	小时级	MapReduce、Hive	Spark Core
基于历史数据的交互式查询	分钟级、秒级	Impala、Dremel、Drill	Spark SQL
基于实时数据流的数据处理	毫秒、秒级	Storm、S4	Spark Streaming
基于历史数据的数据挖掘	-	Mahout	MLlib
图结构数据的处理	-	Pregel、Hama	GraphX

5.2.3 Spark 运行架构

本节首先介绍 Spark 的基本概念和架构设计方法，然后介绍 Spark 运行基本流程，最后介绍 RDD 的运行原理。

1．基本概念

在具体讲解 Spark 运行架构之前，需要先了解以下 7 个重要的概念。

1）RDD（弹性分布式数据集，Resilient Distributed Dataset）：它是分布式内存的一个抽象概念，提供了一种高度受限的共享内存模型。

2）DAG（有向无环图，Directed Acyclic Graph）它反映 RDD 之间的依赖关系。

3）Executor：是运行在工作节点（Worker Node）上的一个进程，负责运行任务，并为应用程序存储数据。

4）应用：用户编写的 Spark 应用程序。

5）任务：运行在 Executor 上的工作单元。

6）作业：一个作业包含多个 RDD 及作用于相应 RDD 上的各种操作。

7）阶段：是作业的基本调度单位，一个作业会分为多组任务，每组任务被称为"阶段"或者"任务集"。

2．架构设计

Spark 运行架构如图 5-2-5 所示，包括集群资源管理器（Cluster Manager）、运行作业任务的工作节点（Worker Node）、每个应用的任务控制节点（Driver）和每个工作节点上负责具体任务的执行进程（Executor）。其中，集群资源管理器可以是 Spark 自带的资源管理器，也可以是 YARN 或 Mesos 等资源管理框架。

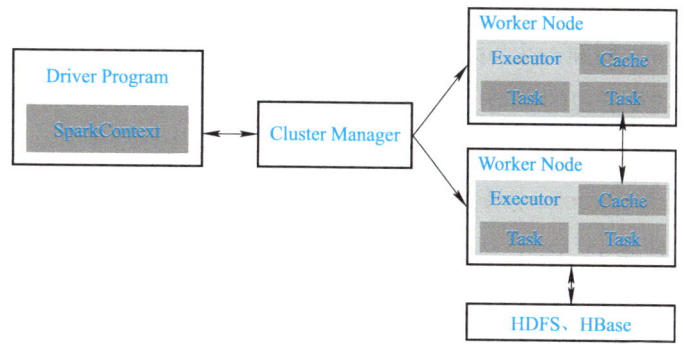

图 5-2-5　Spark 运行架构

与 Hadoop MapReduce 计算框架相比，Spark 所采用的 Executor 有两个优点：一是利用多线程来执行具体的任务（Hadoop MapReduce 采用的是进程模型），减少任务的启动开销；二是 Executor 中有一个 BlockManager 存储模块，会将内存和磁盘共同作为存储设备，当需要多轮迭代计算时，可以将中间结果存储到这个存储模块里，下次需要时就可以直接读该存储模块里的数据，而不需要读写到 HDFS 等文件系统里，因而有效减少了

I/O 开销；或者在交互式查询场景下，预先将表缓存到该存储系统上，从而可以提高读写 I/O 性能。

Spark 中各种概念之间的相互关系如图 5-2-6 所示。总体而言，在 Spark 中，一个应用（Application）由一个任务控制节点（Driver）和若干个作业（Job）构成，一个作业由多个阶段（Stage）构成，一个阶段由多个任务（Task）组成。当执行一个应用时，任务控制节点会向集群管理器（Cluster Manager）申请资源，启动 Executor，并向 Executor 发送应用程序代码和文件，然后在 Executor 上执行任务，运行结束后执行结果会返回给任务控制节点，写到 HDFS 或者其他数据库中。

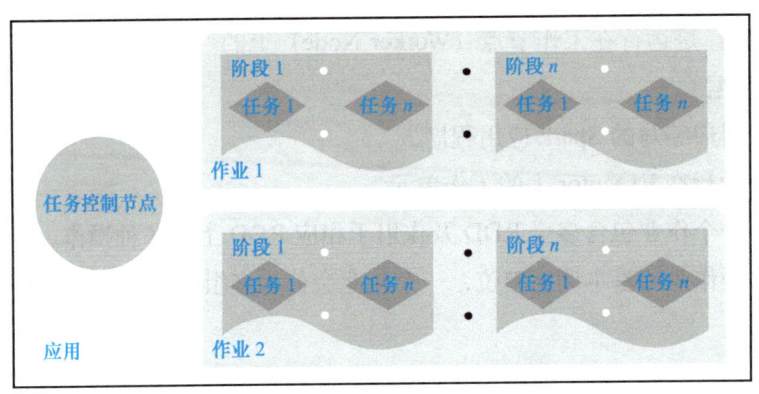

图 5-2-6　Spark 中各种概念之间的相互关系

3．Spark 运行基本流程

Spark 运行基本流程如图 5-2-7 所示，流程如下。

1）当一个 Spark 应用被提交时，首先需要为这个应用构建起基本的运行环境，即由任务控制节点（Driver）创建一个 SparkContext，由 SparkContext 负责和资源管理器（Cluster Manager）的通信以及资源的申请、任务的分配和监控等。SparkContext 会向资源管理器注册并申请运行 Executor 的资源。

2）资源管理器为 Executor 分配资源，并启动 Executor 进程，Executor 运行情况将随着"心跳"发送到资源管理器上。

3）SparkContext 根据 RDD 的依赖关系构建 DAG 图，DAG 图提交给 DAG 调度器（DAGScheduler）进行解析，将 DAG 图分解成多个"阶段"（每个阶段都是一个任务集），并且计算出各个阶段之间的依赖关系，然后把一个个"任务集"提交给底层的任务调度器（TaskScheduler）进行处理；Executor 向 SparkContext 申请任务，任务调度器将任务分发给 Executor 运行，同时 SparkContext 将应用程序代码发放给 Executor。

4）任务在 Executor 上运行，把执行结果反馈给任务调度器，然后反馈给 DAG 调度器，运行完毕后写入数据并释放所有资源。

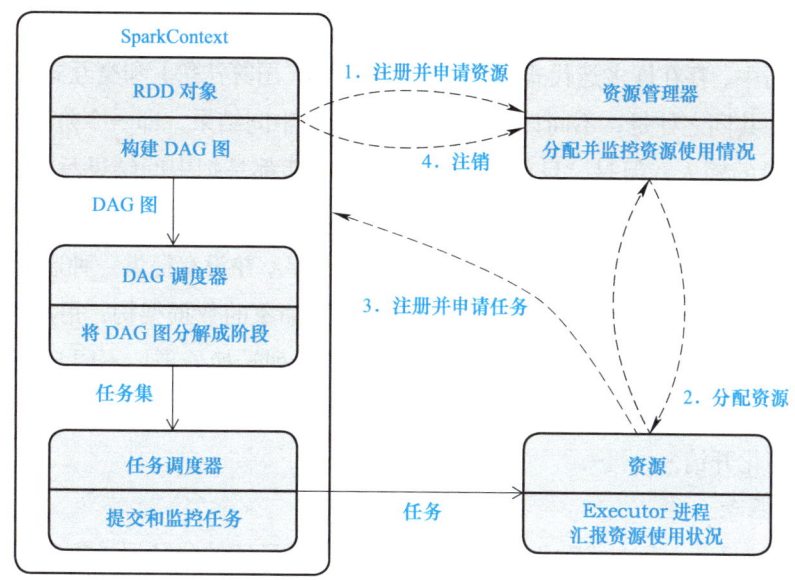

图 5-2-7 Spark 运行基本流程图

Spark 运行架构具有以下特点。

1）每个应用都有自己专属的 Executor 进程，并且该进程在应用运行期间一直驻留。Executor 进程以多线程的方式运行任务，减少了多进程任务频繁的启动开销，使得任务执行变得非常高效和可靠。

2）Spark 运行过程与资源管理器无关，只要能够获取 Executor 进程并保持通信即可。

3）Executor 上有一个 BlockManager 存储模块，类似于键值存储系统（把内存和磁盘共同作为存储设备），在处理迭代计算任务时，不需要把中间结果写入 HDFS 等文件系统，而是直接放在这个存储系统上，后续需要时就可以直接读取；在交互式查询场景下，也可以把表提前缓存到这个存储系统上，提高读写 I/O 性能。

4）任务采用了数据本地性和推测执行等优化机制。数据本地性是尽量将计算移到数据所在的节点上进行，即"计算向数据靠拢"，因为移动计算比移动数据所占的网络资源要少得多。而且，Spark 采用了延时调度机制，可以在更大程度上实现执行过程优化。比如，拥有数据的节点当前正被其他任务占用，那么在这种情况下是否需要将数据移动到其他空闲节点上呢？答案是不一定。因为，如果经过预测发现当前节点结束当前任务的时间要比移动数据的时间还要少，那么调度就会等待，直到当前节点可用。

4．RDD 的设计与运行原理

Spark 的核心是建立在统一的抽象 RDD 之上的，使得 Spark 的各个组件可以无缝地进行集成，在同一个应用程序中完成大数据计算任务。RDD 的设计理念源自 AMP 实验室发表的论文《Resilient Distributed Datasets：A Fault-Tolerant Abstraction for In-Memory Cluster Computing》。

(1) RDD 设计背景

在实际应用中，存在许多迭代式算法（如机器学习、图算法等）和交互式数据挖掘工具。这些应用场景的共同之处是，不同计算阶段之间会重用中间结果，即一个阶段的输出结果会作为下一个阶段的输入。但是，目前的 MapReduce 框架都是把中间结果写入 HDFS 中，带来了大量的数据复制、磁盘 I/O 和序列化开销。虽然类似 Pregel 等图计算框架也是将结果保存在内存中，但是这些框架只能支持一些特定的计算模式，并没有提供一种通用的数据抽象。RDD 就是为了满足这种需求而出现的，它提供了一个抽象的数据架构，用户不必担心底层数据的分布式特性，只需将具体的应用逻辑表达为一系列转换处理，不同 RDD 之间的转换操作形成依赖关系，可以实现管道化，从而避免了中间结果的存储，大大降低了数据复制、磁盘 I/O 和序列化开销。

(2) RDD 概念

一个 RDD 就是一个分布式对象集合，本质上是一个只读的分区记录集合，每个 RDD 可以分成多个分区，每个分区就是一个数据集片段，并且一个 RDD 的不同分区可以被保存到集群中不同的节点上，从而可以在集群中的不同节点上进行并行计算。RDD 提供了一种高度受限的共享内存模型，即 RDD 是只读的记录分区的集合，不能直接修改，只能基于稳定的物理存储中的数据集来创建 RDD，或者通过在其他 RDD 上执行确定的转换操作（如 map、join 和 groupBy）而创建得到新的 RDD。RDD 提供了一组丰富的操作以支持常见的数据运算，分为"行动"（Action）和"转换"（Transformation）两种类型，前者用于执行计算并指定输出的形式，后者指定 RDD 之间的相互依赖关系。两类操作的主要区别是，转换操作（如 map、filter、groupBy、join 等）接受 RDD 并返回 RDD，而行动操作（如 count、collect 等）接受 RDD 但是返回非 RDD（即输出一个值或结果）。RDD 提供的转换接口都非常简单，都是类似 map、filter、groupBy、join 等粗粒度的数据转换操作，而不是针对某个数据项的细粒度修改。因此，RDD 比较适合对于数据集中元素执行相同操作的批处理式应用，而不适合用于需要异步、细粒度状态的应用，比如 Web 应用系统、增量式的网页爬虫等。正因为这样，这种粗粒度转换接口设计会使人直觉上认为 RDD 的功能很受限、不够强大。但是，实际上 RDD 已经被实践证明可以很好地应用于许多并行计算应用中，可以具备很多现有计算框架（如 MapReduce、SQL、Pregel 等）的表达能力，并且可以应用于这些框架处理不了的交互式数据挖掘应用。

Spark 用 Scala 语言实现了 RDD 的 API，程序员可以通过调用 API 实现对 RDD 的各种操作。RDD 典型的执行过程如下：

1）RDD 读入外部数据源（或者内存中的集合）进行创建。

2）RDD 经过一系列的"转换"操作，每一次都会产生不同的 RDD，供给下一个"转换"使用。

3）最后一个 RDD 经"行动"操作进行处理，并输出到外部数据源（或者变成 Scala 集合或标量）。

需要说明的是，RDD 采用了惰性调用，即在 RDD 的执行过程中（见图 5-2-8），真正的计算发生在 RDD 的"行动"操作，对于"行动"之前的所有"转换"操作，Spark 只是记录下"转换"操作应用的一些基础数据集以及 RDD 生成的轨迹，即相互之间的依赖关系，而不会触发真正的计算。

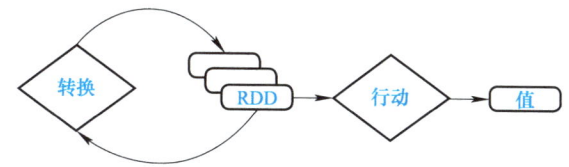

图 5-2-8　Spark 的转换和行动操作

下面给出 RDD 执行过程的一个实例。在图 5-2-9 中，从输入中逻辑上生成 A 和 C 两个 RDD，经过一系列"转换"操作，逻辑上生成了 F（也是一个 RDD），之所以说是逻辑上，是因为这时候计算并没有发生，Spark 只是记录了 RDD 之间的生成和依赖关系。当 F 要进行输出时，也就是当 F 进行"行动"操作的时候，Spark 才会根据 RDD 的依赖关系生成 DAG，并从起点开始真正的计算。

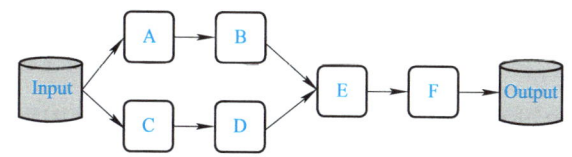

图 5-2-9　RDD 执行过程的一个实例

上述这一系列处理称为一个"血缘关系（Lineage）"，即 DAG 拓扑排序的结果。采用惰性调用，通过血缘关系连接起来的一系列 RDD 操作就可以实现管道化（Pipeline），避免了多次转换操作之间数据同步的等待，而且不必担心有过多的中间数据，因为这些具有血缘关系的操作都管道化了，一个操作得到的结果不需要保存为中间数据，而是直接管道式地流入到下一个操作进行处理。同时，这种通过血缘关系把一系列操作进行管道化连接的设计方式，也使得管道中每次操作的计算变得相对简单，保证了每个操作在处理逻辑上的单一性；相反，在 MapReduce 的设计中，为了尽可能地减少 MapReduce 过程，在单个 MapReduce 中会写入过多复杂的逻辑。

例 1：一个 Spark 的"Hello World"程序。

下面以一个"Hello World"入门级 Spark 程序来解释 RDD 执行过程，这个程序的功能是读取一个 HDFS 文件，计算出包含字符串"Hello World"的行数。

```
val sc= new SparkContext("spark://localhost:7077","Hello World", "YOUR_SPARK_HOME","YOUR_APP_JAR")
val fileRDD = sc.textFile("hdfs://192.168.0.103:9000/examplefile")
val filterRDD = fileRDD.filter(_.contains("Hello World"))
filterRDD.cache()
filterRDD.count()
```

可以看出，一个 Spark 应用程序基本是基于 RDD 的一系列计算操作。第 1 行代码用于创建 SparkContext 对象；第 2 行代码从 HDFS 文件中读取数据创建一个 RDD；第 3 行代码对 fileRDD 进行转换操作得到一个新的 RDD，即 filterRDD；第 4 行代码表示对 filterRDD 进行持久化，把它保存在内存或磁盘中（这里采用 cache 接口把数据集保存在内存中），方便后续重复使用，当数据被反复访问时（比如查询一些热点数据或者运行迭代算法），这是非常有用的，而且通过 cache() 可以缓存非常大的数据集，支持跨越几十甚至上百个节点；第 5 行代码中的 count() 是一个行动操作，用于计算一个 RDD 集合中包含的元素个数。

这个程序的执行过程如下。

1）创建这个 Spark 程序的执行上下文，即创建 SparkContext 对象。

2）从外部数据源（即 HDFS 文件）中读取数据创建 fileRDD 对象。

3）构建起 fileRDD 和 filterRDD 之间的依赖关系，形成 DAG 图，这时候并没有发生真正的计算，只是记录转换的轨迹。

4）执行到第 5 行代码时，count() 是一个行动类型的操作，触发真正的计算，开始实际执行从 fileRDD 到 filterRDD 的转换操作，并把结果持久化到内存中，最后计算出 filterRDD 中包含的元素个数。

5．RDD 特性

总体而言，Spark 采用 RDD 以后能够实现高效计算的主要原因如下。

1）高效的容错性。现有的分布式共享内存、键值存储、内存数据库等，为了实现容错，必须在集群节点之间进行数据复制或者记录日志，也就是在节点之间会发生大量的数据传输，这对于数据密集型应用而言会带来很大的开销。在 RDD 的设计中，数据只读，不可修改，如果需要修改数据，必须从父 RDD 转换到子 RDD，由此在不同 RDD 之间建立了血缘关系。所以，RDD 是一种天生具有容错机制的特殊集合，不需要通过数据冗余的方式（比如检查点）实现容错，而只需通过 RDD 父子依赖（血缘）关系重新计算得到丢失的分区来实现容错，无须回滚整个系统，这样就避免了数据复制的高开销，而且重算过程可以在不同节点之间并行进行，实现了高效的容错。此外，RDD 提供的转换操作都是一些粗粒度的操作（比如 map、filter 和 join），RDD 依赖关系只需要记录这种粗粒度的转换操作，而不需要记录具体的数据和各种细粒度操作的日志（比如对哪个数据项进行了修改），这就大大降低了数据密集型应用中的容错开销。

2）中间结果持久化到内存。数据在内存中的多个 RDD 操作之间进行传递，不需要"落地"到磁盘上，避免了不必要的读写磁盘开销。

3）存放的数据可以是 Java 对象，避免了不必要的对象序列化和反序列化开销。

6．RDD 之间的依赖关系

RDD 中不同的操作会使得不同 RDD 中的分区产生不同的依赖。RDD 中的依赖关系分为窄依赖与宽依赖，两种依赖之间的区别如图 5-2-10 所示。

第 5 章 大数据处理与分析

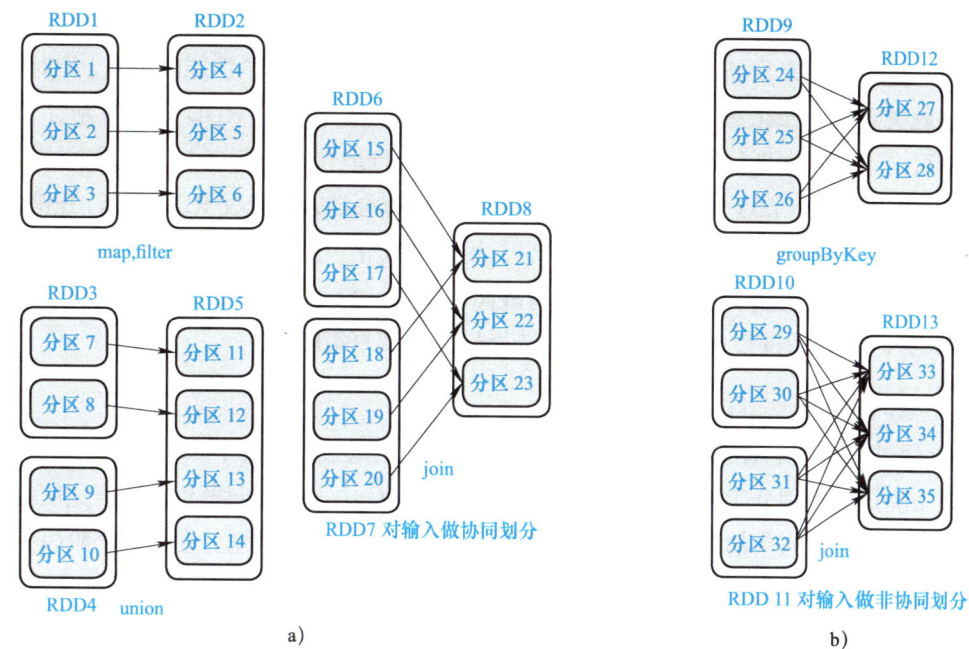

图 5-2-10 窄依赖与宽依赖的区别
a）窄依赖 b）宽依赖

窄依赖表现为一个父 RDD 的分区对应于一个子 RDD 的分区，或多个父 RDD 的分区对应于一个子 RDD 的分区。比如图 5-2-10a 中，RDD1 是 RDD2 的父 RDD，RDD2 是子 RDD，RDD1 的分区 1 对应于 RDD2 的一个分区（即分区 4）；再比如，RDD6 和 RDD7 都是 RDD8 的父 RDD，RDD6 中的分区（分区 15）和 RDD7 中的分区（分区 18），两者都对应于 RDD8 中的一个分区（分区 21）。

宽依赖则表现为存在一个父 RDD 的一个分区对应一个子 RDD 的多个分区。比如图 5-2-10b 中，RDD9 是 RDD12 的父 RDD，RDD9 中的分区 24 对应了 RDD12 中的两个分区（即分区 27 和分区 28）。

总体而言，如果父 RDD 的一个分区只被一个子 RDD 的一个分区所使用就是窄依赖，否则就是宽依赖。窄依赖典型的操作包括 map、filter、union 等；宽依赖典型的操作包括 groupByKey、sortByKey 等。对于连接操作，可以分为两种情况。

1）对输入进行协同划分，属于窄依赖，如图 5-2-10a 所示。所谓协同划分（Co-partitioned）是指多个父 RDD 的某一分区的所有"键（Key）"落在子 RDD 的同一个分区内，不会产生同一个父 RDD 的某一分区落在子 RDD 的两个分区的情况。

2）对输入做非协同划分，属于宽依赖，如图 5-2-10b 所示。

对于窄依赖的 RDD，可以以流水线的方式计算所有父分区，不会造成网络之间的数据混合。对于宽依赖的 RDD，则通常伴随着 Shuffle 操作，即首先需要计算好所有父分区数据，然后在节点之间进行 Shuffle。

Spark 的这种依赖关系设计，使其具有了天生的容错性，大大加快了 Spark 的执行速度。因为，RDD 数据集通过"血缘关系"记住了它是如何从其他 RDD 中演变过来的，血缘关系记录的是粗颗粒度的转换操作行为,当这个 RDD 的部分分区数据丢失时,它可以通过血缘关系获取足够的信息来重新运算和恢复丢失的数据分区,由此带来了性能的提升。相对而言,在两种依赖关系中,窄依赖的失败恢复更为高效,它只需要根据父 RDD 分区重新计算丢失的分区即可(不需要重新计算所有分区),而且可以并行地在不同节点上进行重新计算。而对于宽依赖而言,单个节点失效通常意味着重新计算过程会涉及多个父 RDD 分区,开销较大。此外,Spark 还提供了数据检查点和记录日志,用于持久化中间 RDD,从而使得在进行失败恢复时不需要追溯到最开始的阶段。在进行故障恢复时,Spark 会对数据检查点开销和重新计算 RDD 分区的开销进行比较,从而自动选择最优的恢复策略。

7. 阶段的划分

Spark 通过分析各个 RDD 的依赖关系生成了 DAG,再通过分析各个 RDD 中的分区之间的依赖关系来决定如何划分阶段,具体划分方法是:在 DAG 中进行反向解析,遇到宽依赖就断开,遇到窄依赖就把当前的 RDD 加入当前的阶段中;将窄依赖尽量划分在同一个阶段中,可以实现流水线计算(具体的阶段划分算法请参见 AMP 实验室发表的论文《Resilient Distributed Datasets:A Fault-Tolerant Abstraction for In-Memory Cluster Computing》)。例如,图 5-2-11 所示的根据 RDD 分区的依赖关系划分阶段,假设从 HDFS 中读入数据生成 3 个不同的 RDD(即 A、C 和 E),通过一系列转换操作后再将计算结果保存回 HDFS。对 DAG 进行解析时,在依赖图中进行反向解析,由于从 RDD A 到 RDD B 的转换以及从 RDD B 和 RDD F 到 RDD G 的转换都属于宽依赖,因此在宽依赖处断开后可以得到 3 个阶段,即阶段 1、阶段 2 和阶段 3。由图 5-2-11 可以看出,在阶段 2 中,从 map 到 union 都是窄依赖,这两步操作可以形成一个流水线操作。比如,分区 7 通过 map 操作生成的分区 9,可以不用等待分区 8 到分区 9 这个转换操作的计算结束,而是继续进行 union 操作,转换得到分区 13,这样流水线执行大大提高了计算的效率。

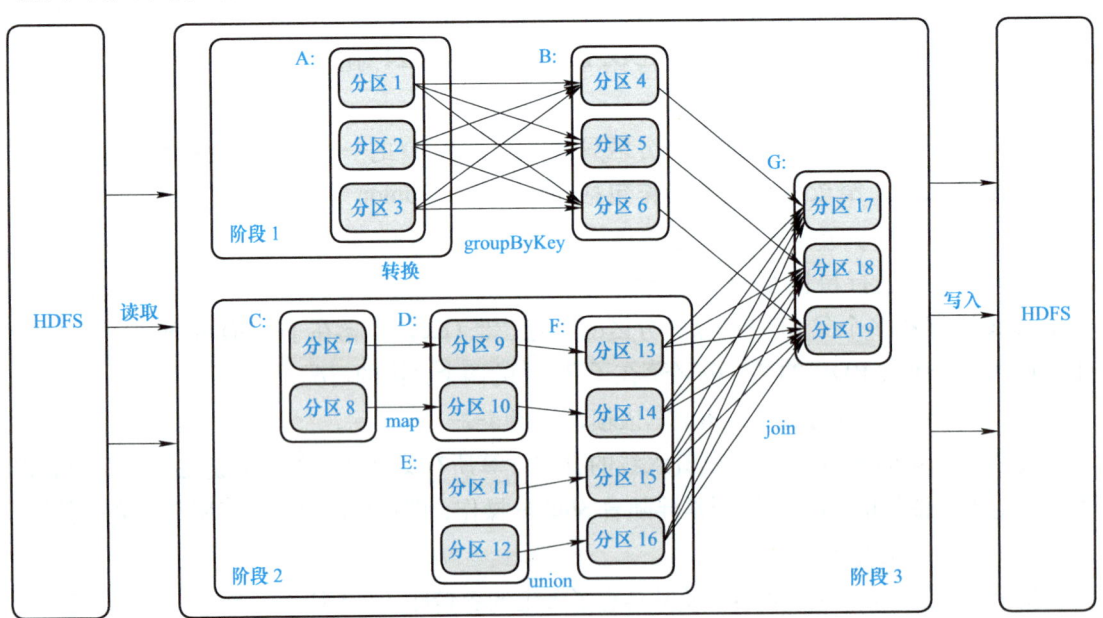

图 5-2-11 根据 RDD 分区的依赖关系划分阶段

由上述论述可知，把一个 DAG 图划分成多个阶段以后，每个阶段都代表了一组关联的、相互之间没有 Shuffle 依赖关系的任务组成的任务集合。每个任务集合会被提交给任务调度器（TaskScheduler）进行处理，由任务调度器将任务分发给 Executor 运行。

8．RDD 运行过程

通过上述对 RDD 概念、依赖关系和阶段划分的介绍，结合之前介绍的 Spark 运行基本流程，下面再总结一下 RDD 在 Spark 架构中的运行过程，如图 5-2-12 所示。

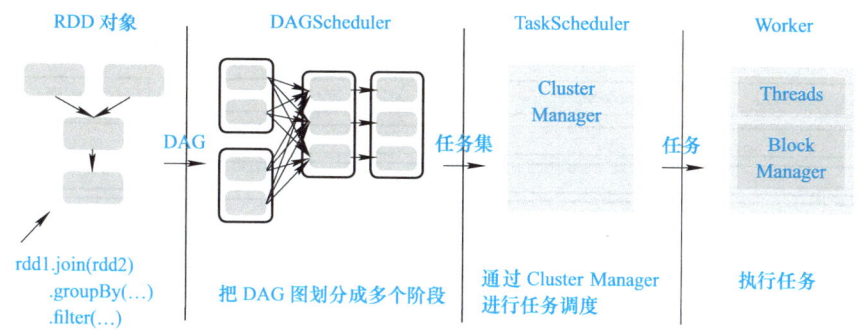

图 5-2-12　RDD 在 Spark 中的运行过程

1）创建 RDD 对象。

2）SparkContext 负责计算 RDD 之间的依赖关系，构建 DAG。

3）DAGScheduler 负责把 DAG 图分解成多个阶段，每个阶段中包含了多个任务，每个任务会被任务调度器分发给各个工作节点（Worker Node）上的 Executor 去执行。

5.2.4　Spark 的部署和应用方式

本节首先介绍 Spark 支持的 3 种典型部署方式，即 standalone、Spark on Mesos 和 Spark on YARN；然后介绍在企业中是如何具体部署和应用 Spark 框架的，在企业实际应用环境中，针对不同的应用场景，可以采用不同的部署应用方式，或者采用 Spark 完全替代原有的 Hadoop 架构，或者采用 Spark 和 Hadoop 一起部署的方式。

1．Spark3 种部署方式

目前，Spark 支持 3 种不同类型的部署方式，包括 standalone、Spark on Mesos 和 Spark on YARN。

（1）standalone 模式

与 MapReduce 1.0 框架类似，Spark 框架本身也自带了完整的资源调度管理服务，可以独立部署到一个集群中，而不需要依赖其他系统来为其提供资源管理调度服务。在架构的设计上，Spark 与 MapReduce 1.0 完全一致，都是由一个 Master 和若干个 Slave 构成，并且以槽（Slot）作为资源分配单位。不同的是，Spark 中的槽不再像 MapReduce 1.0 那样分为 Map 槽和 Reduce 槽，而是只设计了统一的一种槽提供给各种任务来使用。

（2）Spark on Mesos 模式

Mesos 是一种资源调度管理框架，可以为运行在它上面的 Spark 提供服务。由于 Mesos 和 Spark 存在一定的血缘关系，因此 Spark 这个框架在进行设计开发的时候就充分考虑到了对 Mesos 的充分支持。相对而言，Spark 运行在 Mesos 上，要比运行在 YARN 上更加灵活、自然。目前，Spark 官方推荐采用这种模式，所以许多公司在实际应用中也采用这种模式。

（3）Spark on YARN 模式

Spark 可运行于 YARN 之上，与 Hadoop 进行统一部署，即 "Spark on YARN"，其架构如图 5-2-13 所示，资源管理和调度依赖 YARN，分布式存储则依赖 HDFS。

Spark SQL	Spark Streaming	MLlib（machine learning）	GraphX
Spark			
YARN			
HDFS			

图 5-2-13　Spark on YARN 架构

2．从"Hadoop+Storm"架构转向 Spark 架构

为了能同时进行批处理与流处理，企业应用中通常会采用"Hadoop+Storm"架构（也称为 Lambda 架构）。图 5-2-14 给出了采用"Hadoop+Storm"部署方式的一个案例，在这种部署架构中，Hadoop 和 Storm 框架部署在资源管理框架 YARN（或 Mesos）之上，接受统一的资源管理和调度，并共享底层的数据存储（HDFS、HBase、Cassandra 等）。Hadoop 负责对批量历史数据的实时查询和离线分析，而 Storm 则负责对流数据的实时处理。

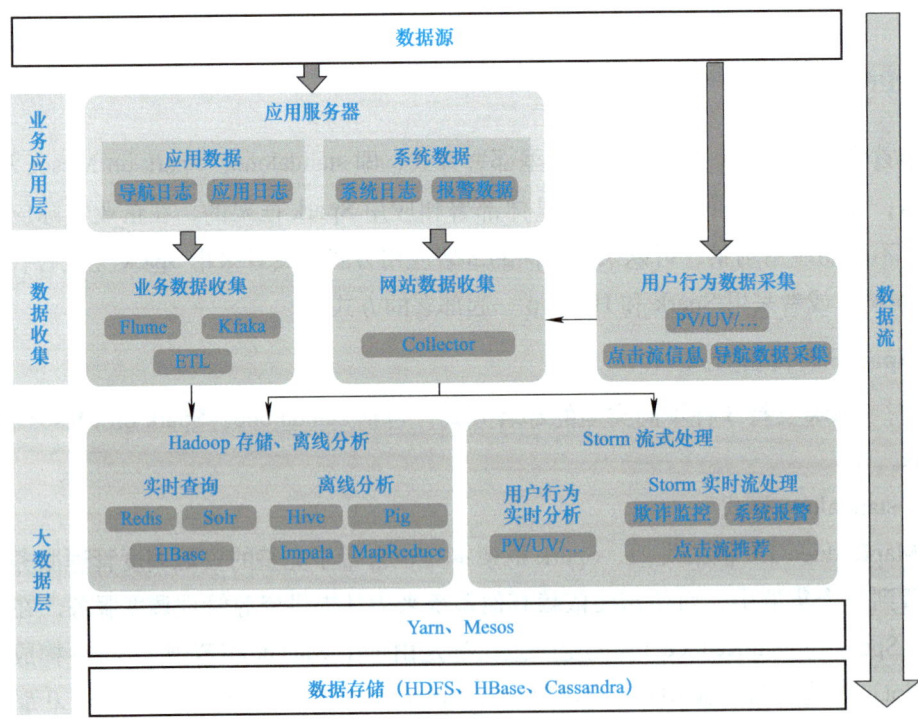

图 5-2-14　采用"Hadoop+Storm"部署方式的一个案例

但是，上面这种架构部署较为烦琐。由于 Spark 同时支持批处理与流处理，因此对于一些企业应用而言，从"Hadoop+Storm"架构转向 Spark 架构（见图 5-2-15）就成为一种很自然的选择。采用 Spark 架构具有如下优点。

1）实现一键式安装和配置、线程级别的任务监控和告警。

2）降低硬件集群、软件维护、任务监控和应用开发的难度。

3）便于做成统一的硬件、计算平台资源池。

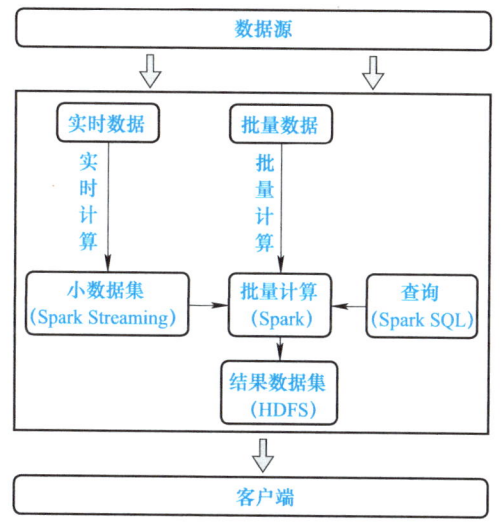

图 5-2-15　用 Spark 架构同时满足批处理和流处理需求

需要说明的是，Spark Streaming 的原理是将流数据分解成一系列短小的批处理作业，每个短小的批处理作业使用面向批处理的 Spark Core 进行处理，通过这种方式变相实现流计算，而不是真正实时的流计算，因而通常无法实现毫秒级的响应。因此，对于需要毫秒级实时响应的企业应用而言，仍然需要采用流计算框架（如 Storm）。

3．Hadoop 和 Spark 的统一部署

一方面，由于 Hadoop 生态系统中的一些组件所实现的功能，目前还是无法由 Spark 取代的，比如，Storm 可以实现毫秒级响应的流计算，但是 Spark 则无法做到毫秒级响应；另一方面，企业中已经有许多现有的应用，都是基于现有的 Hadoop 组件开发的，完全转移到 Spark 上需要一定的成本。因此，在许多企业实际应用中，Hadoop 和 Spark 的统一部署是一种比较现实合理的选择。

由于 Hadoop MapReduce、HBase、Storm 和 Spark 等都可以运行在资源管理框架 YARN 上，因此，可以在 YARN 上进行统一部署（见图 5-2-16）。这些不同的计算框架统一运行在 YARN 中，可以带来如下好处。

1）计算资源按需伸缩。

2）不用负载应用混搭，集群利用率高。

3）共享底层存储，避免数据跨集群迁移。

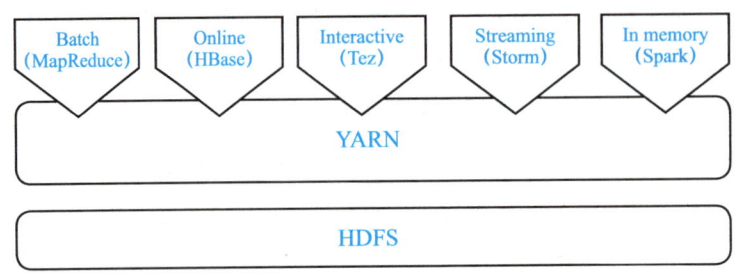

图 5-2-16　Hadoop 和 Spark 的统一部署

5.3 机器学习入门

本节介绍机器学习的基础知识，包括常见主题与概念，这些内容将让大家更容易理解相关逻辑。

扫码观看视频

5.3.1　数据科学与机器学习

如今，每个人都在谈论机器学习与数据科学。那么，机器学习究竟是什么？它与数据科学有着怎样的联系呢？这两个术语常被混淆，因为它们经常使用相同的方法，有着明显的重叠。因此，下面先区分这两个术语。

Josh Wills 在 Twitter 上说："所谓的数据科学家指这样一类人，他们比软件工程师更懂统计学，比统计学家更懂软件工程。"

更具体地说，数据科学包含从数据获取知识的整个过程，它综合运用统计学、计算机科学以及其他领域的各种方法，帮助人们从数据中获取有用的知识与信息。事实上，数据科学是一个不断反复的过程，包括数据的采集、清洗、分析、可视化和部署。

另一方面，机器学习主要涉及数据科学的分析与建模阶段使用的通用算法与技术。对于机器学习，Arthur Samuel 在 1959 年提出如下定义："机器学习是指研究、设计与开发某些算法，让计算机获得学习的能力，而不需要明确的编程。"

1．机器学习能够解决的问题

机器学习方法主要有如下 3 种：监督学习、无监督学习和强化学习。

给定一组样本输入 X 与它们的结果 Y，监督学习的目标是产生一个通用的映射函数 f，使得每一个输入都有对应的确定输出，即 $f:X \to Y$。

监督学习的一个应用例子是检测信用卡欺诈。学习算法会学习所有带有"正常"或"可疑"标记（向量 Y）的信用卡交易（矩阵 X），并最终产生一个决策模型（即 f 函数），对未见过的交易打标记("正常"或"可疑")。

相反,无监督学习算法所学的数据没有给定的结果标签 Y,它主要学习数据的结构,比如将相似的输入数据归入某个聚类。因此,使用无监督学习能够发现隐藏在数据中的模式。无监督学习的一个应用例子是基于物品的推荐系统,其学习算法会发现购物者一同购买的相似商品,如购买了书 A 的人也购买了书 B。

强化学习从完全不同的角度处理学习过程。它假设有一个智能体(可以是机器人、自动程序或计算机程序)与动态环境进行交互,以实现某个特定目标。环境由一组状态描述,智能体可以作出不同行为,以从一种状态变为另一种状态。有些状态被标为目标状态,如果智能体实现了这种状态,就会获得很大的奖励;而在其他状态中,智能体得到的奖励很少或没有,甚至还会被"惩罚"。强化学习的目标是找到最优策略,即映射函数,指定每个状态要采取的行为动作,而没有指导者明确告知这样做是否会实现目标状态。强化学习的一个例子是汽车自动驾驶程序,其中"状态"与"驾驶条件"(比如当前速度、路况信息、周围交通状况、速度限制、路障)相对应,行为会驱动汽车作出诸如左转、右转、停止、加速、前行等动作。学习算法会产生一个策略,指定汽车在特定驾驶条件下要采取的动作。

2. 机器学习应用流程

标准的机器学习应用流程就是回答一系列问题,可概括成如下 5 个步骤。

(1)数据与问题定义

第一步是要问一些有趣的问题。试图解决的问题是什么?它为何重要?哪种形式的结果能够回答这个问题?回答是简单的"是与否"吗?需要从现有问题中挑选吗?

(2)数据收集

一旦有问题要解决,就需要使用相关数据。问一问自己,哪种数据能够帮助回答问题。能从现有可用来源获取所需数据吗?必须对多个来源进行合并吗?必须生产数据吗?存在取样偏差吗?需要多少数据?

(3)数据预处理

数据预处理的第一项任务是数据清洗,比如填补缺失值、平整噪声数据、移除异常值、解决数据一致性。通常,随后会有对多个数据源的整合以及数据转换,包括把数据转换到特定范围(数据标准化)、将数据分成一系列值段(数据离散化)、降低数据维数。

(4)利用无监督学习与监督学习进行数据分析与建模

数据分析与建模包括无监督机器学习与监督机器学习、统计推断和预测。这个阶段有多种机器学习算法可供选用,比如 k 最近邻算法、朴素贝叶斯算法、决策树、支持向量机、逻辑回归、K 均值算法等。至于选用哪种算法,取决于第一步中提到的问题定义以及所收集

大数据导论

的数据类型。经过这一步,最终会从数据推导出模型。

(5) 模型评价

最后一步是对模型进行评价。通过机器学习创建模型后,接下来检查模型对源数据的拟合程度。如果模型的针对性太强,即对训练数据过拟合,那么它对新数据的预测效果就很有可能比较差;如果模型太通用,这意味着模型对训练数据欠拟合。比如,向欠拟合的天气预测模型询问加利福尼亚州的天气时,得到的回答总是"晴朗"。大多数时候这个回答是对的,但就有效预测天气来说,这个模型真的没什么用。这一步的目标是准确评价模型,确保模型面对新数据也能正常工作。进行模型评价时,常用的方法有独立测试、训练集、交叉验证、留一法交叉验证。

接下来,将详细讲解每个步骤,并且尝试理解机器学习应用流程过程中必须回答的问题类型,还要了解与数据分析、评估相关的概念。

5.3.2 数据与问题定义

简单地说,数据就是一系列测量值,表现形式多样,如数值、文字、测量值、观测值、事物描述、图像等。

测量尺度

数据最常见的表示方式是使用一组属性值对。看如下代码:

```
Bob={
height: 185cm,
eye color: blue,
hobbies: climbing, sky diving
}
```

Bob 拥有 height、eye color、hobbies 3 个属性,它们对应的值依次为 "185cm" blue "climbing, sky diving"。

上面这组数据可以简单用表 5-3-1 表示。表格的列对应属性或特征,表格的行对应特定的数据样本或实例。监督机器学习中,属性代表类或者目标变量,其值是想从其他属性值(X)进行预测得到的结果(Y)。

表 5-3-1 示例列表

姓 名	身高/cm	眼球颜色	兴趣爱好
Bob	185.0	Blue	Climbing, sky diving
Anna	163.0	Brown	Reading
…	…	…	…

首先注意到的是属性值的类型。比如，身高是一个数值，眼球颜色是一个文本，兴趣爱好是一个列表。为了更好地理解属性值的类型，下面详细了解数据或测量尺度的不同类型。Stevens（1946）定义了如下 4 种测量尺度，它们的表现属性在不断增加。

名称数据：相互排斥，但不分顺序，比如眼球颜色、婚姻状况、汽车的品牌等。

顺序数据：是数据顺序有意义的分类数据，但值之间没有区别，比如疼痛程度、学习成绩字母等级、服务质量评级、IMDB 电影评分等。

等距数据：两个值之间的不同具有意义，但是无"绝对 0"概念。如标准化后的考试分数、华氏温度等。

等比数据：拥有等距变量的所有属性，并且还有明确的"0 点"定义。变量为 0 时，表示该变量代表的某种事物或特征不存在。身高、年龄、股票价格、每周伙食支出等都是等比变量。

为什么要关注测量尺度呢？机器学习在很大程度上依赖于数据的统计属性，因此应该注意每个数据类型自身具有的限制。有些机器学习算法只能被应用到测量尺度的一个子集上。表 5-3-2 总结了每种测量类型的主要操作与统计特性。

表 5-3-2　不同测量类型的主要操作与统计特性

特　　性	称　名	顺　序	等　距	等　比
频率分布	√	√	√	√
中位数和众数		√	√	√
值顺序已知		√	√	√
每个值之间的不同可以量化			√	√
值可以加减			√	√
值可以乘除				√
拥有真 0 点				√

此外，称名数据与顺序数据对应于离散值，而等距数据与等比数据还可以对应于连续值。监督学习中，想要预测的属性值的测量尺度决定哪种机器算法可用。例如，从有限列表预测离散值称为"分类"，它可以使用决策树算法实现，而预测连续值称为"回归"，可以使用模型树算法实现。

5.3.3　无监督学习

无监督学习是指，通过数据分析从没有标签的数据中发现隐藏的结构。由于数据不带有标签，所以无法通过误差测量对学过的模型做评价。即便如此，无监督学习仍然是个极其

强大的工具。是否曾经好奇过,亚马逊是如何预测用户喜欢什么书的?在客户还未作出选择时,Netflix如何知道他想看什么?这些问题的答案都可以在无监督学习中找到。下面给出一个类似的例子。

1. 查找相似项目

许多问题都可以归结为查找元素相似集,如购买了类似商品的顾客、包含相似内容的网页、含有相似对象的图像、访问过类似网站的用户等。

如果两个项目相距非常近,就可以将其视为是类似的。主要问题是如何表示每个项目以及如何定义项目之间的距离。距离测量主要有两类:一类是欧氏距离(Euclidean Distance),另一类是非欧距离(no-Euclidean Distance)。

(1)欧氏距离

n维欧氏空间中,两个元素之间的距离基于元素在这个空间中的位置,常称为"p-范数距离"(p-norm Distance)。常用的两个距离度量是L_2与L_1范数距离。

L_2范数也叫欧氏距离,它是最常用的距离度量,用于度量二维空间中的两个元素相距多远。它是两个元素在每个维度上差的平方和的平方根,计算公式如下:

$$L_{2norm}d(a,b) = \sqrt{\sum_{i=1}^{n}(a_i - b_i)^2}$$

L_1范数又称曼哈顿距离(Manhattan Distance)、城市街区距离(City Block Distance)、出租车范数(Taxicab Norm),它是两个元素在每个维度上差的绝对值之和,计算公式如下:

$$L_{1norm}d(a,b) = \sum_{i=1}^{n}|a_i - b_i|$$

(2)非欧距离

非欧距离基于元素的属性,而非它们的空间位置。其中较为著名的有杰卡德距离(Jaccard Distance)、余弦距离(Cosine Distance)、编辑距离(Edit Distance)、汉明距离(Hamming Distance)。

杰卡德距离计算两个集合间的距离。首先,计算两个集合的杰卡德相似系数(Jaccard Similarity),它被定义为"两个集合交集的元素个数除以并集的元素个数",公式如下:

$$sim(A,B) = \frac{A \cap B}{A \cup B}$$

杰卡德距离被定义为"1减去杰卡德相似系数",公式如下:

$$d(A,B) = 1 - sim(A,B) = 1 - \frac{A \cap B}{A \cup B}$$

余弦距离也称为余弦相似度(Cosine Similarity)。两个向量的余弦距离关注的是它们的方向,而非大小。因此,如果两个向量方向一致,那么它们的余弦相似度为1,而两个垂直向量的余弦相似度为 0。假设有两个多维点，所对应的向量分别从原点 (0, 0, 0, …, 0) 指向它们所在的位置。两个向量之间形成一个夹角，它们的余弦距离就是向量的标准点积，如下：

$$d(A,B) = \arccos \frac{A \times B}{\|A\|\|B\|}$$

余弦距离通常用于高维特征空间，如文本挖掘。一个文本文档代表一个实例，特征对应于不同单词，它们的值对应于单词在文档中出现的次数。通过计算余弦相似度，能够了解两个文档内容的相似程度。

编辑距离用于比较两个字符串。两个字符串 a ($=a_1a_2a_3…a_n$) 与 b ($=b_1b_2b_3…b_n$) 之间的距离是指，从字符串 a 转成字符串 b 所需的最少编辑操作数，允许的编辑操作包括插入一个字符、删除一个字符。比如，有两个字符串 a=abcd 和 b=abbd，将字符串 a 转成 b 时，必须先删除字符串 b 中的第三个字母 b，然后在删除位置插入字母 c。整个过程中没有比这更少的操作数了，所以字符串 a 到 b 的编辑距离就是 d (a, b)=2。

汉明距离用于比较两个大小相同的向量，计算它们不同的维数。换言之，该距离指的是从一个向量变换为另一个向量所需的替换数。

许多距离可以用于度量各种属性，如相关性度量两个元素之间的线性关系，马氏距离（Mahalanobis Distance）度量一个点与其他点所服从的分布之间的距离，SimRank 基于图形理论衡量元素呈现结构的相似程度等。正如大家想的那样，为问题选择并设计合适的相似性度量后，就完成了一大半工作。A.A. Goshtasby 所著的《Image Registration: Principles, Tools and Methods》一书的第 2 章中，关于相似性度量评估的讲解可以参考学习。

（3）维数灾难

维数灾难是指拥有大量特征——通常有成百上千个时，这些特征会产生一个带有稀疏数据的极大空间，以致距离异常。如在高维空间中，几乎所有点对彼此之间都是等距的。其实，几乎所有点对的距离都接近平均距离。维数灾难的另一个表现是，任意两个向量几乎都是垂直的，这意味着所有夹角都接近 90°。实际上，这让任何距离度量都失去了意义。

使用某种减少特征数量的数据归约技术或许可以解决维数灾难问题。比如，可以运行 ReliefF 等特征选择算法或 PCA 等特征提取 / 缩减算法减少特征数量。

2．聚类

聚类技术根据某种距离度量，将类似的实例归入相应的簇。主要思想是将类似（相互靠得很近）的实例放入同一个簇，同时让不相似（彼此离得很远）的点位于不同的簇。图 5-3-1 展现了簇的样子。

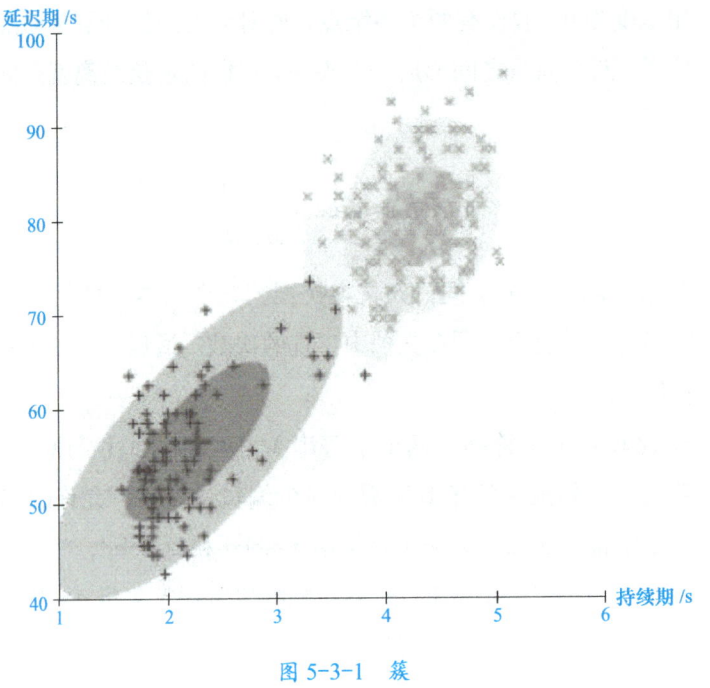

图 5-3-1 簇

聚类算法有两个最基本的方法。第一个是分层（hierarchical）或凝聚（agglomerative）方法，先将每个点作为它自己的簇，然后不断把最相似的簇合并在一起。合并达到预先指定的簇数时，或者待合并的簇覆盖一大片区域时，就停止合并操作。

另一个方法基于点分配（Point Assignment）。首先估计（如随机）初始的簇中心（即簇质心），然后将每个点分配到离它最近的簇，直到分配完所有点。最有名的算法是 K 均值聚类算法。

K 均值聚类算法中，把那些相互间尽可能远的点选为初始的簇中心，或者（分层）聚集数据样本并选取离每个簇（共 k 个簇）中心最近的点作为初始的簇中心。

5.3.4 监督学习

许多令人惊叹的技术背后隐藏着一个关键概念——监督学习，这些技术包括声音识别、垃圾邮件过滤、图像中的面部识别、侦测信用卡欺诈等。更正式地讲，给定一组学习样本 D，用特征 X 进行描述，监督学习的目标是找到一个函数对目标变量 Y 进行预测。函数 f 描述特征 X 与类 Y 之间的联系，称为模型：

$$f(X) \to Y$$

监督学习算法的通用结构由如下决策定义：

1）定义任务。

2）确定机器学习算法，它会产生特定归纳偏置，即先验假设，这是针对目标概念作出的。

3）确定得分函数与代价函数，比如信息增益、均方根误差等。

4）确定最优/搜索方法优化得分函数。

5）找到一个函数，用以描述 X 与 Y 之间的关系。

上面许多决定已经由任务的类型与用户拥有的数据集确定了。接下来将详细学习分类与回归方法，以及相应得分函数的有关内容。

1．分类

分类可以处理离散类，其目标是对目标变量中的互斥值之一进行预测。一个应用例子是做信用评估，最终预测结果是判断目标人物的信用是否可靠。最流行的算法有决策树、朴素贝叶斯分类器、支持向量机、神经网络以及集成算法（Ensemble Method）。

2．决策树学习

决策树学习过程中会创建一个分类树，树的每一个节点对应一个属性，边对应属性一个可能的值（或区间），节点由此而生，每个叶子对应一个类标签。决策树可以可视化并以明确的方式表示预测模型，这让它成为一个很透明（白箱）的分类器。比较有名的算法有 ID3 与 C4.5，此外还有许多可选实现与改进算法（如 Weka 中的 J48）。

3．概率分类器

给定一组属性值，概率分类器（Probabilistic Classifiers）可以对一组类的分布进行预测，而不预测一个确切的类。这可以作为确定性程度来使用，即分类器对自己的预测有多大把握。最基本的分类器是朴素贝叶斯分类器，它也是最理想的分类器——当且仅当属性是条件独立的。但不幸的是，这在实际情况中极其少见。

其实有一个称为概率图模型的庞大分支，包括成百上千的算法，如贝叶斯网络、动态贝叶斯网络、隐马尔可夫模型、条件随机场（不仅可以处理两个属性间的特定关系，还可以处理现时依赖性）。关于这个主题，Karkera 写了一本很棒的入门书《Building Probabilistic Graphical Models with Python》，Koller 与 Friedman 出版了一本详尽的理论书——《概率图模型：原理与技术》。

4．核方法

通过对模型应用核技巧（kernel trick），用核函数（kernel function）替代模型的特征（预测器），可以将任意一个线性模型转换为非线性模型。换言之，核技巧隐式地将数据集变换成更高维度。核技巧充分利用了"分离更高维的实例通常更容易"这一事实。可以使用核技巧的算法包括核感知器、支持向量机（SVM）、高斯过程、PCA、典型相关分析、岭回归、谱聚类、线性自适应过滤器等。

5．人工神经网络

人工神经网络是受生物神经网络结构的启发而提出的，可以用于机器学习，也可以进行模式识别。人工神经网络通常解决回归与分类问题，包含各种算法以及各种问题类型的变种。

比较流行的分类方法有感知器、受限玻尔兹曼机、深度信念网络（Deep Belief Network）。

6．集成学习

集成方法由一系列不同的弱模型组成，以此获得更好的预测能力。先单独训练各个模型，然后采用某种方式将其预测组合起来，以产生更全面的预测。因此，集成体包含针对数据的多种建模方式，希望能够产生更好的结果。集成学习是机器学习算法中非常强大的工具，也很流行，包括 Boosting 方法、Bagging 方法、AdaBoost、随机森林。这些方法的主要不同在于它们组合的学习器的类型以及选用组合方式。

7．分类评估

分类评估是指评价分类器的工作效率和准确性。在分类中，计算分对与分错的次数。假设有两个可用的分类标签——Yes 与 No，有 4 种可能的结果，见表 5-3-3。

真正（命中）：这表示一个 Yes 实例被正确地预测为 Yes。

真负（正确否定）：这表示一个 No 实例被正确地预测为 No。

假正（误警）：这表示一个 No 实例被预测为 Yes。

假负（未命中）：这表示一个 Yes 实例被预测为 No。

表 5-3-3 两个分类标签的可能结果

		预测为正？	
		Yes	No
真正吗？	Yes	TP（真正）	FN（假正）
	No	FP（假正）	TN（真负）

（1）对分类器的性能进行度量的两个最基本度量值是分类错误与分类精度

$$\text{分类错误} = \text{错误数}/\text{总数} = \frac{FP+FN}{FP+FN+TP+TN}$$

$$\text{分类精度} = 1 - \text{错误} = \text{正确数}/\text{总数} = \frac{TP+TN}{FP+FN+TP+TN}$$

这两个度量值的主要问题是，它们不能处理不平衡类。对一笔信用卡交易是否为欺诈进行分类就是不平衡类问题的一个例子：正常交易占 99.99%，欺诈仅占极小数。对于每笔交易，分类器将其判断为正常交易，这种准确率可达 99.99%，但用户主要感兴趣的是那些极少出现的几个分类。

（2）准确率与召回率

这个解决方案用到了两个不包含 TN（正确否定）的度量值，它们定义如下。

准确率：被分类器判定为正的所有样本实例（TP+FP）中，被正确判断为正（TP）的正例样本所占比重。

$$准确率 = \frac{TP}{FP + TP}$$

召回率：在总正例样本（TP+FN）中，被正确判定为正（TP）的正例所占比重。

$$召回率 = \frac{TP}{FN + TP}$$

常见的做法是，把两个度量值组合起来，形成 F 值（F-measure）作为加权平均值；计算分数的同时考虑准确率和召回率，分数的最好值为 1，最差值为 0，计算公式如下：

F 值 =（2× 准确率 × 召回率）/（准确率 + 召回率）

（3）Roc 曲线

大多数分类算法都会返回一个分类置信度，记作 $f(X)$，它反过来计算预测。沿用前面信用卡欺诈的例子，规则可能如下：

$$f(X) = \begin{cases} 欺诈, 如果 f(X) > 阈值 \\ 非欺诈, 其他 \end{cases}$$

阈值决定错误率与真正率。可以把所有可能的阈值结果绘制成 ROC 曲线（受试者工作特征曲线），如图 5-3-2 所示。

图中短点虚线表示的是随机预测器，长点虚线表示的是完美预测器。为了判断分类器 A 是否优于分类器 C，对曲线以下的区域进行比较。

大多数工具箱都提供上面提到的所有度量指标，且开箱即用。

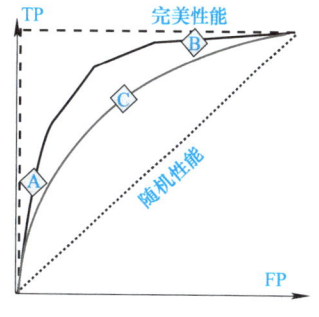

图 5-3-2　阈值的 ROC 曲线

8．回归

回归方法处理连续的目标变量，这与使用离散目标变量的分类方法不同。例如，预测未来几天的室外温度时，会使用回归方法，而分类方法只能预测未来几天是否下雨。一般来说，回归过程评估的是各种特征之间的联系，即特征变化是如何改变目标变量的。

（1）线性回归

最基本的回归模型假定特征与目标变量之间有线性依赖关系。这个模型经常使用最小二乘法进行拟合，它是使误差的平方最小的模型。许多情况下，线性回归不能对复杂关系进行建模。比如，图 5-3-3 显示了 4 组不同的点，它们有相同的线性回归曲线。其中左上模型描述了数据的总体趋势，可以认为模型是合适的；左下模型对数据点的拟合更好，但有一个离群点（应该小心检查它）；右上与右下的线性模型完全偏离了下层的数据结构，不能将其视为合适的模型。

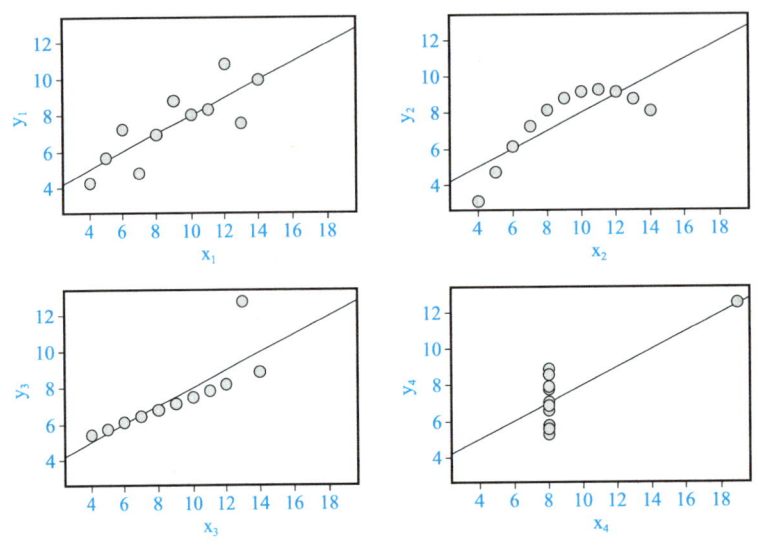

图 5-3-3　线性回归模型

（2）回归评估

回归中，从输入 X 预测数值 Y，这些预测通常是错误的、不准确的。要问的主要问题是：这些预测值与实际值相差多少？换言之，要测量预测值与实际值之间的距离。

均方误差（Mean Squared Error）是预测值与实际值差的平方和的平均值，计算公式如下：

$$MSE(X, Y) = \sqrt{\frac{1}{n}\sum_{i=1}^{n}(f(X_i) - Y_i)^2}$$

均方误差对异常值非常敏感。比如，99 个准确率 100% 的预测加上 1 个准确率为 90% 的预测，得分和 100 个准确率为 99% 的预测一样。而且，均方误差对平均值也敏感。因此，人们更多使用相对平方误差（Relative Squared Error）将预测器的 MSE 与均值预测器——总是用于预测平均值——的 MSE 进行比较。

平均绝对误差（Mean Absolute Error）是预测值与实际值差的绝对值之和的平均值，计算公式如下：

$$MAS(X, Y) = \frac{1}{n}\sum_{i=1}^{n}|f(X_i) - Y_i|$$

MAS 对异常值不太敏感，但它对平均值与规模是敏感的。

相关系数以两变量与各自平均值的离差为基础，通过两个离差相乘反映两变量之间的相关程度。若相关系数为负值，则表示弱相关；若为正值，则表示强相关；若为 0，则表示不相关。实际值 X 与预测值 Y 之间的相关系数 r 定义如下：

$$r = \frac{1}{n}\sum_{k=1}^{n}(\frac{x_k - \mu_x}{\sigma_x} \times \frac{y_k - \mu_y}{\sigma_y})$$

式中，μ_x、σ_x 分别表示 x 的平均值和标准差，μ_y、σ_y 分别表示 y 的平均值和标准差。

相关系数对平均值与规模完全不敏感，对异常值不太敏感。它能获取相对排序（Relative Ordering），对文档关联性与基因表达等任务进行分级排列时很有用。

5.3.5 泛化与评估

模型创建好之后，如何知道它针对新数据正常工作？这个模型有什么优点？为了回答这些问题，首先学习模型泛化，然后了解如何对模型在新数据上的性能进行评估。

1. 欠拟合与过拟合

对预测器训练得到的模型可能太复杂或者太简单。低复杂度模型（最左边模型）可能像预测最频繁或平均类值一样简单，而高复杂度模型（最右边模型）能够表示训练实例。模型太刚性（见图 5-3-4 中左侧的模型）就不能获得复杂模式，而模型太柔性（见图 5-3-4 中右侧的模型）就会把训练数据中的噪声也一起融合进去。人们面临的主要挑战在于选择合适的学习方法及其参数，只有这样，经过学习得到的模型才能在新数据上有良好的表现(见图 5-3-4 中间的模型)。

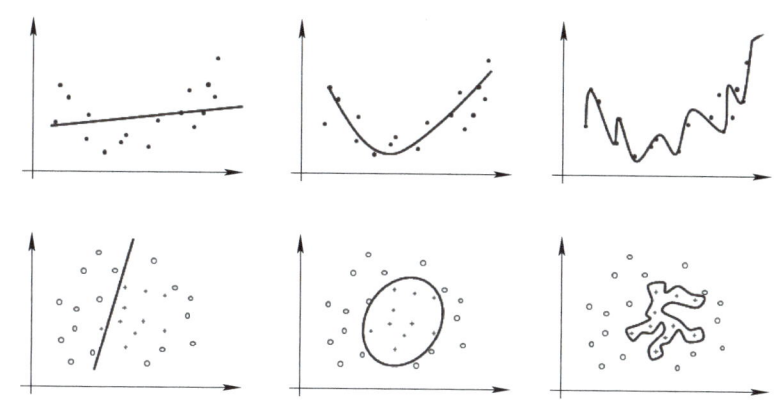

图 5-3-4 不同类型的模型

图 5-3-5 反映了训练集中的错误是如何随着模型复杂度减少的。简单刚性模型对数据的拟合度不够，导致大量错误。随着模型复杂度的增加，它可以更好地描述训练数据的结构，错误必然会减少。如果模型太复杂，极有可能对训练数据拟合过度，预测错误随之增加。

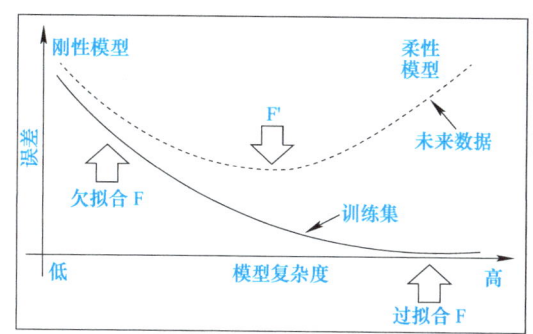

图 5-3-5 训练集中的错误随着模型复杂度的增加而减少

根据任务复杂度与数据可用性，可以把分类器的结构调整得更简单或者更复杂。大部分学习算法支持用户做如下调整。

回归：多项式的次数。

朴素贝叶斯：属性数目。

决策树：树节点的数目、修剪置信度。

k最近邻算法：邻居数目，基于距离的邻居权重。

SVM：核类型，代价参数。

神经网络：神经元与隐藏层的数目。

通过调整，希望把泛化误差（Generalization Error）最小化，即让分类器在未来数据上有良好的表现。遗憾的是，无法计算真正的泛化误差，但可以做估计。然而，如果模型在训练数据上表现良好，但在测试数据上表现较差，说明这个模型极有可能过拟合。

2．训练集与测试集

为了估算泛化误差，将拥有的数据划分成两部分：训练数据与测试数据。根据一般经验，划分数据时，训练数据与测试数据的比例应该是70:30。首先使用训练数据对预测器进行训练，然后使用预测器对测试数据进行预测，最后计算误差（预测值与真实值之差）。这样就可以对真实的泛化误差进行评估了。

评估基于如下两个假设：首先，假设测试集是来自数据集的无偏样本集；其次，假设新数据将根据训练与测试样本进行分布重组。第一种假设可以通过交叉验证与层化处理（Stratification）的方法得到实现。此外，虽然这种情况很少见，但如果真的没有足够多的数据用作单独的测试集，那么学习算法就会运行得很不理想——因为它们接收不到足够多的数据。这种情形下，可以使用交叉验证。

3．交叉验证

交叉验证将数据集划分成k个子集，它们大小差不多，如图5-3-6显示的5个子集。首先，将2～5子集用于学习，将1子集用于训练。然后重复这个过程5次，每次多拿出一个集合用于测试，并计算5次重复的平均误差。

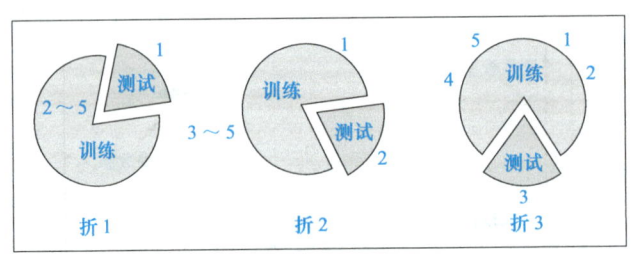

图 5-3-6 交叉验证

借助这种方法，可以将所有数据用于学习与测试，但要避免使用相同数据训练与测试模型。

4. 留一法交叉验证

留一法交叉验证是交叉验证的一个极端例子。留一法交叉验证中，折（Fold）的数目等同于实例的数目。先留出一个实例，其余实例全部用来学习，然后用留出的实例测试模型。针对所有实例重复上述过程，这样每个实例只有一次用来做验证。人们拥有的学习样本有限时——比如少于 50 个——建议使用该方法。

5. 层化处理

层化处理方法用于选取样本子集，选择时，每一层（Fold）都大致包含相同比例的类值。如果一个类是连续的，那么这些分层都会被选择，这样平均响应值在所有层差不多都一样。层化处理可以和交叉验证、单独训练集或测试集一起使用。

本章小结

雾霾天气的预测过程就是对大数据处理和分析的过程，需要借助一定工具，将数据进行处理和分析，MapReduce 是 Hadoop 平台上的分布式处理函数，Spark 是比较流行的大数据处理平台，这些平台都承载着机器学习算法。

首先简要介绍分布式并行编程，介绍分布式并行编程框架 MapReduce 以及它的核心函数 Map 和 Reduce。MapReduce 将复杂的、运行于大规模集群上的并行计算过程高度抽象到两个函数：Map 和 Reduce，极大地方便了分布式编程工作，编程人员在不会分布式并行编程的情况下，也可以很容易将自己的程序运行在分布式系统上，完成海量数据集的计算。

其次介绍了 Spark 与 Scala 编程语言；分析了 Spark 与 Hadoop 的区别，认识 Hadoop MapReduce 计算模型的缺陷与 Spark 的优势；讲解了 Spark 的生态系统和架构设计以及 Spark 的部署和应用方式；介绍了 Spark 的安装与基本的编程实践。

最后介绍了机器学习的基础知识、机器学习的应用流程，机器学习的主要任务、方法与算法。

本章习题

1. 比较 Hadoop 与 Spark 的异同，以及 Docker 与 OpenStack 的异同。
2. 简述 MapReduce 模型中 Map 函数与 Reduce 函数的过程。
3. 大数据分析对技术提出了何种挑战？根据经验论述这些挑战应当如何应对。
4. Shuffle 阶段运行流程是什么？
5. 简述 Spark 工作流程。
6. 请说明归一化和标准化的区别？
7. 解决数据不平衡问题的方法有哪些？

Chapter 6

第6章
数据可视化

引言

气象数据经过处理和分析之后,运用机器学习算法很好预测未来一日或者几日出现雾霾天气的可能性,为了更好地让人们观察数据,可以利用一些可视化的工具展示雾霾天气预测的结果。

在大数据时代,人们面对海量数据,有时难免显得无所适从。一方面,数据复杂繁多,各种不同类型的数据大量涌来,庞大的数据量已经大大超出了人们的处理能力,在日益紧张的工作中已经不允许人们在阅读和理解数据上花费大量时间;另一方面,人类大脑无法从堆积如山的数据中快速发现核心问题,必须有一种高效的方式来刻画和呈现数据所反映的本质问题。要解决这个问题,就需要数据可视化,它通过丰富的视觉效果,把数据以直观、生动、易理解的方式呈现给用户,可以有效提升数据分析的效率和效果。

数据可视化是大数据分析的最后环节,也是非常关键的一环。本章首先介绍数据可视化的概念,分类介绍可视化工具,给出几个典型的可视化案例,之后介绍Python的可视化工具,最后给出一个具体的运用。

学习目标

1. 熟悉可视化的发展历程
2. 了解可视化工具
3. 熟悉可视化典型案例
4. 掌握数据分析基本流程和常用的统计方法
5. 掌握Python可视化的常用API和实现效果

第 6 章 数据可视化

6.1 数据可视化概述

扫码观看视频

数据通常是枯燥乏味的，相对而言，人们对于大小、图形、颜色等怀有更加浓厚的兴趣。利用数据可视化平台，枯燥乏味的数据转变为丰富生动的视觉效果，不仅有助于简化人们的分析过程，也在很大程度上提高了分析数据的效率。

数据可视化是指将大型数据集中的数据以图形图像形式表示，并利用数据分析和开发工具发现其中未知信息的处理过程。数据可视化技术的基本思想是将数据库中每一个数据项作为单个图元素表示，大量的数据集构成数据图像，同时将数据的各个属性值以多维数据的形式表示，可以从不同的维度观察数据，从而对数据进行更深入的观察和分析。

虽然可视化在数据分析领域并非是最具技术挑战性的部分，但却是整个数据分析流程中最重要的一个环节。

6.1.1 数据可视化的发展历程

人类很早就掌握了可视化技术辅助分析问题。1854 年，伦敦爆发霍乱，10 天内有 500 多人死于该病。当时很多人都认为霍乱是通过空气传播的。但是，John Snow 医师却不这么认为。于是他绘制了一张霍乱地图，如图 6-1-1 所示，分析了霍乱患者分布与水井分布之间的关系，发现有一口井的供水范围内患者明显偏多，他据此找到了霍乱爆发的根源是一个被污染的水泵。人们把这个水泵移除以后，霍乱的发病人数就开始明显下降。

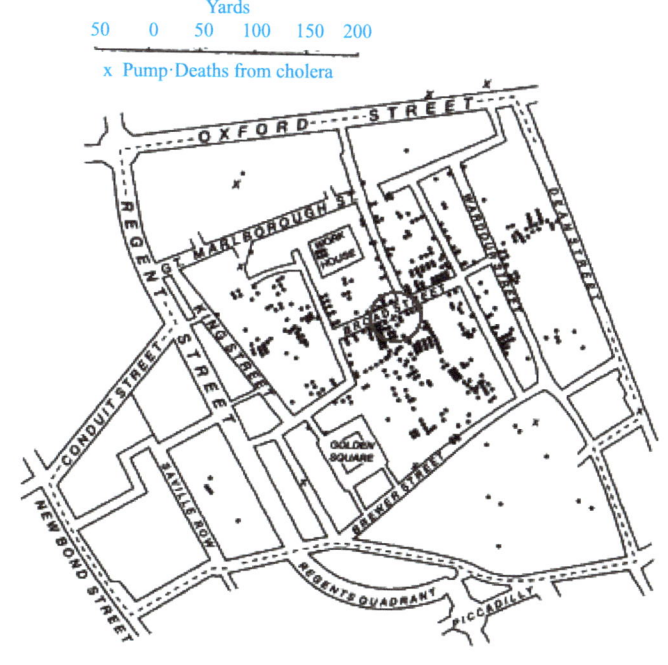

图 6-1-1　反映霍乱患者分布与水井分布的地图

数据可视化历史上的另一个经典之作是 1857 年"提灯女神"南丁格尔设计的"鸡冠花图"（又称玫瑰图，见图 6-1-2）。它以图形的方式直观地呈现了英国在克里米亚战争中牺牲的战士数量和死亡原因，有力说明了改善军队医院的医疗条件对于减少战争伤亡的重要性。

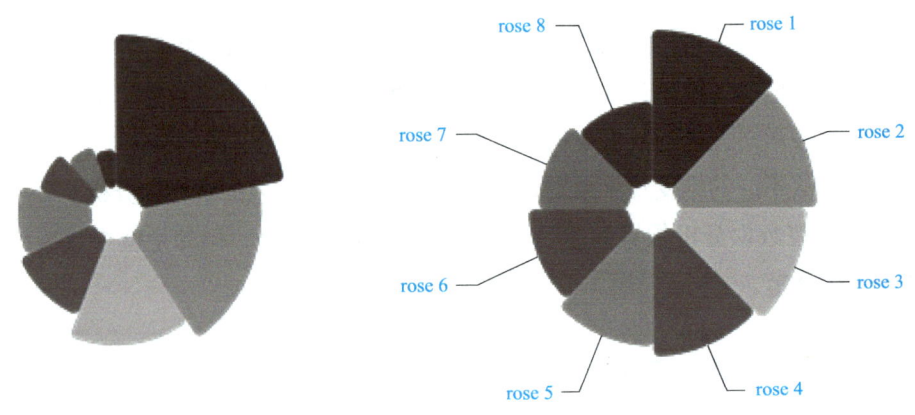

图 6-1-2 "提灯女神"南丁格尔设计的"鸡冠花图"

20 世纪 50 年代，随着计算机的出现和计算机图形学的发展，人们可以利用计算机技术在计算机屏幕上绘制出各种图形图表，可视化技术开启了全新的发展阶段。最初，可视化技术被大量应用于统计学领域，用来绘制统计图表，如圆环图、柱状图和饼图、直方图、时间序列图、等高线图、散点图等；后来，又逐步应用于地理信息系统、数据挖掘分析、商务智能工具等，有效地促进了人类对不同类型数据的分析与理解。

随着大数据时代的到来，每时每刻都有海量数据在不断生成，需要人们对数据进行及时、全面、快速、准确的分析，呈现数据背后的价值。这就更需要可视化技术协助人们更好地理解和分析数据，可视化成为大数据分析最后的一环和对用户而言最重要的一环。

6.1.2 可视化的重要作用

在大数据时代，数据容量和复杂性的不断增加，限制了普通用户从大数据中直接获取的知识。可视化的需求越来越大，依靠可视化手段进行数据分析必将成为大数据分析流程的主要环节之一。让"茫茫数据"以可视化的方式呈现，让枯燥的数据以简单友好的图表形式展现出来，可以让数据变得更加通俗易懂，有助于用户更加方便快捷地理解数据的深层次含义，有效参与复杂的数据分析过程，提升数据分析效率，改善数据分析效果。

在大数据时代，可视化技术可以支持实现多种不同的目标。

1．观测、跟踪数据

许多实际应用中的数据量已经远远超出人类大脑可以理解及消化吸收的能力范围，对

第 6 章
数据可视化

于处于不断变化中的多个参数值,如果还是以枯燥数值的形式呈现,人们必将茫然无措。利用变化的数据生成实时变化的可视化图表,可以让人们一眼看出各种参数的动态变化过程,有效跟踪各种参数值。比如,百度地图提供实时路况服务,可以查询包括北京在内的各大城市的实时交通路况信息。

2. 分析数据

利用可视化技术,实时呈现当前分析结果,引导用户参与分析过程,根据用户反馈信息执行后续分析操作,完成用户与分析算法的全程交互,实现数据分析算法与用户领域知识的完美结合。一个典型的可视化分析过程如图 6-1-3 所示,数据首先被转化为图像呈现给用户,用户通过视觉系统进行观察分析,同时结合自己的领域背景知识对可视化图像进行认知,从而理解和分析数据的内涵与特征。随后,用户还可以根据分析结果,通过改变可视化程序系统的设置,来交互式地改变输出的可视化图像,从而可以根据自己的需求从不同角度对数据进行理解。

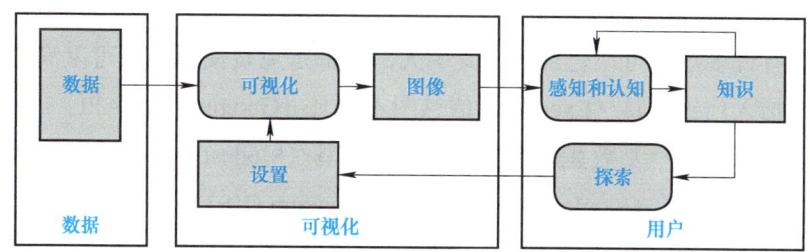

图 6-1-3　用户参与的可视化分析过程

3. 辅助理解数据

帮助普通用户更快、更准确地理解数据背后的含义,如用不同的颜色区分不同对象、用动画显示变化过程、用图结构展现对象之间的复杂关系等。例如,微软亚洲研究院设计开发的"人立方"关系搜索,能从超过 10 亿个中文网页中自动抽取出人名、地名、机构名以及中文短语,并通过算法自动计算出它们之间存在关系的可能性,最终以可视化的关系图形式呈现结果(见图 6-1-4)。

4. 增强数据吸引力

枯燥的数据被制作成具有强大视觉冲击力和说服力的图像,可以大大增强读者的阅读兴趣。可视化的图表新闻(见图 6-1-5)就是一个非常受欢迎的应用。在海量的新闻信息面前,读者的时间和精力都开始显得有些捉襟见肘。传统单调保守的讲述方式已经不能引起读者的兴趣,需要更加直观、高效的信息呈现方式。因此,现在的新闻播报越来越多地使用数据图表,动态、立体化地呈现报道内容,让读者对内容一目了然,能够在短时间内迅速消化和吸收,大大提高了知识理解的效率。

大数据导论

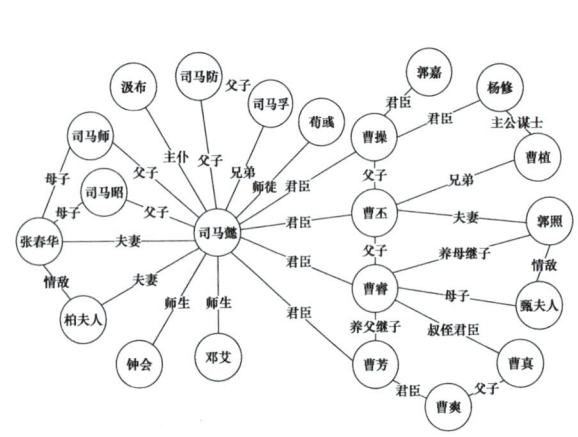

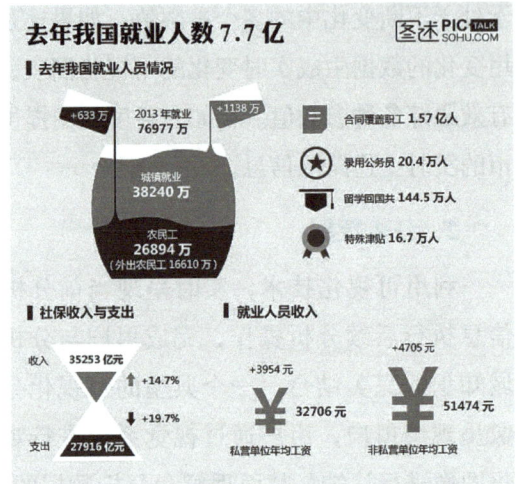

图 6-1-4 微软"人立方"展示的人物关系图　　图 6-1-5 一个可视化的图表新闻实例

6.1.3 可视化工具

目前已经有许多数据可视化工具，其中大部分都是免费使用的，可以满足各种可视化需求，主要包括入门级工具（Excel）、信息图表工具（Google Chart API、D3、Visual.ly、Raphaël、Flot、Tableau、大数据魔镜）、地图工具（Modest Maps、Leaflet、PolyMaps、OpenLayers、Kartograph、Google Fushion Tables、Quanum GIS）、时间线工具（Timetoast、Xtimeline、Timeslide、Dipity）和高级分析工具（Processing、NodeBox、R、Weka和Gephi）等。

1．Excel

Excel 是微软公司的办公软件 Office 家族的系列软件之一，可以进行各种数据的处理、统计分析和辅助决策操作，已经广泛地应用于管理、统计、金融等领域。Excel 是日常数据分析工作中最常用的工具，简单易用，用户不需要复杂的学习就可以轻松使用 Excel 提供的各种图表功能，尤其是制作折线图、饼状图、柱状图、散点图等各种统计图表时，Excel 是普通用户的首选工具。但是，Excel 在颜色、线条和样式上可选择的范围较为有限。

信息图表是信息、数据、知识等的视觉化表达，它利用人脑对图形信息相对于文字信息更容易理解的特点，更高效、直观、清晰地传递信息，在计算机科学、数学以及统计学领域有着广泛的应用。

2．Google Chart API

谷歌公司的制图服务接口 Google Chart API，可以用来为统计数据自动生成图片，该工具使用非常简单，不需要安装任何软件，可以通过浏览器在线查看统计图表。Google Chart 提供了折线图（Line Charts）、条状图（Bar Charts）、饼图（Pie Charts）、Venn 图（Venn

Diagrams）和散点图（Scatter Plots）5 种图表。

需要在 Google 上申请一个指定的 API key。通过以下步骤可以免费获取 API key。访问 https://code.google.com/apis/console/，使用 Google 账号登录，登录后会出现如图 6-1-6 所示界面。

图 6-1-6　登录后会出现界面

单击"Create project"按钮。

在服务列表中找到 Google Maps API v3，然后单击"off"（关闭）让其开启该服务器。

在下一个步骤中，选择"I Agree…"然后单击"Accept"按钮。现在在服务列表中应该就可以看到 Google Maps API v3 已经变为"on"（开启）状态。

接着在左侧菜单中单击"API Access"按钮，在右侧栏中将看到以下提示"Create an OAuth 2.0 client id…"。

单击"Create an OAuth 2.0 client id…"按钮，将弹出一个表单，表单需要填入项目名称、项目图片或者 logo，然后单击"Next"按钮。

然后，需要选择应用类型（"Web application"：网站应用），填写站点地址，之后单击"Create client id"按钮即可。

最后就可以得到需要的 API key，如图 6-1-7 所示。

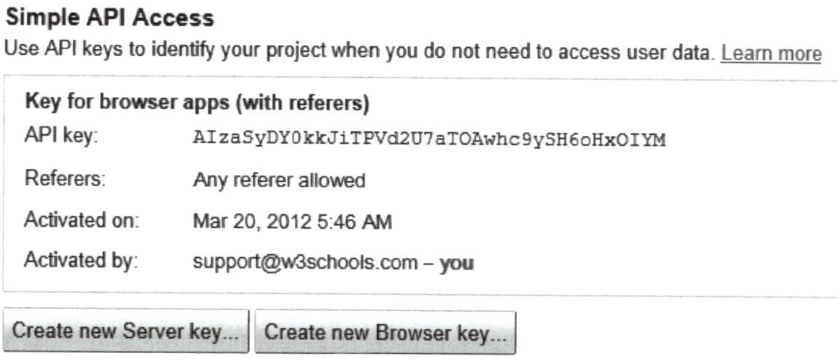

图 6-1-7　API key 视图

注意：保存 API key！（在填写的指定 URL 中开发所有的 Google 地图应用需要使用该 API key）。

3．D3

D3 是最流行的可视化库之一，是一个用于网页作图、生成互动图形的 JavaScript 函数库，提供了一个 D3 对象，所有方法都通过这个对象调用。D3 能够提供大量线性图和条形图之外的复杂图表样式，如 Voronoi 图、树状图、圆形集群和单词云等，如图 6-1-8 所示。

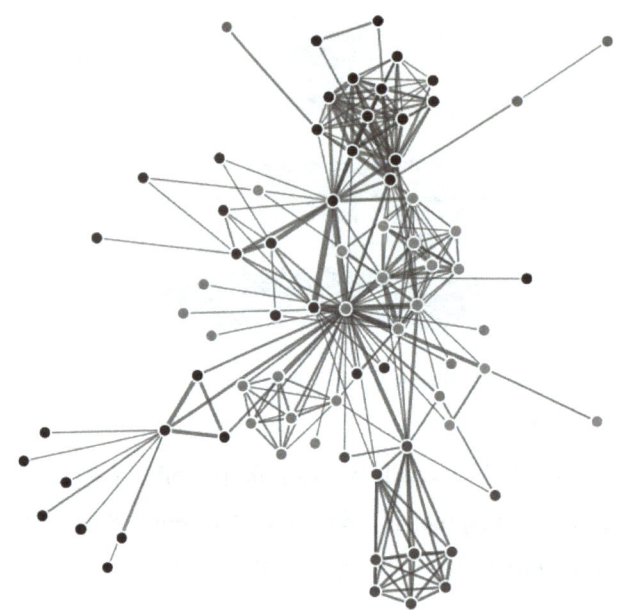

图 6-1-8　D3 提供的可视化图表

4．Tableau

Tableau 是桌面系统中最简单的商业智能工具软件，更适合企业和部门进行日常数据报表和数据可视化分析工作。Tableau 实现了数据运算与美观图表的完美结合，用户只要将大量数据拖放到数字"画布"上，很快就能创建好各种图表。

5．大数据魔镜

大数据魔镜是一款优秀的国产数据分析软件，它丰富的数据公式和算法可以让用户真正理解探索分析数据，用户只要通过一个直观的拖放界面就可以创造交互式的图表和数据挖掘模型。大数据魔镜提供了中国最大的、绚丽实用的可视化效果库。通过魔镜，企业积累的各种来自内部和外部的数据，如网站数据、销售数据、ERP 数据、财务数据、大数据、社会化数据、MySQL 数据库等，都可将其整合在魔镜中进行实时分析。魔镜移动 BI（Business Intelligence）平台可以在 iPad/iPhone/iPod Touch、安卓智能手机和平板上展示 KPI（Key Performance Indicator）、文档和仪表盘，而且所有图标都可以进行交互、触摸，在手掌间随意查看和分析业务数据。

第 6 章 数据可视化

6．地图工具

地图工具在数据可视化中较为常见，它在展现数据基于空间或地理分布上有很强的表现力，可以直观地展现各分析指标的分布、区域等特征。当指标数据要表达的主题与地域有关联时，就可以选择以地图作为大背景，从而帮助用户更加直观地了解整体的数据情况，同时也可以根据地理位置快速定位到某一地区来查看详细数据。

（1）Google Fusion Tables

Google Fusion Tables 让一般使用者也可以轻松制作出专业的统计地图。该工具可以让数据表呈现为图表、图形和地图，从而帮助发现一些隐藏在数据背后的模式和趋势。

（2）Modest Maps

Modest Maps 是一个小型、可扩展、交互式的免费库，提供了一套查看卫星地图的API，只有10KB大小，是目前最小的可用地图库。它也是一个开源项目，有强大的社区支持，是在网站中整合地图应用的理想选择。

（3）Leaflet

Leaflet 是一个小型化的地图框架，通过小型化和轻量化来满足移动网页的需要。

7．时间线工具

时间线是表现数据在时间维度的演变的有效方式，它通过互联网技术，依据时间顺序，把一方面或多方面的事件串联起来，形成相对完整的记录体系，再运用图文的形式呈现给用户。时间线可以运用于不同领域，其最大的作用就是把过去的事物系统化、完整化、精确化。自 2012 年 Facebook 在 F8 大会上发布了以时间线格式组织内容的功能后，时间线工具在国内外社交网站中开始大面积流行。

图 6-1-9 显示了我国户籍制度在 1994 年到 2014 年随时间的演变情况，采用的就是时间线表示方法。

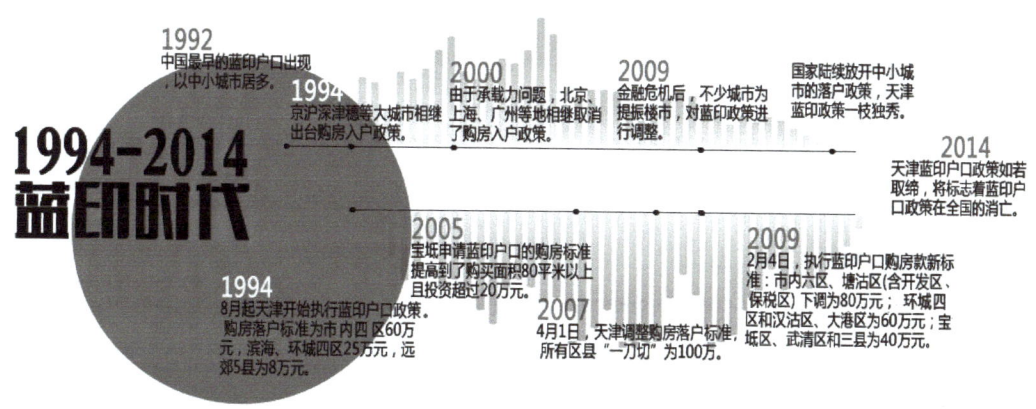

图 6-1-9　一个时间线可视化方法的实例

（1）Timetoast

Timetoast 是在线创作基于时间轴事件记载服务的网站，提供个性化的时间线服务，可以用不同的时间线来记录某个方面的发展历程、心理路程、进度过程等。Timetoast 基于 Flash 平台，可以在类似 Flash 时间轴上任意加入事件，定义每个事件的时间、名称、图像、描述，最终在时间轴上显示事件在时间序列上的发展，事件显示和切换十分流畅，随着鼠标单击可显示相关事件，操作简单。

（2）Xtimeline

Xtimeline 是一个免费的绘制时间线的在线工具网站，操作简便，用户通过添加事件日志的形式构建时间表，同时也可给日志配上相应的图表。不同于 Timetoast 的是，Xtimeline 是一个社区类型的时间轴网站，其中加入了组群功能和更多的社会化因素，除了可以分享和评论时间轴外，还可以建立组群讨论所制作的时间轴。

8．高级分析工具

（1）R

R 是属于 GNU 系统的一个自由、免费、源代码开放的软件，是一个用于统计计算和统计制图的优秀工具，使用难度较高。R 的功能包括数据存储和处理系统、数组运算工具（具有强大的向量、矩阵运算功能）、完整连贯的统计分析工具、优秀的统计制图功能、简便而强大的编程语言，可操纵数据的输入和输出，实现分支、循环以及用户可自定义功能等，通常用于大数据集的统计与分析。

（2）Weka

Weka 是一款免费的、基于 Java 环境的、开源的机器学习以及数据挖掘软件，不但可以进行数据分析，还可以生成一些简单图表。

（3）Gephi

Gephi 是一款比较特殊也很复杂的软件，主要用于社交图谱数据可视化分析，可以生成非常酷炫的可视化图形。

6.1.4 可视化典型案例

本节给出数据可视化的几个典型案例，包括全球黑客活动、互联网地图、编程语言之间的影响力关系图、百度迁徙、世界国家健康与财富之间的关系、3D 可视化互联网地图 APP 等。

1．互联网地图

为了探究互联网这个庞大的"宇宙"，俄罗斯工程师 Ruslan Enikeev 根据 2011 年底的数据，将全球 196 个国家的 35 万个网站数据整合起来，并根据 200 多万个网站链接将这些"星球"通过关系链联系起来，每一个"星球"的大小根据其网站流量来决定，而"星球"之间的距离远近则根据链接出现的频率、强度和用户跳转时创建的链接来确定，由此绘制得到了"互联网地图"（http://internet-map.net），如图 6-1-10 所示。

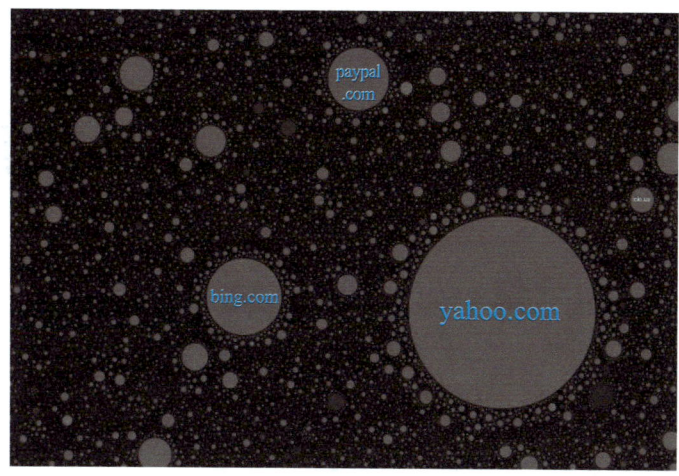

图 6-1-10 俄罗斯工程师绘制的"互联网地图"

2．编程语言之间的影响力关系图

通过 TIOBE 的编程语言排行榜，可以了解每门编程语言的热门程度，但是无法反映不同编程语言之间的相互影响关系。Ramio Gómez 利用来自 Freebase 上的编程语言维护表里的数据（包含超过 3900 万个主题、2011 种类型以及超过 30 000 个属性），绘制了编程语言之间的影响力关系图（http://exploringdata.github.io/vis/programming-languages-influence-network/），如图 6-1-11 所示，图中的每个节点代表一种编程语言，节点之间的连线代表该编程语言对其他语言有影响，有影响力的语言会连线多个语言，相应的节点也会越大。

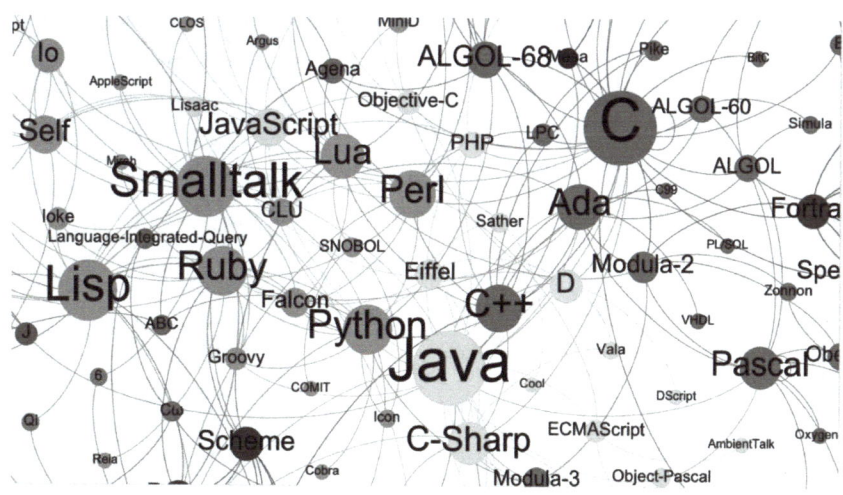

图 6-1-11 编程语言之间的影响力关系图

3．城市空气质量

利用可视化技术，把一个月以来二氧化硫、PM2.5 等利用气泡图绘制，展示各城市的空气质量 AQI 指数变化，并进行城市之间的比较，如图 6-1-12 所示。

大数据导论

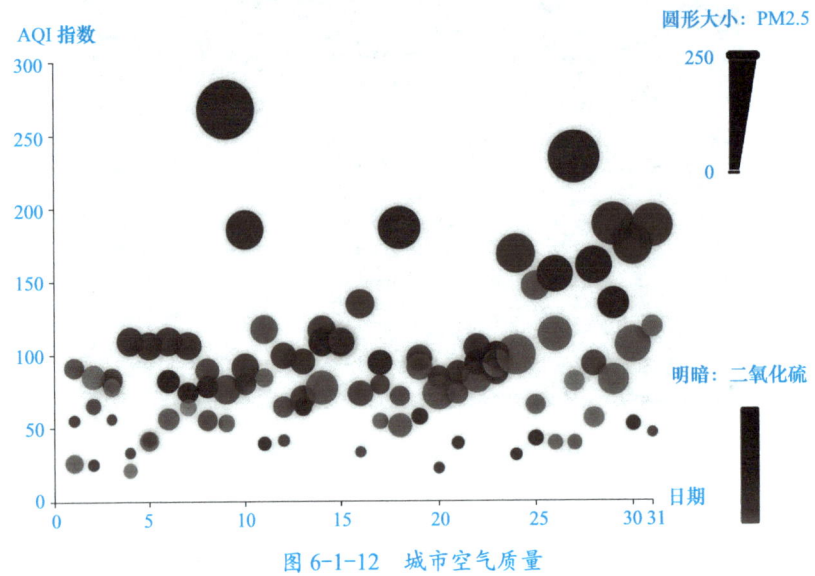

图 6-1-12 城市空气质量

4．3D 可视化互联网地图 APP

3D 可视化是描绘和理解数据的一种手段，是数据的一种表征形式，并非模拟技术。3D 可视化以一种独特的立体视角为用户呈现数据，可以帮助用户发现一些在 2D 模式下无法察觉的内容。Peer1 开发了一个称为"互联网地图"的 APP，如图 6-1-13 所示，这是一个建立在小盒子形式上的 3D 地图。这个 APP 把组成互联网的无数网络变成可视化的东西，显示了互联网服务提供商（ISPs）、互联网交换中心和各种组织之间的复杂关系。在这个交互式 3D 地图中，用户可以随心所欲地缩放这个旋转的地球，甚至可以从一个节点出发对自己的网络路由进行跟踪，从而可以根据路由情况来估算数据在不同节点之间传输所需要耗费的时间。

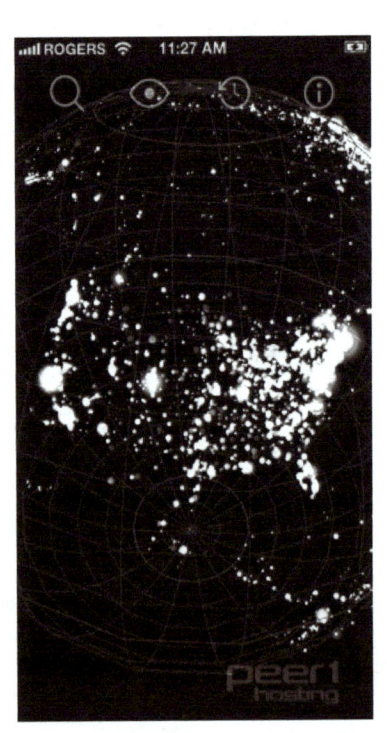

图 6-1-13　Peer 1 开发的"互联网地图"

6.2 利用 Python 进行数据可视化

作为非专业的数据分析人员，在平时的工作中也会遇到一些任务：需要对大量数据进行分析，然后得出结果，解决问题。所以了解基本的数据分析流程、数据分析手段对于提高工作效率还是非常有帮助的。

扫码观看视频

6.2.1 常用统计方法

除了可视化展示数据分析结果，一些统计描述也很有必要。因此，罗列一些简单的统计性描述概念。

使用 Numpy

一般性的数据进行简单的平均值、最大值、最小值、求和计算，除此之外还有如下的计算。

标准误差：表示样本平均数和总体平均数的变异程度，可以用来反映结果精密度。

标准差（均方差）：计算一组数据偏离均值的平均幅度，不管这组数据是样本数据还是总体数据。

方差：在概率论和统计方差衡量随机变量或一组数据时离散程度的度量。

中位数：对于有限的数集，可以通过把所有观察值高低排序后找出正中间的一个作为中位数。

众数：在统计分布上具有明显集中趋势点的数值，代表数据的一般水平（众数可以不存在或多于一个）。

如下代码给出了一个计算的实例。

```
import numpy as np
from scipy.stats import mode

array = np.array([1, 3, 4, 23, 565, 1, -8, 123, 111, 54, 45.0, 3, 3])

print ' 求和：', array.sum()
print ' 最大值：', array.max()
print ' 最小值：', array.min()
print ' 条数：', array.size
print ' 标准差：', array.std()--------------偏离平均值的幅度
print ' 平均值：', array.mean()
print ' 中位数：', np.median(array)
print ' 方差：', np.var(array)--------------这组数据离散程度
print ' 众数：', mode(array).mode, mode(array).count
```

结果如下。

求和：928.0
最大值：565.0
最小值：-8.0
条数：13
标准差：148.326323439
平均值：71.3846153846
中位数：4.0
方差：22000.6982249
众数：[3.] [3]

6.2.2 常用图表

数据可视化是分析数据的优秀工具,好的可视化是会讲故事的,如图 6-2-1 所示。它根据用户想要展示的内容进行划分,只要对用户的展示内容分门别类就可以找到合适的图表。

维度:数据分析本质是各种维度的组合,维度可以用时间、数值、文本等表示。

数据通常包含 5 种关系:构成、比较、趋势、分布及联系。

构成:关注每个部分所占整体的百分比,适用饼图。

比较:展示事物的排列顺序,首选条图。

趋势:常见的时间序列关系,适用线图能更好地展示变化。

分布:关心各数值范围包含多少项目,适用柱图。

联系:查看两个变量之间的关系,适用气泡图。

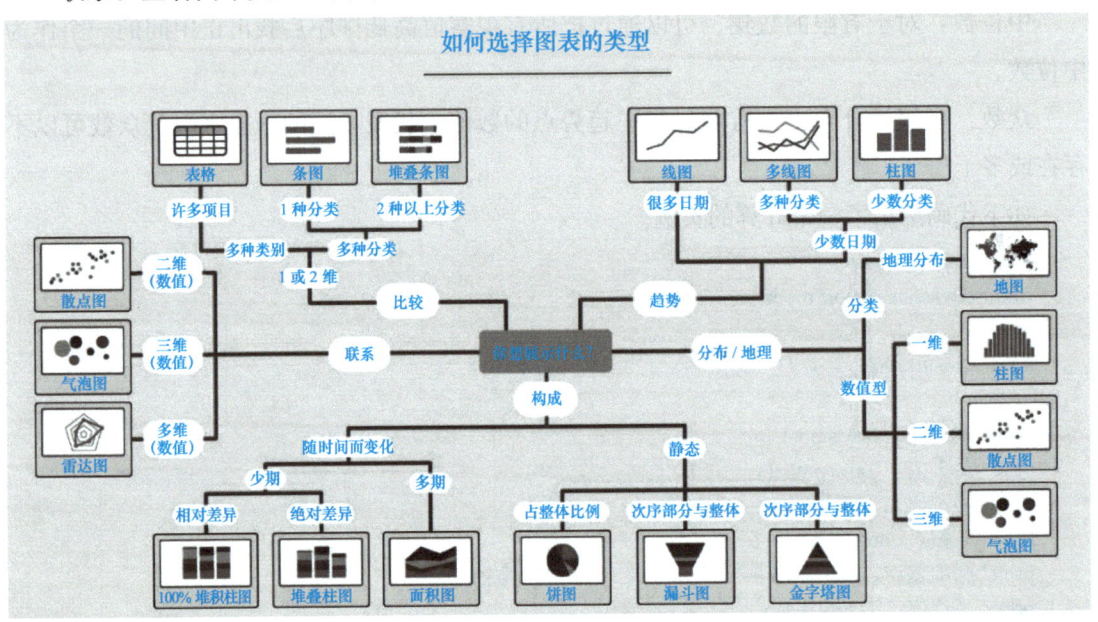

图 6-2-1 数据可视化的经典图表

Python 可视化工具繁多,但没有一个能覆盖所有需求。所以需要针对需求,决定使用哪些工具更合适。Python 下的可视化工具包括 matplotlib、Pandas、Seaborn、ggplot、Bokeh、pygal、Plotly。

下面重点了解一下 matplotlib 和 Pandas。对于代码部分,若有兴趣可以在 Python 的环境下进行操作演示。本节重点让大家了解程序设计语言的绘制图形。

6.2.3 matplotlib

参考图 6-2-1,将各种图表在 matplotlib 中用对应的函数列出。

1. 趋势

线图应用在很多日期的场合,多线图应用在多种分类场合。

```python
#API: http://matplotlib.org/api/pyplot_api.html#matplotlib.pyplot.plot
import matplotlib.pyplot as plt
import numpy as np
import pandas as pd

fig, ax = plt.subplots()

plt.subplot(2, 2, 1)
data = pd.DataFrame(np.random.randn(200, 4), columns=['x', 'y', 'z', 't'])
index = range(len(data))

plt.plot(index, data['x'].cumsum(), label='xxx')

plt.subplot(2, 2, 2)
plt.plot(index, data.loc[:, ['x', 'y']].cumsum())


plt.subplot(2, 2, 3)
plt.plot(index, data.loc[:, ['x', 'y', 'z']].cumsum())

plt.subplot(2, 2, 4)
plt.plot(index, data.cumsum())

fig.set_size_inches(40, 32)
plt.show()
```

线图效果如图 6-2-2 所示。

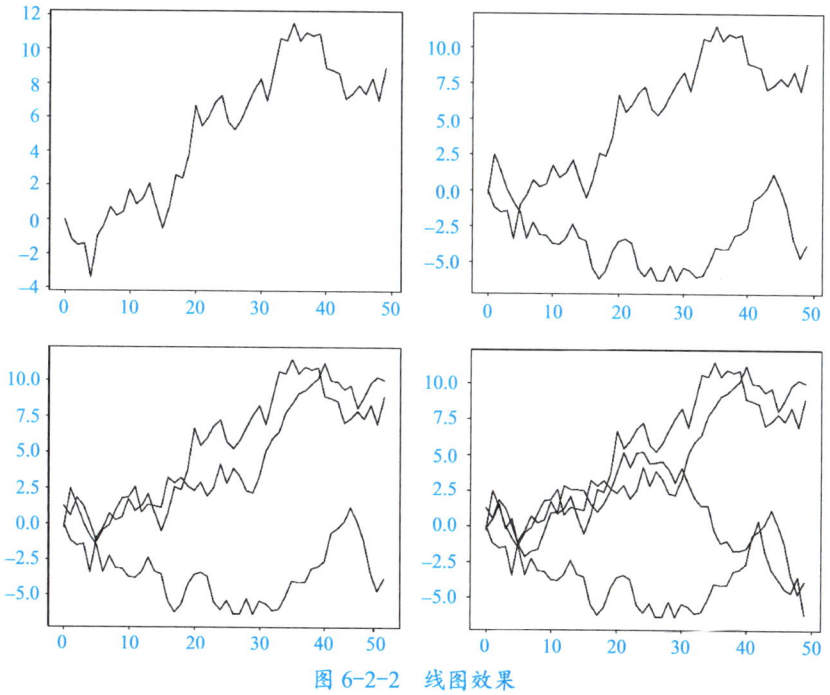

图 6-2-2　线图效果

柱图应用在少数分类场合。

```
#API: http://matplotlib.org/api/pyplot_api.html#matplotlib.pyplot.bar
import matplotlib.pyplot as plt
import pandas as pd
import numpy as np

opacity = 0.8
data = pd.DataFrame(np.random.rand(10, 4), columns=['a', 'b', 'c', 'd'])

fig, ax = plt.subplots()
index = range(len(data))

plt.subplot(4, 1, 1)
plt.bar(index, data['a'])

plt.subplot(4, 1, 2)
plt.bar(index, data['a'], alpha=opacity, width=0.2)
plt.bar([i+0.2 for i in index], data['b'], alpha=opacity, width=0.2)
plt.bar([i+0.4 for i in index], data['c'], alpha=opacity, width=0.2)
plt.bar([i+0.6 for i in index], data['d'], alpha=opacity, width=0.2)

fig.set_size_inches(40, 32)
plt.xticks(index, list('thisisabar'))
plt.show()
```

柱图效果如图 6-2-3 所示。

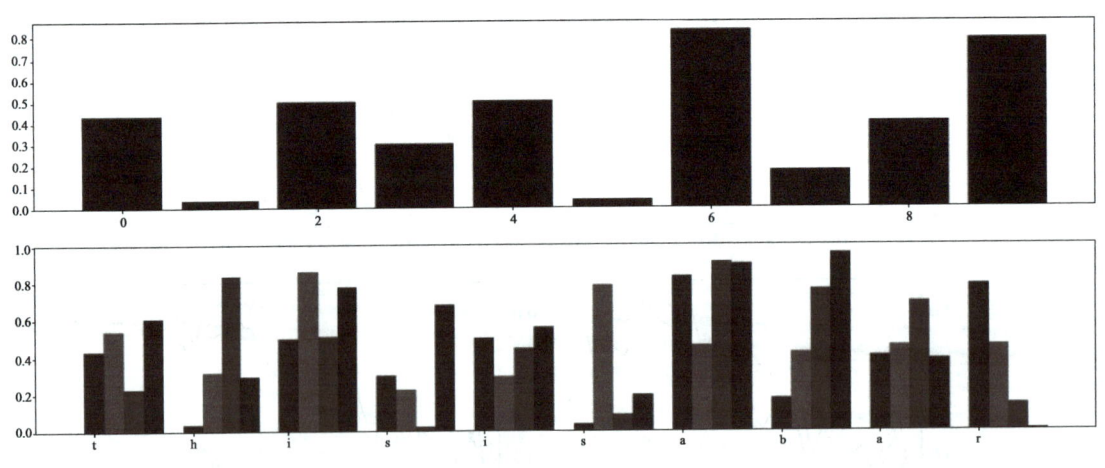

图 6-2-3　柱图效果

2．比较

表格一般应用在许多项目的数据描述中。

```
import matplotlib.pyplot as plt
import numpy as np

col_labels = ['col1', 'col2', 'col3']
row_labels = ['row1', 'row2', 'row3']
row_colors = ['red', 'gold', 'green']

table_vals = np.random.randn(3, 3)


fig, ax = plt.subplots()
my_table = ax.table(cellText = table_vals,
                    colWidths = [0.5]*3,
                    rowLabels=row_labels,
                    colLabels=col_labels,
                    rowColours=row_colors,
                    colColours=row_colors,
                    loc='center',
                    animated = True)
#ax.xaxis.set_visible(False)
#ax.yaxis.set_visible(False)
ax.axis('off')
fig.set_size_inches(10, 10)
plt.show()
```

表格效果如图 6-2-4 所示。

	col1	col2	col3
row1	0.493 710 894 647	0.886 971 646 212	1.621 539 513 58
row2	−1.104 739 268 95	−0.181 047 378 062	0.883 167 419 451
row3	−0.087 471 136 132	1.485 469 324 04	−1.246 802 880 27

图 6-2-4 表格效果

其他的，条图一般应用在一种分类场合，堆叠条图一般应用在两种以上分类。

3．联系

散点图一般应用在二维数据，气泡图应用在三维数据。散点图和气泡图的区别就在于气泡图多了一维数据，使散点具备了不同的半径。

```
#API: http://matplotlib.org/api/pyplot_api.html#matplotlib.pyplot.scatter

import matplotlib.pyplot as plt
import numpy as np
import pandas as pd

N = 100
```

```
fig, ax = plt.subplots()

data = pd.DataFrame(np.random.rand(N, 3)*100, columns=['x', 'y', 'r'])
data['r'] = np.pi*(np.pi*data['r']/20)**2 #s is area
colors = 2*np.pi*data['x'] #colors is value of circumference

plt.subplot(3, 1, 1)
plt.scatter(data['x'], data['y'], c=colors, s=np.pi*5**2)

plt.subplot(3, 1, 2)
plt.scatter(data['x'], data['y'], c=colors, s=data['r'])

fig.set_size_inches(10, 30)
plt.show()
```

散点图和气泡图的效果如图 6-2-5 所示。

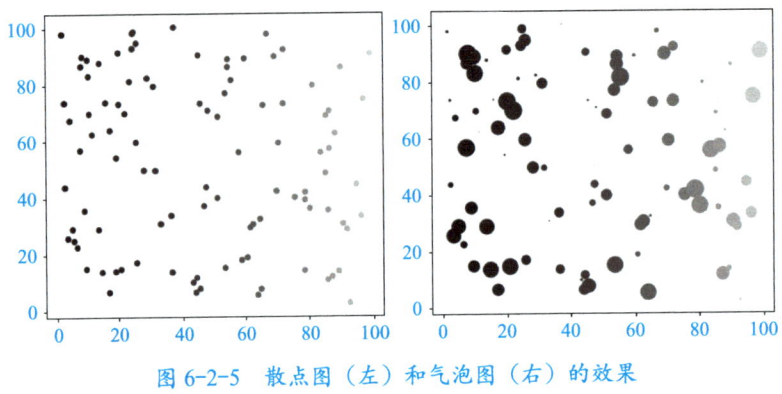

图 6-2-5 散点图（左）和气泡图（右）的效果

雷达图一般用于多维数据。

4．构成

表示相对差异一般使用堆积柱图、堆积百分比面积图；而表示绝对差异一般使用堆叠柱图和堆积面积图；饼图一般应用在表示各部分占整体比例的多少；而金字塔图、漏斗图一般应用在表示次序部分与整体方面。

```
#API Introduction: http://matplotlib.org/api/pyplot_api.html#matplotlib.pyplot.pie
import matplotlib.pyplot as plt

labels = 'A', 'B', 'C', 'D', 'E', 'F', 'G'
sizes = [5, 5, 10, 20, 30, 10, 20]
explode = (0, 0.1, 0, 0, 0, 0, 0)

fig, ax = plt.subplots()
ax.pie(sizes, explode=explode, labels=labels, autopct='%.2f%%', shadow=True, startangle=90)
fig.set_size_inches(8, 8)
plt.show()
```

饼图应用效果如图 6-2-6 所示。

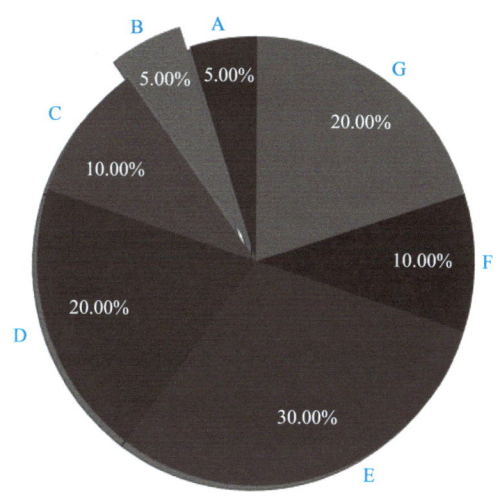

图 6-2-6　饼图效果

5．分布 / 地理

地图一般用于地理分布；柱图一般用于一维数据；散点图一般用于二维数据；气泡图一般用于三维数据；曲面图一般用于三维数据。

6．其他

下面来看看极坐标图的效果。有 3 种：线状极坐标图、柱状极坐标图、气泡极坐标。

```
import matplotlib.pyplot as plt
import matplotlib
import numpy as np
import pandas as pd

fig, ax = plt.subplots()

ax = plt.subplot(111, projection='polar')

r = np.arange(0, 2, 0.01)
theta = 2*np.pi*r
plt.plot(theta, r)
ax.set_rmax(2)
ax.set_rticks(np.arange(0, 2, 0.5))
ax.set_rlabel_position(−22.5)
ax.grid(True)

fig.set_size_inches(10, 10)
plt.show()
```

线状极坐标图效果如图 6-2-7 所示。

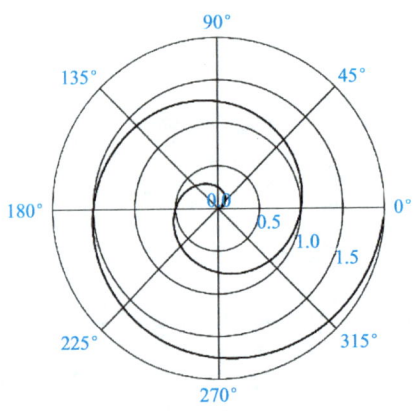

图 6-2-7　线状极坐标图

```
import numpy as np
import matplotlib.pyplot as plt

# Compute pie slices
N = 20
fig, ax = plt.subplots()
theta = np.linspace(0.0, 2 * np.pi, N, endpoint=False)
radii = 10 * np.random.rand(N)
width = np.pi / 4 * np.random.rand(N)

ax = plt.subplot(111, projection='polar')
bars = ax.bar(theta, radii, width=width, bottom=0.0)

# Use custom colors and opacity
for r, bar in zip(radii, bars):
    bar.set_facecolor(plt.cm.viridis(r / 10.))
    bar.set_alpha(0.5)

fig.set_size_inches(10 , 10)
plt.show()
```

柱状极坐标图的效果如图 6-2-8 所示。

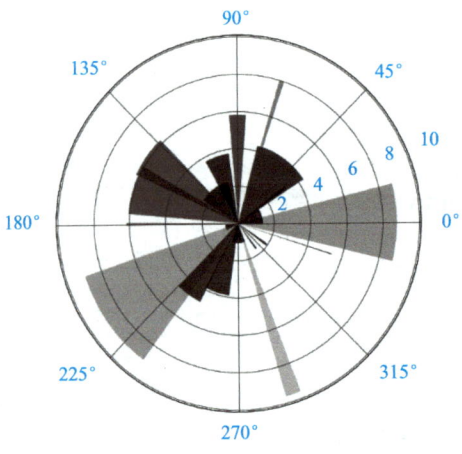

图 6-2-8　柱状极坐标图

```python
import matplotlib.pyplot as plt
import numpy as np

# Compute areas and colors
N = 150

fig, ax = plt.subplots()
r = 2 * np.random.rand(N)
theta = 2 * np.pi * np.random.rand(N)
area = 200 * r**2
colors = theta

ax = plt.subplot(111, projection='polar')
c = ax.scatter(theta, r, c=colors, s=area, cmap='hsv', alpha=0.75)

fig.set_size_inches(10, 10)
plt.show()
```

气泡极坐标图效果如图 6-2-9 所示。

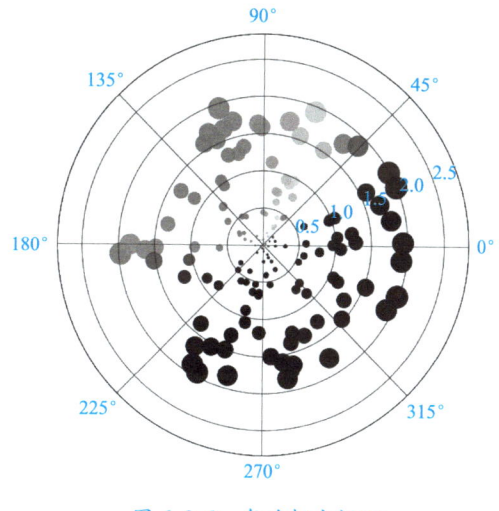

图 6-2-9　气泡极坐标图

6.2.4　Pandas

Pandas 是基于 NumPy 的一种 Python 工具包，主要是为了解决数据分析任务而创建。Pandas 提供了大量库和标准数据模型，高效地操作大型数据集所需的工具。Pandas 主要包括以下 3 种数据结构。

1）Series：一维数组，与 NumPy 中的一维 array 类似。TimeSeries，以时间为索引的 Series。

2）DataFrame：二维表格型数据结构，可以将 DataFrame 理解为 Series 的容器。

3）Panel：三维数组，可以理解为 DataFrame 的容器。

1. pandas 数据构造

```
import pandas as pd
import numpy as np
import matplotlib.pyplot as plt


s = pd.Series([1, 3, 5, np.nan, 6, 8]) # 一维数据构造
s_list = s.tolist() # 从 series 到 list
s_series = pd.Series(s_list) # 从 list 到 series

print '\nSeries:\n', s
print '\nSeries item:\n', s[2]
print '\nSeries to list:\n', s_list
print '\nList to series:\n', s_series

dates = pd.date_range('20171001', periods=7)

# 二维数据构造
df = pd.DataFrame(np.random.randn(7, 4)*100, index=dates, columns=list('ABCD'), dtype='uint32')
df_list = np.array(df).tolist()
df_dataframe = pd.DataFrame(df_list, columns=['a', 'b', 'c', 'd'])
df_list.extend
print '\nDataFrame:\n', df
print '\nDataFrame to list:\n', df_list
print '\nList to DataFrame:\n',df_dataframe
print '\nDataFrame row:\n', df_dataframe.iloc[3]
print '\nDataFrame column:\n', df_dataframe['d']

print '\nHex format:'
for i in range(len(df_dataframe)):
    print '0x%0.8x, 0x%0.8x, 0x%0.8x, 0x%0.8x' % (df_dataframe.iloc[i]['a'],
            df_dataframe.iloc[i]['b'],
            df_dataframe.iloc[i]['c'],
            df_dataframe.iloc[i]['d'])

'''
print 'head\n', df.head(3)
print 'tail\n', df.tail(3)
print 'index\n', df.index
print 'columns\n', df.columns
print 'values\n', df.values
print 'sort_index\n', df.sort_index(axis=1, ascending=False)
print 'sort_values\n', df.sort_values(by='B', ascending=False)
print df['C']
print df[0:3]
'''
# 二维数据构造
```

```
df2 = pd.DataFrame({'A':1.,
                    'B':pd.Timestamp('20130102'),
                    'C':pd.Series(1, index=list(range(4)), dtype='float32'),
                    'D':np.array([3]*4, dtype='int32'),
                    'E':pd.Categorical(['test', 'train', 'test', 'train']),
                    'F':'foo'})
```

2．pandas 可视化图表

可视化图表主要操作包括 plot、bar、histograms、box、area、scatter、hexagonal、pie，使用起来都非常简单，如果用"XXX"代表某个绘图对象，可以使用以下形式进行绘图：

xxx.plot()；
xxx.plot.bar()；
xxx.plot.pie()。

6.2.5 数据可视化举例

下面就以 Python 来展示 2017 年某城市的空气质量并采用图形化工具进行比较。

1．网页分析

登录到 http://www.tianqihoubao.com/，可以查看相关网页的源代码，不难发现网页中的数据是相对独立的，可以进行爬出操作，如图 6-2-10 所示。

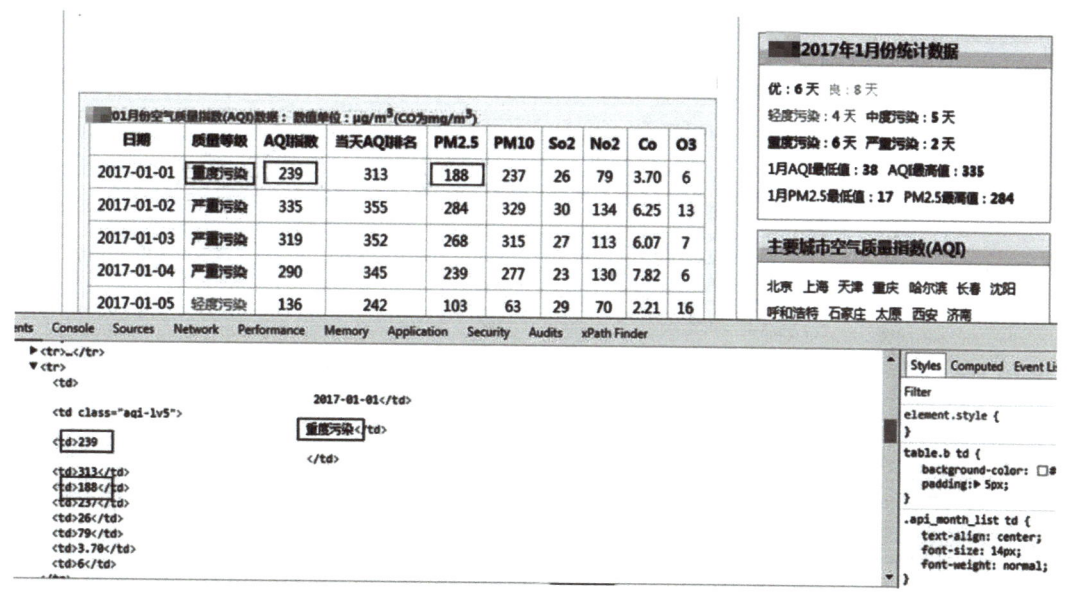

图 6-2-10　网页分析

从上面的数据可以看出，此城市的空气当时是严重污染。这里大家可以自行查找有关 AQI、PM2.5 的知识。

2．数据获取

获取代码如下。

```
import time
import requests
from bs4 import BeautifulSoup

headers = {
'User-Agent':'Mozilla/5.0(Windows NT 6.1; WOW64) AppleWebKit/537.36 (KHTML, like Gecko) Chrome/63.0.3239.132Safari/537.36'}
for I in range(1,13):
    time.sleep(5)
    # 把 1 转换为 01
    url='http://www.tianqihoubao.com/aqi/tianjin-2017' + str("%02d" % i) + '.html'
    response=requests.get(url=url, headers=headers)
    soup=BeautifulSoup(response.text, 'html.parser')
    tr= soup.find_all('tr')
    # 去除标签栏
    for j in tr[1:]:
        td = j.find_all('td')
        Date = td[0].get_text().strip()
        Quality_grade = td[1].get_text().strip()
        AQI = td[2].get_text().strip()
        AQI_rank = td[3].get_text().strip()
        PM = td[4].get_text()
        with open('air_tianjin_2017.csv', 'a+', encoding='utf-8-sig') as f:
            f.write(Date + ',' + Quality_grade + ',' + AQI + ',' + AQI_rank + ',' + PM + ' ')
```

成功获取数据如图 6-2-11 所示。

图 6-2-11　2017 年某城市的空气质量数据

3．某城市空气质量数据显示

（1）AQI 全年走势图

如图 6-2-12 所示，92.5 是年均 AQI 值，从科普知识里可以知道，2017 年此城市整体空气质量只能是良中的下下等水平，与轻度污染近在咫尺。

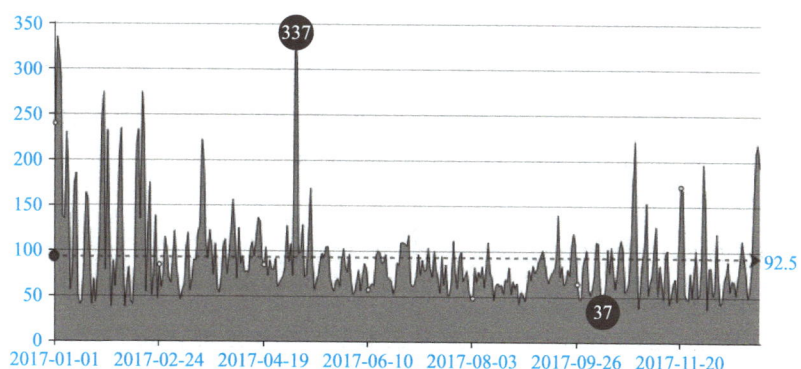

图 6-2-12　2017 年某城市 AQI 全年走势图

（2）AQI 月均走势图

如图 6-2-13 所示，从月均的走势图就能看出，1 月的空气质量相对最差，8 月的空气质量相对最好。

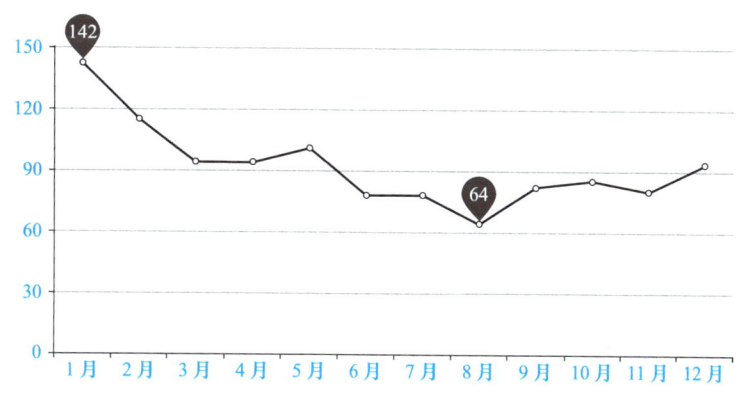

图 6-2-13　某城市 AQI 月均走势图

（3）AQI 季度箱形图

箱形图是显示一组数据分散情况资料的统计图。数据里有最大值、最小值、中位数和两个四分位数。如图 6-2-14 所示，2017 年某城市的季度 AQI 均值差距不是很大。但是一、二、四季度有明显的波动，空气质量有时会变得很差。

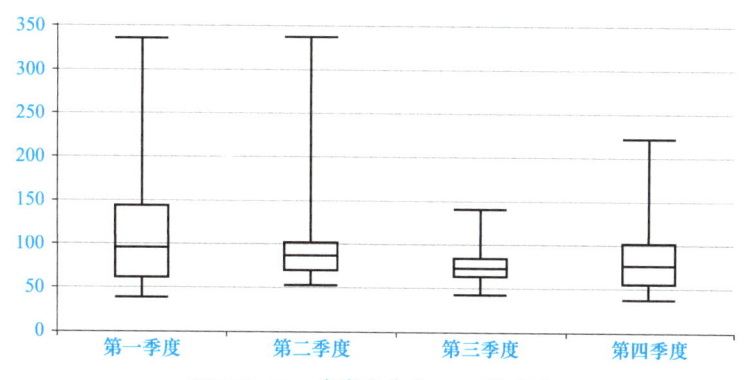

图 6-2-14　某城市季度 AQI 箱型图

(4) PM2.5 全年走势图

如图 6-2-15 所示,59.87 是年均 PM2.5 值,已经远超过国家二级标准限值 35 了。其实此城市给人们留下的印象就是天气经常灰蒙蒙,时常还会变点颜色,比如黄色,一年下不了几次雨,极其干燥。所以那个最低值 11,可以推测是因为刮大风。

(5) PM2.5 月均走势图

如图 6-2-16 所示,和 AQI 的走势差不多,同样是 1 月最高,8 月最低。

(6) PM2.5 季度箱形图

如图 6-2-17 所示,看了这个图可以发现基本上四个季度都超标了,一年不超标的次数估计也就几次。

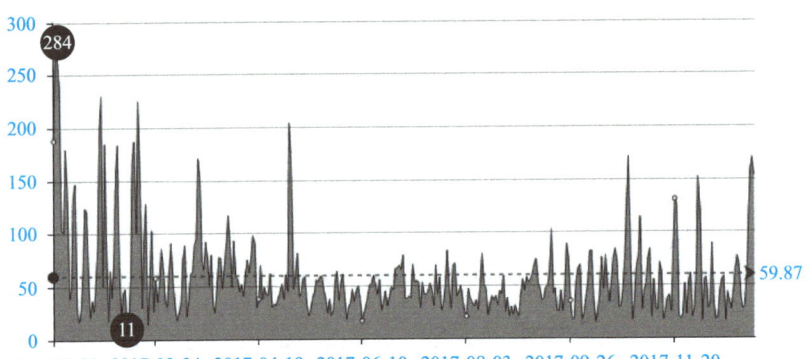

图 6-2-15　2017 年某城市 PM2.5 全年走势图

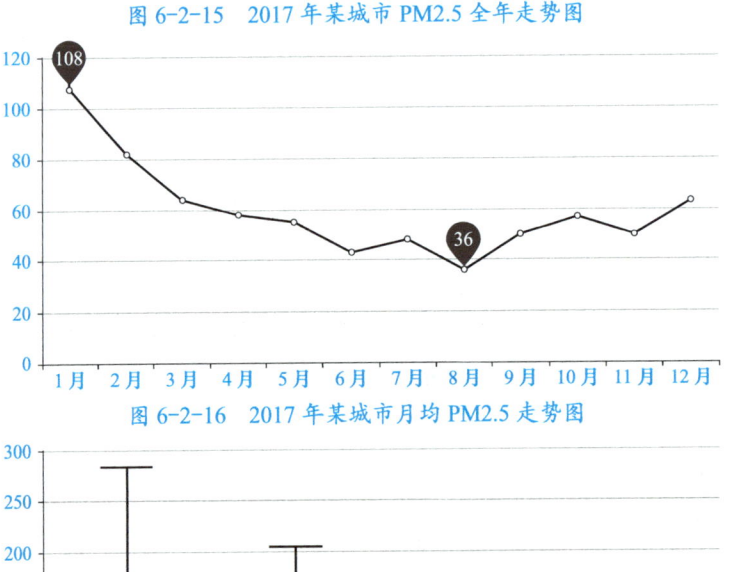

图 6-2-16　2017 年某城市月均 PM2.5 走势图

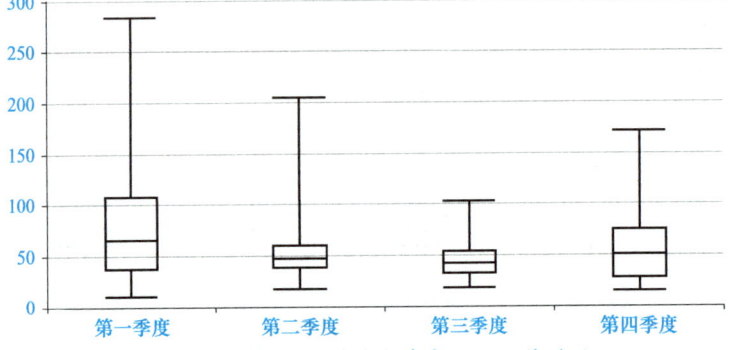

图 6-2-17　2017 年某城市季度 PM2.5 箱型图

（7）PM2.5 指数日历图

如图 6-2-18 所示，基本上轻度污染已过半。另外，一月是重污染。

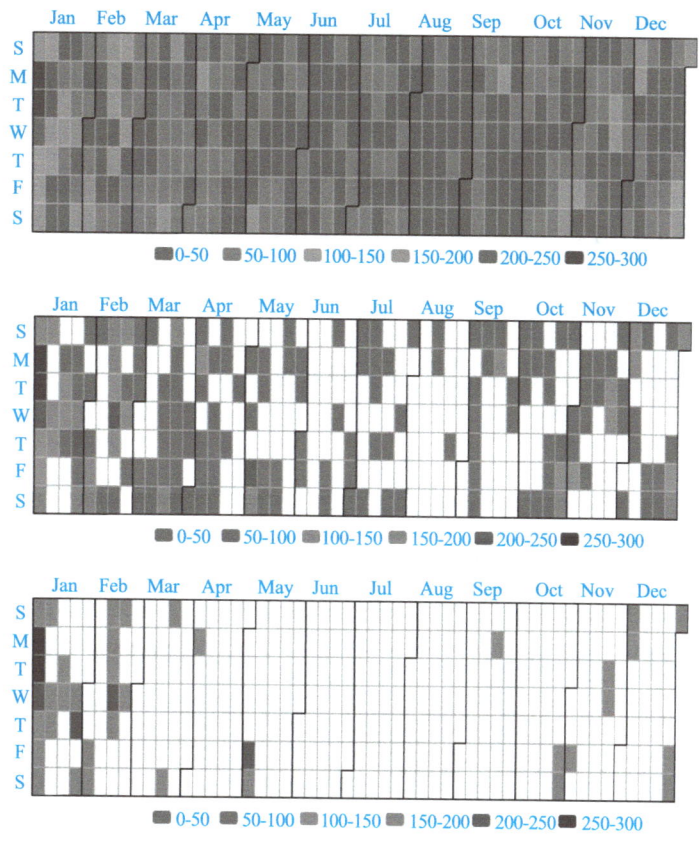

图 6-2-18　2017 年某城市 PM2.5 指数日历图

（8）某城市全年空气质量情况

如图 6-2-19 所示，某城市全年的空气质量统计，"良"和"轻度污染"占了大部分，"优"的比例很小，足以说明空气之差。

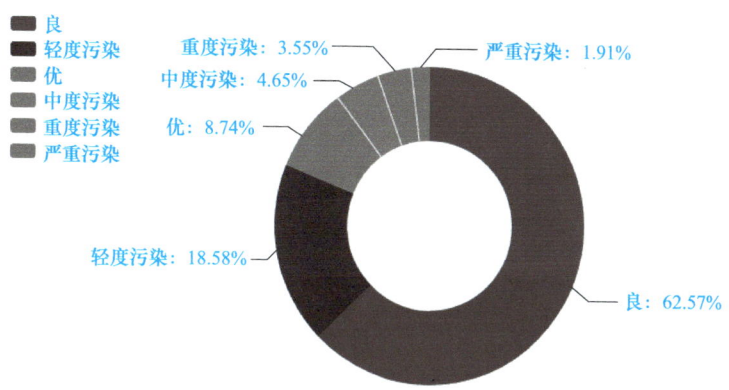

图 6-2-19　2017 年某城市全年空气质量情况

大数据导论

本\章\小\结

本章介绍了数据可视化的相关知识。数据可视化在大数据分析中具有非常重要的作用,尤其从用户角度而言,它是提升用户数据分析效率的有效手段;之后介绍可视化工具包括入门级工具、信息图表工具、地图工具、时间线工具和高级分析工具,每种工具都可以帮助用户实现不同类型的数据可视化分析,可以根据具体应用场合来选择适合的工具。

最后介绍了某城市雾霾天气的数据可视化案例,从中可以深刻感受到数据可视化的魅力和重要作用。

通过对某城市的气象数据进行爬取,获得2017年其气象数据然后展示其雾霾天气的情况,用可视化工具展现数据,让读者更好地了解数据。

本\章\习\题

1. 运行折线图的代码,观察效果,分析代码

在绘制折线图时,如果数据很小,图表的线条有点折,当数据集比较大时,比如超过100个点,则会呈现相对平滑的曲线。在这里,使用3个plt.plot绘制了不同斜率(1、2和3)的3条线。

```
import numpy as np
import matplotlib.pyplot as plt
cc= np.linspace(0,2,100)
plt.rcParams['font.sans-serif'] = ['SimHei']
plt.plot(cc,cc,label='linear')
plt.plot(cc,cc**2,label=' 两倍 ')
plt.plot(cc,cc**3,label=' 三倍 ')
plt.xlabel('x label')
plt.ylabel('y label')
plt.title(" 折线图 ")
plt.legend()
plt.show()
cc = np.linspace(0,2,100)
plt.plot(cc,cc,label ='linear')
plt.plot(cc,cc ** 2,label ='quadratic')
plt.plot(cc,cc ** 3,label ='cubic')
plt.xlabel('x label')
plt.ylabel('y label')
```

2. 运行散点图的代码,观察效果,分析代码

散点图和折线图的原理差不多;如果使用直线连接散点图中的点,得到的就是折线图。所以只需要设置线型来绘制散点图。注意:此例中也画了三行。不同的地方是,只使用了一个 plt.plot。

```
import numpy as np
import matplotlib.pyplot as plt
x = np.arange(0., 5., 0.2)
plt.plot(x, x, 'r--', x, x**2, 'bs', x, x**3, 'g^')
plt.show()
```

3．运行直方图的代码，观察效果，分析代码

直方图也是一种常用的简单图表，本例中在同一张图片中绘制两个概率直方图。

```
import numpy as np
import matplotlib.pyplot as plt
np.random.seed(19680801)
mu1, sigma1 = 100, 15
mu2, sigma2 = 80, 15
x1 = mu1 + sigma1 * np.random.randn(10000)
x2 = mu2 + sigma2 * np.random.randn(10000)
n1, bins1, patches1 = plt.hist(x1, 50, density=True, facecolor='g', alpha=1)
n2, bins2, patches2 = plt.hist(x2, 50, density=True, facecolor='r', alpha=0.2)
plt.rcParams['font.sans-serif'] = ['SimHei']
plt.xlabel('智商')
plt.ylabel('置信度')
plt.title('IQ 直方图')
plt.text(110, .025, r'$mu=100, sigma=15$')
plt.text(50, .025, r'$mu=80, sigma=15$')
# 设置坐标范围
plt.axis([40, 160, 0, 0.03])
plt.grid(True)
plt.show()
```

4．运行条形图的代码，观察效果，分析代码

图表类型是条形图，这里引入稍微复杂的条形图。

（1）平行条形图

此例中，引入 3 组（a、b、c）5 个随机数（0~1），并用条形图打印出来，作比较。

```
import numpy as np
import matplotlib.pyplot as plt
size = 5
a = np.random.random(size)
b = np.random.random(size)
c = np.random.random(size)
x = np.arange(size)
total_width, n = 0.8, 3
width = total_width / n
# redraw the coordinates of x
x = x - (total_width - width) / 2
# here is the offset
plt.bar(x, a, width=width, label='a')
plt.bar(x + width, b, width=width, label='b')
plt.bar(x + 2 * width, c, width=width, label='c')
plt.legend()
plt.show()
```

(2) 堆积条形图

数据同上,不过使用条形 plot 的时候,用的相关值大小有差异(水平方向),而不是条柱平行对比。

```
import numpy as np
import matplotlib.pyplot as plt
size = 5
a = np.random.random(size)
b = np.random.random(size)
c = np.random.random(size)
x = np.arange(size)
plt.bar(x, a, width=0.5, label='a',fc='r')
plt.bar(x, b, bottom=a, width=0.5, label='b', fc='g')
plt.bar(x, c, bottom=a+b, width=0.5, label='c', fc='b')
plt.ylim(0, 2.5)
plt.legend()
plt.grid(True)
plt.show()
```

5. 运行饼图的代码,观察效果,分析代码。饼图是对比数量比例的最佳显示方式

(1) 一般饼图

A、B、C、D 4 个数据,以饼图的方式显示大小并对比。

```
import matplotlib.pyplot as plt
labels = 'A', 'B', 'C', 'D'
sizes = [15, 30, 45, 10]
explode = (0, 0.1, 0, 0)
plt.pie(sizes, explode=explode, labels=labels, autopct='%1.1f%%',
shadow=True, startangle=90)
plt.axis('equal')
plt.show()
```

(2) 嵌套饼图

```
import numpy as np
import matplotlib.pyplot as plt
size = 0.3
vals = np.array([[60., 32.], [37., 40.], [29., 10.]])
cmap = plt.get_cmap("tab20c")
outer_colors = cmap(np.arange(3)*4)
inner_colors = cmap(np.array([1, 2, 5, 6, 9, 10]))
print(vals.sum(axis=1))
# [92. 77. 39.]
plt.pie(vals.sum(axis=1), radius=1, colors=outer_colors,
wedgeprops=dict(width=size, edgecolor='w'))
print(vals.flatten())
# [60. 32. 37. 40. 29. 10.]
plt.pie(vals.flatten(), radius=1-size, colors=inner_colors,
wedgeprops=dict(width=size, edgecolor='w'))
# equal makes it a perfect circle
plt.axis('equal')
plt.show()
```

（3）极轴饼图

极轴饼图是一种非常酷炫的图表，源代码如下：

```
import numpy as np
import matplotlib.pyplot as plt
np.random.seed(19680801)
N = 10
theta = np.linspace(0.0, 2 * np.pi, N, endpoint=False)
radii = 10 * np.random.rand(N)
width = np.pi / 4 * np.random.rand(N)
ax = plt.subplot(111, projection='polar')
bars = ax.bar(theta, radii, width=width, bottom=0.0)
for r, bar in zip(radii, bars):
    bar.set_facecolor(plt.cm.viridis(r / 10.))
    bar.set_alpha(0.5)
plt.show()
```

6. 运行 3D 图表的代码，观察效果，分析代码。3D 图表也是能展示出超强想象力的视觉效果的图表

（1）三维散点图

```
import numpy as np
import matplotlib.pyplot as plt
from mpl_toolkits.mplot3d import Axes3D
data = np.random.randint(0, 255, size=[40, 40, 40])
x, y, z = data[0], data[1], data[2]
ax = plt.subplot(111, projection='3d')
ax.scatter(x[:10], y[:10], z[:10], c='y')
ax.scatter(x[10:20], y[10:20], z[10:20], c='r')
ax.scatter(x[30:40], y[30:40], z[30:40], c='g')
ax.set_zlabel('Z')
ax.set_ylabel('Y')
ax.set_xlabel('X')
plt.show()
```

（2）3D 平面图

要用到 mpl_toolkits.mplot3d 这个 3D 模块包，安装这个包后，绘制一个酷炫的 3D 图只需两行代码。

```
from matplotlib import pyplot as plt
import numpy as np
from mpl_toolkits.mplot3d import Axes3D
fig = plt.figure()
ax = Axes3D(fig)
X = np.arange(-4, 4, 0.25)
Y = np.arange(-4, 4, 0.25)
X, Y = np.meshgrid(X, Y)
R = np.sqrt(X**2 + Y**2)
Z = np.sin(R)
```

参考文献

[1] 林子雨. 大数据技术原理与应用 [M]. 北京：人民邮电出版社，2015.

[2] 王家林，徐春玉，等. Spark 大数据实例开发教程 [M]. 北京：机械工业出版社，2016.

[3] 阿培丁. Introduction to Machine Learning[M]. 北京：机械工业出版社，2016.

[4] 周志华. 机器学习 [M]. 北京：清华大学出版社，2016.

[5] EMC Education Services. 数据科学与大数据分析 [M]. 北京：人民邮电出版社，2016.

[6] WhiteT. Hadoop 权威指南：大数据的存储与分析 [M]. 4 版. 北京：清华大学出版社，2017.

[7] 舍恩伯格，库克耶. 大数据时代 [M]. 杭州：浙江人民出版社，2013.

[8] 卡劳，肯维尼斯科，温德尔，等. Spark 快速大数据分析 [M]. 北京：人民邮电出版社，2015.

[9] 托夫勒. 第三次浪潮 [M]. 北京：新华出版社，1996.

[10] 拉曼. Python 数据可视化 [M]. 北京：机械工业出版社，2017.

[11] 朱洁，罗华霖. 大数据架构详解：从数据获取到深度学习 [M]. 北京：电子工业出版社，2016.

[12] 艾瑞斯. 大数据思维与决策 [M]. 北京：人民邮电出版社，2014.

[13] 安卡姆. Spark 与 Hadoop 大数据分析 [M]. 北京：机械工业出版社，2017.

[14] 米洛瓦诺维奇. Python 数据可视化编程实战 [M]. 2 版. 北京：人民邮电出版社，2018.